中国高级公务员培训中心
中国继续工程教育协会　组织编写

城市管理学

主　编　张　波
副主编　刘江涛

中国人事出版社

图书在版编目(CIP)数据

城市管理学/张波主编. —北京：中国人事出版社，2016
ISBN 978-7-5129-1113-0

Ⅰ.①城… Ⅱ.①张… Ⅲ.①城市管理-管理学-高等学校-教材 Ⅳ.①C912.81

中国版本图书馆 CIP 数据核字(2016)第 196324 号

中国人事出版社出版发行

（北京市惠新东街 1 号 邮政编码：100029）

*

三河市华骏印务包装有限公司印刷装订 新华书店经销

787 毫米×1092 毫米 16 开本 16.75 印张 347 千字

2016 年 8 月第 1 版 2016 年 8 月第 1 次印刷

定价：38.00 元

读者服务部电话：（010） 64929211/64921644/84626437

营销部电话：（010） 64961894

出版社网址：http://www.class.com.cn

《城市管理学》编写委员会组成人员

前言

城市是人类进步的产物，城市发展是人类进步的重要象征。著名经济学家、诺贝尔奖获得者斯蒂格利茨教授曾表示：21世纪影响世界经济的有两件大事，一是美国的新技术革命，二是中国的城镇化。

可喜的是，中国的城市发展和城市化进程正如斯蒂格利茨教授所预期的那样高速、有序地推进。2015年，中国城市化水平已突破56%，中国已经从一个传统意义的“乡村中国”，成为一个实质上的“城市中国”。

城市发展和城市化演进的过程中，遇到的问题和面临的机遇同时呼唤着科学合理的公共管理，呼唤着政府治理和市场机制有机融合，呼唤着城市与乡村，城市与区域协调发展。城市管理作为重要的具体专业，其作用和地位也在不断提高。20世纪80年代以来，已经成为全球各个地方广为关注的学科（专业）增长点之一。我国自20世纪90年代以来，也开始逐步加强城市管理和城市管理学的相关探讨。

2005年1月，由中国高级公务员培训中心与国家开放大学前身——中央广播电视大学共建的行政管理专业（本科）开设了市政规划与管理必修课程，邀请我们编写了《市政管理学基础》（第一版），作为该课程的指定教材。2007年2月，结合新的形势和使用中收到的意见和建议，对原书进行了修订，出版了《市政管理学基础》（第二版）。2009年，中央广播电视大学《市政管理学》课程已更名为《城市管理学》。根据中国高级公务员培训中心、中央广播电视大学等机构的相关专家的建议，我们将教材《市政管理学基础》修订为《现代城市管理学基础教程》。

2010—2015年，是我国城市发展取得重大突破的一段时期。几年中，我国以常住人口指标统计的城市化水平先后突破了50%的重要指标位（2011）、超过了全球平均水平……城市和城市化发展的质量均达到了前所未有的高度。同时期，我国新型城乡关系不断完善，城乡统筹、城乡一体化、新型城镇化的相关政策不断出台；城市和区域协同发展工作不断深入；城市群内及城市群间新型竞争——合作关系不断完善；旧有户籍制度、土地管理制度和生育制度等产生了重大调整……

在此背景下，应中国高级公务员培训中心、中国继续工程教育协会邀请，我们开始为国家开放大学行政管理本科专业编写新版《城市管理学》教材。

本次编写在基本沿袭原有教材相关章节结构的基础上，充分加强了与新形势、新政策、新格局的全方位对接，适度导入了案例介绍，力争能够具有较高的时效性和较强的可读性。

1. 与国家宏观政策发展和调整进行了更为密切的呼应

对中央城市工作会议精神、十八大及十八届三中、四中、五中全会精神、《京津冀区域协同发展规划纲要》《中共中央关于全面深化改革若干重大问题的决定》《国家新型城镇化规划（2014—2020）》等对城市发展具有重大影响的会议和文件进行了梳理，对全面开放二孩、推行居住证制度、促进城乡一体的土地要素市场等进行了有针对性的介绍和分析，力争促成教学内容与国家宏观政策的密切对接。

2. 对城市管理中出现的新技术、新思维进行了相关探讨

对影响城市发展的重大新技术（如物联网、大数据、智慧城市等）、新理念（如海绵城市）、新主体（如志愿者、非政府组织）进行了更深层次的探讨，力争启发同学们主动思维。

3. 对城市管理中出现的新问题、新挑战进行了较为系统的介绍

近年来，我国城市经济转型压力相对增大，部分城市住房市场供给偏多，户籍人口城镇化与常住人口城镇化数据指标的缺口居高不下，部分城市环境生态压力陡增等等。对此，教材在产业选择、就业政策、城市房地产市场管理、人口管理、环境管理等方面适度增加了篇幅，予以说明。

中国的城市发展方兴未艾，中国的城市管理学发展方兴未艾，希望同学们能够主动学习，认真思考，做到三位一体，即，一能主动把握政策走势和理论脉络；二能积极参与社会实践，走入城市的大街小巷，不断总结亲身感悟；三能系统思维，努力寻求平衡有效的解决方案，学以致用。

在本教材的编写中，除主编张波、副主编刘江涛外，张雅雯、黄志刚、张丹、萧伟恩、叶隽彤、李昶等老师和同学协助完成了大量编辑工作。

编　者

2016 年 7 月于北京大学廖凯原楼

目录

CONTENTS

第一章　导论 ………………………………………………………………………… 1

第一节　城市的起源与城市化 ……………………………………………………… 1

第二节　城市管理的必要性与可行性 ……………………………………………… 13

第三节　怎样认识城市管理和城市管理学 ………………………………………… 23

第二章　城市管理主体 ……………………………………………………………… 31

第一节　城市管理的主体构成 ……………………………………………………… 31

第二节　城市政府的体制与职能 …………………………………………………… 44

第三节　新技术与多元主体共治 …………………………………………………… 60

第三章　现代城市管理相关基础理论 ……………………………………………… 67

第一节　新公共管理理论：促进城市体制管理创新的基石 ……………………… 67

第二节　经济增长与发展理论：实现城市高速成长的动力基础 ………………… 70

第三节　重复性囚徒博弈理论：促进区域协作的根基 …………………………… 74

第四节　可持续发展理论：实现城市永续成长的源泉 …………………………… 78

第四章　城市发展战略管理 ………………………………………………………… 83

第一节　城市发展战略的含义和内容 ……………………………………………… 83

第二节　城市发展战略的制定 ……………………………………………………… 87

第三节　制定城市发展战略的几个核心问题 ……………………………………… 90

第五章　城市经济管理 ……………………………………………………………… 96

第一节　城市经济管理的基本内容 ………………………………………………… 96

第二节　城市财政管理 ……………………………………………………………… 103

第三节　市场失灵、政府失灵与相关对策 ………………………………………… 112

第六章　城市社会管理 ……………………………………………………………… 121

第一节　城市人口管理 ……………………………………………………………… 121

第二节　城市公共住房管理 ………………………………………………………… 132

第三节 城市社区管理 …… 136

第七章 城市空间管理 …… 146

第一节 城乡规划管理 …… 146
第二节 土地利用管理 …… 155
第三节 城市基础设施建设与管理 …… 161
第四节 城市交通与物流组织管理 …… 169

第八章 城市环境管理 …… 178

第一节 城市环境的含义和特征 …… 178
第二节 城市环境管理的主要内容 …… 184
第三节 城市环境管理的新思路 …… 193

第九章 城乡融合发展管理 …… 201

第一节 中国城市化进程回顾 …… 201
第二节 城市化进程中暴露的城乡冲突与调和 …… 205
第三节 实现城乡融合发展的管理措施 …… 213

第十章 城市—区域协同发展 …… 219

第一节 城市—区域协同发展的意义与要求 …… 219
第二节 城市—区域协同发展的类型和途径 …… 223
第三节 西方发达国家城市—区域协同的具体做法 …… 229
第四节 中国的城市—区域协同发展：以京津冀区域为例 …… 237

第十一章 城市突发事件与非常态事件管理 …… 243

第一节 城市突发事件管理 …… 243
第二节 城市非常态事件管理 …… 248
第三节 城市突发及非常态事件的相关案例 …… 250

后记 …… 260

第一章 导 论

⊙学习目的与要求

通过本章的学习，同学们应能够掌握城市管理学的基本概念，了解城市化发展历程和城市管理学的发展历程。能够对城市管理学学科内涵以及城市管理学的研究方法进行描述。理解城市的起源和发展、城市发展的历史阶段和各自特征、城市未来的发展趋势。能够结合城市化的概念和内涵、城市管理的必要性与可行性，关注城市发展存在的现实问题，并思考相应的解决措施与方案。

第一节 城市的起源与城市化

城市作为人类生产和生活的重要承载空间形式之一，在现代社会中所占的地位十分重要。城市往往在一个地区的社会、政治、经济和文化中居于主导地位。正如2010年上海世界博览会的主题“城市让生活更美好”所述，城市的发展代表和展示着人类文明的最新发展高度。

《中外城市知识辞典》中对城市所下的定义为：“区别于乡村的一种相对永久性的大型聚落，是以非农业活动为主体，人口、经济、政治、文化高度集聚的社会物质系统。”实际上，辞书对城市的概念界定有很多种，其中，《中国大百科全书·社会学卷》对城市定义相对更为准确和客观，即：“城市是大量异质性居民聚居，以非农职业为主，具有综合功能的社会共同体。”现代城市主要从人口数量和密度、产业结构及行政管辖三个方面区别于农村地区，简单来讲，城市是以非农产业和非农业人口聚集为主要特征的居民点。

城市作为一种现实的物质形态存在，实质上代表着现代社会的文明形态。相应的，城市化是世界经济社会发展与进步的标志之一，城市社会及其生产生活方式的扩展在区域信息化、工业化、国际化的推进过程中都扮演着重要的角色。在本节，我们将探讨城市的起源、城市的含义、城市的历史发展过程与城市化的概念，以及城市未来的发展趋势。

一、城市的起源

城市是一个历史范畴。作为人类居住的一种聚落形式，城市并不是在人类文明的萌芽阶段就产生的事物，而是人类社会经济发展到一定程度之后出现的，是社会大分工的产物。

（一）最早的人类定居点

旧石器时代，人们过着完全依附于自然的狩猎与采集经济生活，游猎是其主要生存方式。而旧石器时代晚期，随着生产模式的转变，人类开始转入相对定居的生活模式。考古学家发现，大约在15 000年前的中石器时代，部落居民点出现了。当时人们学会了饲养家畜，社会发展进入了一个新的阶段，但为了寻找牧草和适应气候，他们不得不经常在过冬暂息点与夏季放牧地之间流动，并低频次地进行实物交换。

（二）农业革命与农业居民点

到了新石器时代中期（约10 000到12 000年以前），人类学会了播种以及有组织的采集，使农业与畜牧业分离开来，即出现了人类生产史上的第一次社会大分工。农耕技术的出现让人类步入农业革命时代。原始的农业和畜牧业为人们提供了经常的食物积存，使得人们有条件开始进入永久性的定居生活，并使得经常性的定期的交换成为可能。目前考古学家研究认为，最早的土地耕作者居民点产生于公元前7000—4000年，而最早的建立在农业区的定居点，主要分布在尼罗河、底格里斯河及幼发拉底河（两河流域）、印度河、长江和黄河等的冲积平原上。

（三）城市的产生与城市革命

世界上第一批得到考古认定的城市诞生在公元前4000—3000年，是在原始社会向奴隶社会发展的过程中产生的，如古埃及的孟菲斯城和我国的殷墟、商城。伴随第一次社会大分工，人类从使用石器工具进化到使用金属工具，而金属冶炼技术的不断改进，使整个原始手工业的面貌发生了变化。第二次社会大分工即手工业与农牧业的分工出现以后，逐渐产生了直接以交换为目的的商品生产活动和商人这一新的职业，即第三次社会大分工，这是人类社会中城市形成的直接原因。

这一时期生产工具的进步，促使了生产力的飞速发展，商品交换日趋频繁，商人逐渐脱离了生产，专职进行商业行为。农民和手工业者也从商品交换中获得自己不能自足的商品，这些商品交换活动从时间上的不确定和地点上的流动逐渐转为时间和地点上的固定，即形成了集市。商人和手工业者摆脱了对土地的依赖，自然地趋向于在有利于加工和交易的交通便利的地点或者临近集市的地方聚居，因而产生了固定的交换商品的居民点，逐渐形成了最早的城市雏形，同时，城市赖以生长的比较优势和产业原始集聚也在这一过程中产生。在集市贸易型居住聚落产生的条件下，由于生产力与社会分工的发展，人们有可能生产出比自身消耗更多的产品，这样就有了人剥削人的可能，为了掠夺财富与奴隶，战争也接连不断，所以在各集市贸易型聚居点设立的同时，防御功能也显得十分重要，这就逐渐形成了既有集市功能又设立防御体系（如护城河、城墙）的城市。

城市的产生被誉为继人类社会第一次革命—农业革命后的另一次革命：城市革命。城市的规模效益和聚集效益优势在城市发展中逐步展现出来，使城市成为人类聚居地的重要形式，以及人类最优秀的物质文明和精神文明展示和传播的重要舞台。

二、城市的含义

从城市的形成过程中我们可以看到，城市最初是一种同时具有商品交换和防御功能的人类聚居点，其中的内涵也可以直接从“城”和“市”两个字的意义中分别读出。“城”—城堡、城池，具有防御功能，“盛民”的空间；“市”—市场、集市，具有商品交换等商业功能。而“城”和“市”的功能又是农业居民点一般不会同时具备的。

（一）“城”和“市”的统一

在古汉语中，城和市是两个有着独立含义的词，城市的出现使得这两个词的含义统一在一起①。

《说文解字》中对“城”的解释是：“以盛民也”；清代段玉裁先生对此注解为：“言盛者，如黍稷之在器中也”。这一解释中，将“城”比喻为容纳民众居住其中的器皿，表述了城市的空间性。从外形上来看，城的周边有墙垣沟渠，就像容器的“壁”一样将内容物包含起来。为什么民众要将自己的居民点包在城墙之内呢？这就需要谈到城的防御功能。早在《墨子·七患》中就精辟地论述到“城，所以自守也”，也就是说城是用来防御的。《吴越春秋》更有了“鲧筑城以卫君，造郭以守民，此城郭之始也”的论述，显示了城、郭的级别和其不同的防御强度。此外在《管子》，“度地篇”中也有“故圣人之处国者，必于不倾之地，而择地形之肥饶者。乡山，左右经水若泽，内为落渠之写，因大川而注焉”的言论，反映了地形条件对造“城”的影响和造“城”的标准。“城”“池”二字的连用也表明了防御是城的基本功能。

《说文解字》中对于“市”的解释为：“买卖所之也”，也就是说市是买卖交易的地方。《易·系辞（下）》中有文：“日中为市，致天下之民，聚天下之货，交易而退，各得其所。”可见，市的最初意义就是买卖交易的场所，即今天所说的“市场”“集市”。最初，这种市场是无定所的、临时性的，影响范围也很有限，但随着交易的发展，便逐

---

① 此部分内容参考张觉文编著：《市政管理新论（公共管理与社会学·MPA 系列）》，成都：四川人民出版社，2003 年版，第 17-21 页。

渐形成了较固定的场所，并形成了不同的市场等级。商人摆脱了对土地的依赖，在市场周边钻井、定居，逐渐形成了人口规模较大的聚落，“市井”一词也由此演化而来。在不断的演化中，“市”除了“集市、市场”的意义外，又逐渐衍生出“市镇”的与居民和居民点相关的含义。

城市的重要特征之一便是异质性人口的集聚，如前所述，“城”与“市”都具备这一特征，由于这一共性，这两个原本不同的概念随着社会的发展便逐渐产生了相关的内涵，两个不同的事物也产生了联系，并逐渐趋同。“城”与“市”的结合形成了城市最原本的内涵。

（二）城市与乡村的区别和联系

同农村居民点—乡村一样，城市是人类所创造的一种人工的生存环境，城市的产生源于农村居民点的粮食盈余和其他物质财富累积，可以说，城市是在一定的社会经济条件下从乡村中脱胎而来的，城市的发展也与乡村的发展相互作用、相互影响。当然，城市与乡村之间也存在着一些明显的区别，这种区别的关键在于：**城市在空间上具有更强的集聚性**。城市的集聚性包含了诸多要素，主要包括人口的集聚和经济活动的集聚。

人口的集聚表现为人口规模的增大和人口密度的增高。这个特征在古代城市中就已经显现，在现代则更加明显，人口规模在百万甚至千万以上的城市逐渐出现，比如，世界上最大的城市日本东京在4 000平方千米的空间内集聚了3 000多万人口。同时，城市中的人口密度远远高于农村，城市中的人口密度可以达到每平方千米千人乃至万人以上，在一些城市的商务中心区（CBD）工作日昼间人口密度可以达到每平方千米几十万人。城市人口的集聚除了上述的静态表现之外，还有将乡村人口吸引至城市内部的动态表现，城市的规模越大，其吸引力往往越大。

城市不仅聚集了大量的人口，而且在有限的地域空间中集中了大量的资源和社会经济活动。城市是国民财富最集中，经济最发达的地方。在城市革命之后，统治者往往选择城市作为自己的居住地，伴随政治权力的集中，大量的国民财富也集中到了城市，此后的工商业发展更是进一步繁荣了城市的经济。与乡村相比，城市具有稠密的人口、密集的建筑、频繁而大量的社会经济活动、繁荣和多样性的文化等特殊景观，成为人流、物流、信息流、资金流的高度聚集地。

需要注意的是，城市与乡村是对立统一的一对主体，城市的发展不能孤立于乡村而独立实现。城市与乡村的统筹协调发展对于国民经济的发展和社会的稳定具有十分重要的意义。我国改革开放三十多年来，城市与农村的经济建设均取得了举世瞩目的成就，但随着经济社会的发展，城重乡轻的总体格局仍有待逐步改善，城乡二元结构突出的问题还需要逐步化解。近年来，在城市高速发展的同时，中国高度重视三农（农业、农村和农民）问题，出台了一系列的支农惠农政策，城乡经济社会发展一体化的体制机制也正在逐步建立，这些都将推动城乡的协调统合，并促进城市的高效、有序、稳定成长。

三、城市的发展与城市化

城市的发展与演进问题可以从时间和空间两个视角来进行研究。从时间角度来看，城市从最早产生发展到今日，经历了几个明显的历史阶段，并在每一个阶段呈现出不同的经济社会空间特征；从空间角度来看，城市的数量和规模不断发展壮大，并且吸引周边区域的人口、资金、信息、技术等要素不断集中，这一过程，也就是城市化。

（一）城市的发展阶段

城市一经形成，就成为促进经济发展与社会进步的巨大推动力，并且伴随社会生产力自身发展与生产关系的变革，逐步成为一个国家或地区的政治、经济、文化中心。纵观世界各国城市发展的历史主线，城市的发展走过了古代、近代和现代三段历史过程。

1. 古代城市（ —约 1760）①

古代城市主要是指原始社会后期、奴隶社会和封建社会时期的城市。这一时期是人类农耕文明占主导地位的历史阶段，其时间跨度长，城市的发展经历战争的盛衰存亡，几经兴废。原始城市规模狭小，功能单一，居住和活动相对分散。进入奴隶社会，城市的经济功能还不很突出，主要是行政、军事、宗教和手工业的中心。由于社会生产力水平很低，不少城市居民都还从事一定的农业劳动。

到了封建社会，一些主要河口和海岸出现了典型的商业城市。这一时期城市发展相对于最初形态有了跨越式的成长，其主要特征是：（1）城市所处位置大都是交通便利之处，如浙江省宁波市位于甬江、奉化江和余姚江的三江口汇流之地，唐宋以来就是最繁华的港口之一，近代也曾是“五口通商”中最早的对外开埠区。此类地区容易成为商品市场和贸易中心，农产品的集散地。在经历千年的发展之后，此类地区往往仍是城市的中心；（2）手工业匠人在城市的专业化和集中化趋势不断增强，分工细化和工匠组织的复杂化逐步显现，城市对乡村和周围地区的影响逐渐扩大，成为手工业生产的集中地；（3）城市的规模主要取决于其自身的交通区位、经济实力和对外的吸引能力，总体规模较小、数量少；（4）城市消费规模超过生产规模，城市的消费主要靠农村的地租和税赋来支撑，这时，城乡关系是对立的。古代城市的这些特征使城市功能逐步多样化，一些城市管理问题也开始突出，相应的法律条文也开始产生。

总体来看，古代城市的经济功能较弱，主要以政治、军事功能为主，经济上以手工业和初级商业为主，规模小、质量低、技术含量少，发展十分缓慢。

2. 近代城市（约 1760—1950）

18 世纪 40—60 年代欧洲的工业革命揭开了城市革命性发展的序幕。随着以现代机器体系为基础的新一代生产力的崛起和资本主义生产关系的确立，城市工业迅速发展，

① 本部分主要参考自王雅莉主编：《市政管理学（21 世纪高等院校公共管理类统编教材）》，北京：中国财政经济出版社，2002 年版，第 5-11 页。

大工业城市的数量急剧增加，导致城市总人口迅速增加。如英国伦敦总人口 1800 年为 86.5 万，1900 年增加到 453.6 万；法国巴黎总人口 1800 年为 54.7 万，1900 年增加到 271.4 万；美国纽约总人口 1800 年为 60 万，1900 年增加到 343.7 万。这些近代城市的形成，标志着人口城市化的开端和城市发展史跨出决定性步伐的阶段。这一阶段城市发展的显著特征是：（1）工业化推动了城市化，城市是机器大工业生产的中心，集聚效应使生产原料、劳动者、资金以及市场信息等生产要素迅速向城市特别是规模较大的城市集中，带动了城市交通、市场的发展，使之同时成为商业贸易的中心。（2）城市规模快速扩张，人口数量和用地猛增。城市的迅速发展同时表现出两种倾向：一方面城市各种先进的公用设施与市政工程逐步出现并迅速普及，促进了城市发展；另一方面出现了环境污染，布局紊乱，交通拥塞等一系列严重的"城市病"。（3）城市成为行政管理中心，城乡差距拉大。随着城市的发展，农村则越来越变成城市粮食、资源、劳动力和工业原料的单纯供应者，并依附于城市的发展。于是，城市的中枢管理、控制职能也日益突出起来。

3. 现代城市（1950 至今）

第二次世界大战结束以后，世界进入了现代城市的发展阶段，这是城市发展历史上前所未有的高级阶段。城市人口迅猛增长，经济实力空前增长，出现了前所未有的巨型城市、特大城市、大都市区、都市连绵带等形态，如墨西哥的墨西哥城，日本的东京，巴西的圣保罗，美国的纽约，我国的上海、北京等超过 1 000 万人口的巨型城市（MEGA City），美国的波士顿—华盛顿都市连绵带，日本的东京—大阪—神户都市连绵带，我国的长江三角洲、珠江三角洲、京津冀都市圈等城市密集区域。现代城市的发展，受到了信息化、网络化、全球化等时代背景因素的深刻影响。

（二）现代城市的成长背景及特征

1. 现代城市的成长背景①

（1）信息化

世界处在信息化的过程之中，信息技术广泛地渗透和改变着人们的工作和生活，信息已经成为经济发展的战略资源和独特的生产要素，成为社会经济发展的强大动力。信息化影响下，城市发展呈现出新的趋势，具体表现在：

城市产业结构的信息化。伴随着城市信息化的过程，城市产业结构开始由传统的以物质生产为主的经济模式向新兴的以信息产业为主的经济模式转变。城市经济结构中的信息产业逐步成为主导产业，所占比重增长很快，例如，2014 年我国信息经济总量达到 16.2 万亿元，占 GDP 的比重超过 26%②，已经成为国民经济的重要支柱产业和带动经济增长的主要动力。

---

① 本部分参考张波、刘江涛：《城市管理学》，北京：北京大学出版社，2007 年版，导论部分内容。

② 资料来源：中国信息通信研究院（工业和信息化部电信研究院）：《2015 中国信息经济研究报告》，2015 年 9 月。

城市信息中心职能日趋加强。城市是创造、获得和传播信息的场所。随着信息网络的不断发展，信息服务社会化、信息产品产业化、信息市场现代化已成为城市信息产业的发展方向。城市成为信息产业发展的最佳环境，各级城市将逐步成为不同地域信息流通、管理和服务的中心。

城市空间布局结构的变化。在城市的信息化过程中，有两种对立的趋势同时发展：其一，城市的信息网络大大拓宽了城市的功能空间，使城市延伸其各种功能的地域分布。这就是城市布局形态的扩散化趋向。其二，多方面、高质量的协调合作需求又有将城市各种功能在中心区域重新集聚的趋向。扩散化趋势将引导城市产业和人口的疏解，使其部分工业职能外迁，城市外围出现了一些新的制造中心，从而使城市的功能结构得以纯化，空间区划更为明晰；集聚化趋势则促使了中心地区的进一步发展和繁荣，城市中枢功能更为强大。因此，现代城市往往呈现区域化格局，核心城市的商务控制能力进一步提升，核心城市又通过交通、信息等网络和周边城市共同构筑区域城镇体系。

城市管理和规划的手段科学化。由于现代信息技术的迅猛发展，城市可通过信息基础设施的建设，成为高度信息化的城市，并实现不同区域和不同领域的数据互联与共享，城市管理和规划的技术手段变得非常先进、实时和精确（特别是当前的大数据、可视化技术等），也提高了城市公共政策制定的科学性。

（2）网络化

网络化是指经济、社会各要素相互联系、相互作用从而形成网络化结构的现象。对此，曼纽尔·卡斯特尔在《网络社会的崛起》中指出："作为一种历史趋势，信息时代的支配性功能与过程日益以网络组织起来。网络建构了我们社会的新社会形态，而网络化逻辑的扩散实质性地改变了生产、经验、权力与文化过程中的操作和结果。"① 城市在一个以网络为基础的社会结构中是高度动态的、开放的社会系统。在技术网络化背景下，一方面，城市经济呈现网络化的特征，城市的生产和管理向网络形式演变，金融流动呈现网络化；另一方面，城市的社会组织形态面临重构，"全球网络化企业模型"成为网络时代应对全球竞争的一种基本的企业组织形式，其他社会组织的活动也将拓展到基于信息网络的更大范围。

（3）全球化

全球化正在成为新世纪最重要的特征之一。在这个过程中，大都市正首当其冲、主动地或被动地进行着全球化。城市的发展开始进入一个全新的时代，即全球化时代。全球的城市将再一次分工，在正建立起来的全球城市网络系统中，重新定位自己的角色。通信技术革命和全球运输费用的相对降低，铺垫了大都市全球化的前提，全球经济一体化、各国的发展政策以及社会文化的相互影响，构成了大都市全球化的基本框架条件。全球化对于城市空间和社会结构的影响最为直接和突出，集中表现在全球经济网络中的

① ［美］曼纽尔·卡斯特尔著、夏铸九等译：《网络社会的崛起》，北京：社会科学文献出版社，2003年版，第569页。

控制性节点，特大城市的空间和社会结构越来越强调与全球网络的外向关联，而城市内部关系则变得支离破碎，形成城市内部的二元结构。① 这就是说，在全球经济体系中，城市中的一部分（空间的和社会的）被包括在内，而另一部分则被排斥在外。被排斥在外的城市功能如果不能在地方化的过程中找到自身的发展支撑，则可能成为诱致城市衰退的要素，甚至会引起参与全球经济体系的部分功能产生衰退。

2. 现代城市的发展特征

现代城市的发展主要呈现出三个特点：

（1）城市日益成为现代经济活动的中心，成为人类主要的聚居地。经济增长推动了人口向城市集中的步伐，1950 年，世界上住在城市里的人口占总人口的比率为 28.4%，到 2014 年已达到 53%左右。目前，发达国家有 70%~90%的人口都在城市中生活。城市里不仅拥有便利而广阔的商品市场和先进而雄厚的科技力量，还拥有现代化的工业、交通运输业和服务业；特别是第三产业得到空前发展，商贸、金融、证券、房地产、咨询等行业蓬勃兴起，各种商业活动和金融活动异常活跃。城市不仅自身综合实力雄厚，还决定并推动着整个国家和地区的经济发展。需要说明的是，在城市谱系中，大城市在国民经济中的地位仍在加强，中小城市的专业化、特色化趋势越来越显著。大中小城市和谐成长，各司其职的格局是城市发展的重要模式。

（2）城市空间组合上发生了巨变，要求城市朝着高质量和多功能方向发展。随着现代科学技术和社会生产力的迅猛发展，社会分工愈益细密化，城市内部出现了有规律的空间分布。大城市内部出现了较明显的地域分工，如工业区、商业区、住宅区、文教区等。同时现代科学技术的发展使得城市具有发达的基础设施，可以满足城市向高质量、多功能发展的要求。在单一城市发展的基础上，出现了城市群落、城市带、城市圈等城市群体布局，甚至有的发达地区出现了跨国的城市群落“一体化”的趋向。

（3）城乡融合、差别趋小。现代城市是随着科学技术和社会生产力的发展而发展的，这种发展从物质和文化上都为农村现代化提供了示范。农村在生产条件、技术手段和交通状况、教育水平以及生活服务设施方面，都直追城市，城乡差别不断缩小，出现了城乡融合的过程。

（三）城市化

1. 城市化的定义

“城市化”这一术语是在大约 1850 年左右出现的。当时，西班牙一位名叫塞尔门的工程师写了一本《城市化的理论问题》，第一次使用了“城市化”一词，书中区分了“城市化”和“乡村化”。根据联合国教科文组织出版的《社会科学辞典》，关于城市化的概念至少有四种不同的表述：城市中心向周围影响及扩展；人口中城市特征的出现；人口集中的一个过程；人口集中的过程，其中城市（镇）人口占地域人口比率增加。

---

① 唐子来：《信息化和全球化时代城市管理的新议题》，《城市规划汇刊》，1999（3），第 75-76 页。

在我国，学术界和相关辞书对城市化的定义也有很多。本书采用《中国大百科全书·社会学卷》的定义：**“城市化是社会经济关系、人口、生活方式等由农村型向城市型转化的过程。”**

2. 城市化的内涵

城市化，本质上是社会生产力的变革所引起的人类生产方式、生活方式和居住方式转变的过程，是传统的乡村社会向现代的城市社会演变的自然历史过程。

城市化的内涵主要包括五个方面：（1）人口向城市的集聚；（2）农业人口向非农业人口的转变；（3）农业产业向非农产业的转变；（4）农业景观向城市景观的转变；（5）农民向市民的转变。

我国改革开放30多年来，城市化的主要模式还是就业的城镇化，因此，直至2014年年底，我国以常住人口指标统计的城镇化水平仍高于以户籍人口指标统计的城镇化水平约17个百分点。农民真正意义上向市民的转化是未来较长一段时期的工作重点，也是国家“新型城镇化”战略的关键着眼点。

3. 城市化水平的衡量

城市化水平，一般可以用城市人口占总人口的比重来表示。从全球范围来看，世界城市化的历史进程大致可分为三个阶段：1760—1850年为第一阶段，即世界城市化兴起的阶段，1850年，英国成为当时世界上第一个城市人口超过总人口50%的国家；第二阶段是1850—1950年，欧洲和北美等发达国家加速城市化，多数发达国家城市化率超过50%；第三阶段是1950—2000年，全世界加速城市化，在这个阶段，世界城市人口的比重由1950年的28.4%上升到近50%。预计到2030年世界城市化水平将达到60%，其中发达国家达到80%，发展中国家达到57%。

就我国的城市化情况而言，从1949年到2014年，城镇人口由不足6 000万上升到7.49亿，城市化水平由10.6%上升至54.77%①。截至2014年年底，我国的城市总数（含直辖市、副省级市、地级市和县级市）已经达到了653个②。

4. 城市化浪潮的成因

一般认为，城市化的影响因素包括四个方面，即经济增长（集聚效应、规模经济），技术进步（农业技术的提高、交通与通信技术发展、建筑技术发展），总人口的增长（剩余劳动力出现的途径之一）和人口的流动。从城市化浪潮的动力机制来看，上述四方面的影响因素又可以归纳为以下三个方面的动力系统：

（1）工业化是城市化的内在动力

产业革命冲破了自给自足、分散无序的农村自然经济的桎梏，使得资本和人口在机器大生产条件下高度集中，由此导致城市规模的不断扩张和城市数量的急剧增加。工业

---

① 数据来源：中华人民共和国国家统计局网站，http：//www.stats.gov.cn/tjsj/zxfb/201502/t20150211_682459.html，2015年1月20日。

② 数据来源：《中国城市统计年鉴2015》，北京：中国统计出版社，2015年版。

化之所以能引起如此巨大而深刻的城市革命，是因为它所具有的几个特殊经济本性，即所谓的“初始利益荆轮效应原则”① 和“循环累积因果关系原则”。工业边际产出大于农业，使工人工资高于农民收入，吸引着农村人口向城市中心迅速集中。人群的集中带来了大规模的市场活动、商业经营以及服务业的发展，创造着新的就业机会。这些因素的相互影响，使城市化的趋势越来越强劲。

（2）农业现代化是城市化的推动力

综观世界城市发展史，城市总是首先在那些农业分工完善、农村经济发达的地方兴盛起来。农业为城市人口提供商品粮，为城市工业提供资金原始积累、原料、市场和劳动力，等等。农业现代化程度和生产力水平越高，所能提供的剩余劳动力和剩余农产品越多，城市发展就越快。目前，我国农村正在积极推进的土地流转工作，其效果不仅推动了农业的现代化、规模化，而且将极大地推动城市的成长。

（3）信息化是城市化的后续动力

随着现代信息技术的出现、发展与应用，信息产业形成并在一些城市成为主导产业，社会生产力进一步提高，工业社会让位于一个崭新的社会—信息社会（又称后工业社会）。后工业社会最大的特点就是大多数劳动者不再从事农业和制造业，而是从事服务业。据《世界发展报告》的统计表明，在1960—1980年间，发达国家在制造业中就业的人数一直徘徊在38%左右，制造业产值比重甚至还有下降的情况，但同期的城市化水平反而上升了10个百分点，这就是第三产业即服务业的迅速增长所致。

5. 城市化进程的轨迹

1974年联合国在《城乡人口预测方法》报告中，从理论和实证两个方面详细论证了城市化水平随时间增长的“S”形变化规律。1979年美国地理学家诺塞姆（Ray · M · Northam）进一步研究发现，各国城市化进程所经历的轨迹，可以概括成一条稍被拉平的“S”形曲线，即通常所说的城市化进程的阶段性规律。城市化进程可分为三个阶段（如图1—1）：

1）初期阶段：城市化水平低于30%，发展速度比较缓慢；

2）中期阶段：城市化水平处于30%～70%，发展速度很快；

3）后期阶段：城市化水平高于70%，发展速度大为降低，进入平稳阶段。

目前，我国正处于城市化的中期阶段，1995—2015年城市化水平的年平均增长率达到1.2个百分点以上，并且属于城市化高速发展时期的关键阶段。城市的持续健康发展为经济增长创造了许多前所未有的机会，对于国民经济和社会发展有着至关重要的作用。

---

① 荆轮效应即所谓正向驱动容易而逆向驱动极为困难的现象。

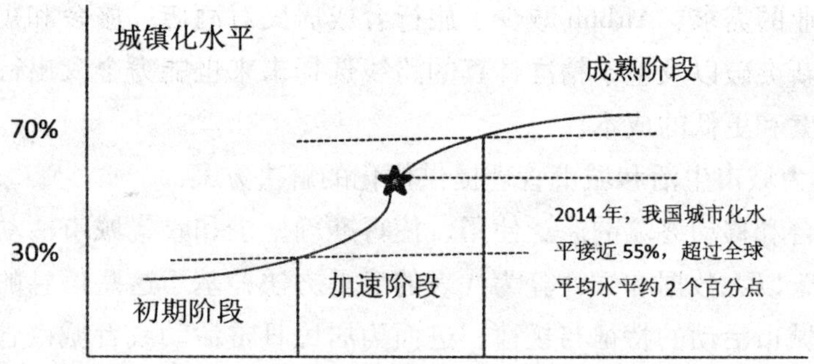

图1—1 城市化发展的"S"形曲线

四、城市的未来

不同历史阶段中城市的发展与演进，既受到当时社会生产力水平和技术创新水平的直接推动，同时也受到二者发展上限的制约。而对于未来社会而言，生产力水平和技术创新速度将较以前出现更快的增长，因此城市未来的发展也拥有着不可限量的空间和可能。未来城市的发展，必须关注如下三个方面的推动力：

（一）新技术对城市发展产生革命性推动

技术创新对城市发展具有不可否认的推动作用，随着信息化、数字化、智能化时代的到来，技术创新的速率比以前大大加快，新技术的经济社会效能大大增强，因此对于城市发展的推动作用也将产生革命性的跃升。甚至可以说，技术创新的水平和方向主导着未来城市发展的形态与内容。

1. 新技术拓展城市居民的空间活动范围

技术创新在交通基础设施建设领域一直得到广泛的应用，现代城市四通八达的交通路网、地铁、轻轨、高速铁路、磁悬浮列车等，无一不是技术创新的产物。交通迅捷性的提升极大地降低了城市居民出行的时间成本和心理距离，进而拓展了城市居民的活动空间。也正是由于特大城市出现了更密集的交通路网和便捷的公共交通路线，使得越来越多的城市居民离开拥挤并昂贵的城市中心，开始向城市外围、城市郊区甚至卫星城居住生活，间接影响了城市的空间形态和商业布局。未来无人驾驶、定点投送等新技术会将这种趋势持续传导和放大。

2. 新技术改变人们的行为和生活习惯

计算机科学、互联网技术和人工智能的飞速发展改变了人们传统的消费和生活习惯。电子商务将传统的实体购物场所转移到虚拟的网络空间，使得传统的购物场所不再仅限于购物功能，而成为消费者购物、休闲、餐饮、娱乐等多重需求的一体化综合解决方案。以Uber（共享出行）、Airbnb（共享空间）为代表的共享经济模式，也是基于互联网平台的新兴事物，通过对一部分人手中闲置资源与另一部分人真实需求的合理匹配，不仅优化了社会资源配置，也改变了人们传统的消费方式，例如Uber减少了人们对传统出租车行业的需求，Airbnb 减少了旅行者或居民对酒店、旅舍和短租房的需求。无人驾驶技术的新突破以及基于精准计算的路线选择未来也能为个人出行和物流运输提供更加优化的方案和更低的成本。

3. 新技术为城市生活和城市管理提供优化的解决方案

互联网平台和移动终端的广泛使用，使得准确记录和收集城市活动的各方面信息成为可能。得益于以大数据和云计算为代表的工具方法，基于这些信息的分析与计算又能够进一步总结城市活动的特征与规律，进而为居民日常活动或者城市管理者的管理决策提供依据和参考。例如，能够实时上传和下载信息的路况地图，可以向出行者准确报告城市路况的畅通情况，便于出行者提前做好时间和路线规划，引导出行车流，有效避免道路拥堵。

（二）智慧城市成为现代城市新的发展潮流

人类社会发展水平的不断提高引致人的需求也在向多样化、复杂化的方向演进。对于不断被创造出来的新的需求，人的自我完善倾向和技术的革新进步又使其不断得到满足，而这种完善和进步在客观上也向前推动了城市的自我演化与发展。

继工业化、电气化、信息化之后，智慧城市（Smart Cities）被认为是现代城市的又一个新的发展潮流。智慧城市的发展理念是信息科学技术发展到一定阶段的产物，也是现代城市从规模增长向精细化管理转型的必然要求。随着信息基础设施建设的日渐完善和各行各业信息化水平的提高，城市每日运行的各个方面都成为丰富的信息资源得以记录和保存下来。如何对这些信息进行整合共享、综合开发和深度利用，为城市居民和城市管理者提供丰富、充分、实时的参考资料，以便做出更加明智科学的决策，是智慧城市所要实现的基本目标。例如，日本 NEC 公司（日本电气股份有限公司）以云计算和物联网为基础，为全球城市在安心安全、节能环保、交通物流、医疗养老、智慧教育五个方面提供了智慧城市的解决方案，具体包括人脸识别系统、智能楼宇解决方案、客流统计分析系统、停车场信息管理系统、养老院管理系统等技术应用[①]。又如，美国 IBM 公司发挥自身在数据收集和处理方面的技术优势，积极与一些城市的公共部门开展合作，利用分析技术将获得的大量的结构化和非结构化的数据转换为带有洞察力的信息，并帮助城市管理者做出最合理的决策，包括迪比克的智能水表管理、新加坡的智慧交通管理、都柏林的智慧城市管理、阿姆斯特丹的智慧机场、中国台湾地区的智能火车、斯德哥尔摩的智慧交通等[②]。

（三）城市的集聚与分散呈现新的快速波动格局

交通通达性的提升降低了城市中的人和物空间移动和迁徙的成本，同时信息技术的发展又进一步消减了人们之间的物理距离，降低了空间因素在经济活动中的重要性，使得城市中人流和物流的频率大大提升，空间上的集聚和分散变得更加轻松容易。在这种

① 资料来源：NEC（中国）官方网站：http：//cn. nec. com/zh_ CN/index/index. html?。

② 资料来源：IBM（中国）官方网站：http：//www. ibm. com/developerworks/cn/industry/smartercities/。

情况下，决定城市集聚与分散的因素已经不单单是经济成本，而加入了其他社会因素、自然环境甚至是人的主观情感的考量。例如，近年来我国一些北方城市的居民由于冬季寒冷，选择搬迁到南方城市享受生活，很多退休后的老人甚至成为冬季在南，夏季在北的“候鸟型”人群。又如，2011 年日本福岛县大地震引发核泄漏事故，导致许多当地居民相继搬迁至其他县，福岛县的人口数量在事故后五年内减少了约 11 万人，下降率约为 5.7%①。

第二节　城市管理的必要性与可行性②

在全球化的过程当中，国家之间的竞争逐步演变为以城市为核心的区域之间的竞争。现代城市在发展中逐渐显现出智能化、信息化、生态化、协同化、精细化等新的潮流和特征。全球的城市化浪潮正深刻地影响着全球的政治、经济和社会版图，城市和城市化日趋成为当前经济社会活动的核心。在如此的全球背景下，探讨城市管理在推动城市发展方面的必要性和可行性具有重要意义。

一、城市发展的现实问题

城市的出现和高速发展是人类文明与经济社会的巨大进步和成就，然而城市自身的发展却并不总是完美的，繁荣与增长之下也暴露出一些问题。这些发展中存在的实际问题构成了城市管理的现实背景和基本素材，并且单纯依靠市场力量难以自行化解，因此需要城市管理的政策和手段进行引导和干预。以我国为例，城市发展的现实问题可以分为宏观和微观两个层面。

从宏观层面来看，主要表现为：（1）城市化的空间格局不平衡。随着我国平均城市化水平的不断提升，大量城市人口向东南沿海经济发达地区不断集中，导致了东部地区大城市甚至特大城市的数量增加，人口膨胀，而中西部地区的发展相对滞后。（2）城市化的空间规模与经济效益不匹配。城市发展多表现为摊大饼式的空间扩张，而单位面积土地上的经济产出增加幅度有限，集聚经济的优势与效能尚未充分体现，制约着未来城市化的发展潜力。（3）城乡发展的二元结构依然存在。城乡发展差距虽趋于弥合但远未消除，城乡在户籍管理、土地、社会福利与保障等方面的差异在一定程度上限制了生产要素的自由流动和资源的优化配置。（4）城市间缺少协同合作机制。相邻城市之间往往各自为政、彼此竞争，缺少合作与共赢意识，造成一定的资源浪费和重复建设。此外，

---

① 资料来源：中国新闻网：http：//www.chinanews.com/gj/2016/03-01/7778989.shtml。

② 本节内容主要参考张波、刘江涛编著：《城市管理学》，北京：北京大学出版社，2007 年版，导言部分内容。

一些区域性问题的共同治理也由于缺少合作而无法得到有效解决。

从微观层面来看，主要表现为：（1）城市环境污染。目前城市的环境污染主要包括大气污染、水污染、光污染、噪声污染、垃圾污染和电磁波辐射污染几类，以大气污染最为严重。近年来我国大部分城市频繁出现的雾霾天气就是一种严重的大气污染，对城市居民的身体健康乃至正常生产、生活都造成了不良影响。（2）城市交通拥堵。交通拥堵是大城市人口过度集中所带来的负面影响之一，在我国的若干大城市或特大城市均普遍存在这一问题。交通拥堵问题的出现与机动车过量增长、城市人口职住分离不当以及交通路网设计不合理都有一定关联。（3）城市人口老龄化。人口老龄化是我国面临的一个严峻的社会问题，城市的人口集中和劳动力集聚使得这一问题所带来的影响格外凸显，也对城市的养老服务承载能力和政府社会保障职能提出了更高的要求。（4）部分城市房地产投资泡沫显现。由于对前期经济刺激政策的影响估计过度乐观，许多三四线城市开始大规模的进行房地产投资开发，但随着2015年前后我国城镇化速率与人口结构等影响房地产市场的长周期因素先后出现拐点，部分城市的房地产库存已经远远大于当期和未来的市场需求，个别城区甚至成为高楼林立却没有人烟的“鬼城”。消化高企的房地产库存以及化解相应的经济风险，成为一些城市必须面对的问题。

二、城市管理的必要性

（一）城市特性决定城市需要管理

从系统论的角度来看，管理是促使系统整体产生放大效应，实现整体优化的一个过程。这说明管理是有关整体的一种活动，而这种活动可以创造效益，也就是说，管理可以增加价值。对城市而言，是否有必要被管理与城市的特性具有直接的关联。城市具有相互联系性、复杂性以及开放性的特性，这些特性从本质上决定了城市需要管理。

1. 相互联系性

城市不是众多的人和物在地域空间上的简单叠加，而是一个以人为主体、以自然环境为依托、以经济活动为基础的相互联系的有机整体。城市内部主体之间的相互关联使得城市管理不同于私人部门单一的目标，管理必须同时满足若干子目标组成的目标簇，并要使各受众群体能够接纳。对于作为私人部门的企业而言，其诉求主要是利润、市场占有率或者获取一定的品牌效应，企业运营中在某一管理决策制定之后，所有人员将按照这一行为标准执行。而城市的管理涉及认识水平、收入水平、教育程度、利益取向迥然不同的多元主体，他们在不同尺度内对一项公共政策的认知可能存在很大差异，从个体理性出发有时很难达成共识。城市管理必须要协调相互联系的各方主体之间的关系和利益，构建多元联动且和谐的管理体系。

2. 复杂性

城市是由许多不同类型、不同性质、不同层次子系统所组成的复杂的巨系统，是现代社会中政治要素、经济要素、社会事务、信息流和科学技术要素大量聚集的场所，是构成现代社会网络最重要的节点。由于众多的人流、物流、资本流、信息流的往来汇集，使得城市的日常事务纷繁复杂。城市的日常运行是一个庞大的系统工程，千头万绪，如果仅凭市场自我的梳理和调节，势必会影响城市运营的效能和质量。

3. 开放性

城市是一个开放系统，与外界不断地交换着能量、物质与信息。从输入粮食、蔬菜、水、燃料、日用品，到输出废水、废气、废物等污染物，从输入资本、文化、信息，到输出文化的、精神的、物质的各种产品，不断进行的输入—输出行为就构成了城市与外部系统的循环交流，从而保障城市维持稳定有序的状态。城市需要向“周边”① 区域辐射它的能量和信息，进行社会化大生产要求的专业化协作，与“邻近”地区进行经济技术联合。与此同时，城市也在不断接受更大规模城市和区域（甚至包括全球化）的辐射和影响。这些决定了城市系统整体结构具有开放性。城市的开放性使得城市不仅要处理系统内部问题，还要处理与城市外部的关系，综合考虑系统内外各种要素的竞争、合作、协调与统筹。所以，城市的开放性决定了城市需要管理，以促进城市系统有序地正常运行，提升本区域的综合竞争能力。

（二）市场的不完备性决定城市需要管理

市场经济是现代城市经济运行的基本规则，但在强调市场主导的前提下，讨论城市管理，则是因为城市的某些事务不可能由市场达成有效形态。众所周知，市场不是万能的，市场的自组织力量在处理问题时出现了许多失误或不合意的结果。这种现象的出现可以归为两方面的原因：一是我们不恰当的将本应由其他制度来处理的事情交给了市场，超越了市场的能力界限；二是人的主观认识与客观事实不相符合，或者说没有充分认识和掌握市场制度运行的本质特征以及规律，导致在市场的运行过程中出现偏差或问题。

1. 城市中市场失灵普遍存在

在城市中，市场失灵的现象普遍存在。城市中有众多不排他的公共产品，例如城市治安管理的提供等，完全不能够依靠市场过程实现；城市中还存在由于主体集中造成的外部效应，如日光遮挡、污染物外泄等问题，并不能完全由市场交易消除或者平衡。关于市场失灵在本书第五章第三节中有相关介绍，这里囿于篇幅，不再赘述。

2. 管理在一定程度上能够纠正市场失灵②

现代管理学和经济学已经证明，管理在一定程度上能够纠正市场失灵。例如，城市的环境污染问题，由于环境污染造成的私人成本远低于社会成本，厂商和消费者具有向

---

① 现代社会的发展使得城市的外向联系跨越地越来越远，很大程度上突破了简单的地域衔接概念，因此，“周边”一词需要从全球的角度加以理解。后文“邻近”一词加引号具有同样的含义。

② 管理虽然可以解决市场失灵问题，但管理也同样可能失效，关于管理失效的详细论述请见本书第五章第三节“政府失灵”的有关内容。

外排污的内在冲动，因而在单纯的市场条件下公共环境极易出现无人照管的“公地悲剧”。此时，需要城市管理者通过向企业和居民征收排污费和环卫费，用以治理污染①；或者是由政府出面协调，将污染的外部性予以内部化，建立并维护环境管理体系。又如，由于受到信息导向不明、决策支持系统乏力等外部条件的限制以及市场机制特有缺陷制约，城市基础设施和公共设施建设方面的投资可能不足，某些城市人口增长幅度较大而城市基础设施和公共设施建设投资增长缓慢，城市建设投资有效性大大降低。针对此类现实，城市管理者需要协同金融与财政部门对城市市区内基础设施和公共设施建设实行鼓励，保证其最低供给规模，使其与房地产开发规模保持适当比例关系。再如，城市的突发性事件有很多，诸如公共卫生、自然灾害、恐怖威胁及环境污染等，单纯依靠市场的力量是无法解决的，必须依赖良好的城市管理，综合城市各种应急服务资源，统一指挥，联合行动，才能为市民提供相应的应急救援服务，为城市的公共安全提供强有力的保障。

（三）管理、市场各司其职可以提高效能

1. 管理、市场理应各司其职

管理与市场是作用于城市运行的两种不同力量。管理和市场两者各有优势，但也都存在缺陷，所以任何“唯市场、无管理”或“唯管理、无市场”的城市运行都是片面的、不完善的，管理与市场的有效组合才是最佳选择。

城市管理不是替代市场，而是为了更充分地发挥市场的功能，这是城市管理的一个基本出发点和立足点。如果城市管理替代市场发挥作用，必然会使市场发生扭曲，破坏市场竞争，阻碍市场自身功能的发挥，导致市场的低效率。因而，管理的范围应该严格限制在市场失灵领域。现代经济学理论和发达国家的实际经验已经证明，市场机制是迄今为止最有效的资源配置工具，因为市场机制能够以最快的速度、最低廉的费用、最简单的形式把资源配置的信息传递给相关的决策者。因此，凡是市场能够有效调节的经济活动，城市管理就没有必要插手，否则会适得其反。只有做到管理与市场的优势互补，才能促进城市的高效运行。

2. 应加强管理对市场的完善

城市管理和市场机制的范围和领域有各自的有效边界。市场能有效发挥作用的领域，要充分发挥市场的基础性调节功能；市场不能有效发挥作用的领域，涉及社会利益的目标时需要城市管理来实现。一旦超出范围，管理和市场都会带来低效率。具体来讲，城市管理主要进入以下市场失灵的领域：

（1）建立和维护市场秩序。如财产权利的有效保护、契约责任的严格履行、市场本身竞争性的切实维护等，需要城市管理者尤其是城市政府在相关条例、制度、规定的订

---

① 原建设部 2006 年 8 月宣布，自 2006 年年底，全国所有城镇将开征污水处理费，之后还要逐步提高收费标准，原则上达到每吨 0.8 元。这一举措有利于水资源的节约利用和处理，有利于城市环境的改善和中水系统的推广，对我国 60% 的城市缺水的现实问题将产生“节流”效力。

立和司法服务等方面发挥积极作用。

（2）弥补市场不完全的缺陷。对此，城市管理者应根据不同的情况，实行间接替代或直接替代措施。间接替代是指依靠城市管理的力量实行体制方面的改革和调整，尽力消除市场缺陷，使市场机制趋近完善；直接替代则是指针对一些市场功能的缺陷，城市管理者尤其是城市政府规定各种数量调节与价格调节的措施对市场功能进行替代。例如，市场条件下，一个城市中心区的黄金地段往往为城市内部的高收入群体所享有，而低收入居民往往无力支撑中心区的高房价（租），如果片面追求市场效果，则可能发生对低收入人事的向外“推挤”，造成贫富差异的显化和更严重的贫富分化，甚至会造成贫困的代际遗传。

（3）克服市场制度可能产生的外部性问题。对于存在市场外部负效应的领域，城市管理者的作用表现为：凡是能够明确界定外部负效应的受害者和获益者并涉及当事人相对少的领域，城市管理的作用是合理界定产权和建立承担后果的法律规范，基本上不实施直接的限制和禁止行为；凡是外部负效应的涉及面宽、不能明确具体利害人的领域，城市管理应实施直接的限制或禁止行为。

（4）稳定城市经济。城市管理必须维护市民利益和保证经济发展的需要，对垄断企业进行必要的管制；同时，为了获取持续的竞争优势，城市管理还要将鼓励创新、创造发展环境作为自身的主要职能，弥补市场的不足。从管理体系来看，作为管理者之一的城市政府应承担提供公共产品的主要责任，如组织城市基础设施的供给，提供各种社会公益服务，提供由社会保险、社会福利、社会救济等保障制度形成的城市保障体系等。

（5）调节收入分配。效率和公平是城市管理必须要面对的问题。市场经济条件下，市场机制的作用能有效地实现效率目标，但对公平目标的实现则难有贡献。这就引出了城市管理在公平与效率之间的权衡和出于公平考虑对收入的再分配问题。一般而言，城市管理不应介入收入的初次分配，对初次分配的调节主要应采取法律手段（如就业法、劳动保障法等）；但对收入的再分配，城市管理者要科学运用税收机制和财政转移支付手段，既缓解贫富差距，又有利于鼓励先进、刺激效率提高。最终目标是适当缩小城市不同阶层劳动者之间的收入差距，以防止城市收入两极分化过大和财富分配过于悬殊所带来的不良社会后果。

三、城市管理的可行性

（一）城市管理能够产生绩效

除了能够弥补市场的缺陷之外，管理自身还能够产生被感知的绩效。

1. 良好的管理可以创造效益

管理的意义是在既定的权力界限之内，对事物进行治理、处理和调理，使事物可以井然有序、积极健康地发展。从系统论的角度来看，城市管理不仅可以有效地组织城市的日常运行，更可以使城市这个复杂的系统整体在运行过程中产生乘数效应，实现整体功能的优化。在当今全球化的背景之下，一个城市面临着多层次的竞争，既有城市所在区域层面上的竞争，也有城市之间的竞争，甚至还包括城市内部若干地域单元以及若干群体内部的竞争。这种高强度的竞争环境和竞争压力，使得城市发展除了要遵循一般意义的“发展路径”之外，还要考虑外部环境的影响。由于一个城市所拥有的有利资源要素总是相对稀缺的，因此需要良好的城市管理来对城市资源进行有效配置和科学投放，努力克服市场的短视和不稳定，实现资源的优化利用。良好的城市管理可以产生良好的绩效，不仅可以使城市的经济增长力、人才吸引力、信息流动性、应急反应的敏捷性以及对外形象都大大提升，还可以使城市的产业结构更加合理，社会繁荣稳定，从而实现城市竞争力的提升。一个拥有强竞争力的城市可以为不同的利益主体提供良好的发展环境，实现各个利益主体满意度的提高，并进一步对人才和投资产生向心力，为持续提升城市的竞争力创造机遇，以此来实现城市的效益增值。

案 例

中国—新加坡合作共建苏州工业园区

苏州工业园区是中国和新加坡两国政府间合作的旗舰项目，是我国的改革开放试验田、国际合作示范区，也是我国过去十几年发展速度最快、最具国际竞争力的开发区之一。

1994 年苏州工业园区正式启动建设，借鉴新加坡的发展经验，由中新两国政府共同出资，共同编制了园区总体规划，招商和开发由中新合资的开发公司负责，以外方投资为主进行成片开发。园区成立了专门的“借鉴新加坡经验办公室”，在招商、引资、贸易、出口等方面享有特殊的政策优惠，逐渐形成以服务型经济和创新型经济为主体的经济发展格局，成为苏州城市经济的重要板块和增长引擎。苏州工业园区被视为政府成功引导经济建设、创造显著经济效益的典范。

（资料来源：http：//www. sipac. gov. cn/）

2. 管理可降低社会总成本

管理是一种积极的活动，通过减少个体活动的阻碍与摩擦，使总体效用超过所有个体效用加总之和，可以带来超越支付成本的收益。相较于没有管理的无序状态，管理条件下个体所付出的代价降低，总体运营的成本下降。在一个有序发展的环境之中，城市中各类主体除了为城市管理的运营成本付费，遵从管理本身也可以被看作是一种支付形式。管理不仅仅可以使城市的运营更为高效，提升城市的整体竞争力，其本身还是一个可以创造价值的过程。比如在城市规划与城市定位中，通过协调城市内部以及城市与周围地区的产业布局，可以使各地区的分工更加明确，基础设施配套和衔接更有针对性，一定程度上避免重复性的无效率竞争，从而降低资源的浪费。

案例

伦敦城市政府的空气治理

作为工业革命发源地的伦敦，自19世纪以来，就遭遇了极其严重的空气污染问题。1952年“伦敦烟雾事件”的爆发造成上万名城市居民非正常死亡，促使伦敦城市政府开始着手对空气污染进行治理。自1956年起英国政府先后颁布了《清洁空气法》《污染控制法》《汽车燃料法》《环境保护法》等多部法律，并成立了专门的清洁空气委员会，在政府的主导下对空气污染的主要来源进行综合治理，包括家庭壁炉改造、调整能源结构、控制机动车数量、发展低碳经济等，取得了明显成效。今天的伦敦，已成为一座“绿色花园城市”和世界著名旅游胜地。

（资料来源：http：//www.sxsm.com.cn/whpd/ys/201512/t20151202_156724.html）

（二）城市管理是需要成本的“付费”产品

管理固然有益，但城市管理并非免费。政府或其他城市管理主体，需要凭借政治权力和公信力，通过税收等手段来筹集资金，再以预算支出等形式支付城市管理的费用。由于城市内部的运营系统十分庞大，所要处理的事务种类繁多、层次不一，需要有专门的政府部门和专业的技术人员从事城市管理工作。想要获得良好的城市管理绩效，往往需要很大的代价。当然，政府也必须在一定的预算约束之下提供公共产品，如果城市管理的成本在政府的预算约束（含赤字）之外，那么政府也无法做到为城市提供城市管理。

（三）城市管理需要被管理主体有支付意愿

在城市内部，企业、组织、住民和其他诸多相关团体作为被管理者，享受管理带来绩效的同时，需要负担直接的或者间接的成本，直接的付费主要是以纳税为主要形式的货币支付，而间接的付费包括限制自身的某些自由等，即如前文所说，遵从管理本身也是一种支付形式。

推行城市管理首先要衡量住民和其他相关组织、团体的支付意愿。管理行为最终得以实施的必要条件是管理的成本小于（存在搭便车条件下的）主体支付意愿总和的计量①。如果城市居民、企业不愿意支付，说明城市管理的绩效存在问题，即对于各主体而言，所需承担的支付总和要大于管理给他们带来的好处（包括可计价的和不可计价的）。特别是当城市多元主体具有较强的“以足投票”② 能力时，城市管理者更要充分考虑其支付意愿和支付能力。

---

① 由于城市管理提供的服务在很大程度上具有非排他性，虽然有些类似俱乐部产品的公共服务可以做到谁付费谁受益，但是大多数的公共产品很难做到排他，例如城市的治安管理是每个人都可以享受到的，无法把那些不愿意为治安管理付费的人排除在外，因此一定会产生搭便车的现象。

② 是美国经济学家蒂伯特（Tiebout）就地方财政竞争提出的相关理论。他认为，民众会根据本人税收负担、地方财政支出和本人效用感知进行综合选择，最终以“迁移”的形式确定自己的具体居住地，使自己的效用最大化。—编者注。

案 例

底特律城市政府申请破产保护

底特律曾被誉为美国的“汽车之城”，通用、福特、克莱斯勒美国三大汽车公司总部聚集于此，作为五大湖地区仅次于芝加哥的第二大工业城市，鼎盛时期的底特律都市区人口达到了约185万，目前锐减至70万。美国本土汽车业的衰落和底特律本地人口的外流导致底特律政府财政收入大幅减少，城市房地产价格下降，大片区域由于缺少财政资金维护修缮而荒芜破败，又进一步加剧了人口外流和财政困境。终于在2013年7月18日，底特律这座“汽车之城”由于城市政府财政严重入不敷出而正式申请破产保护，从而成为美国历史上步入破产程序的最大城市。

（资料来源：http：//news. 163. com/14/1108/07/AAGU7AHL00014JB6. html）

城市管理要确立以公众满意为导向的思路，通过提供高品质的服务使城市的企业、住民产生支付意愿；同时，还应该考虑其支付能力，只有实现较低的运营成本，较高的绩效水平，良好的发展预期，并不断提高资金的使用效率，才能顾及更多城市主体的支付能力，从而使政府有限的财力得到有效的利用。

四、城市管理思想的演进①

城市管理思想源远流长。可以说，城市开始产生和出现之时，城市管理思想就已萌发。古代社会的城市管理思想经历漫长的考验，从城市的安全防卫、市政设施组织、空间规划等角度进行了长期的探索，《周礼·考工记》②《管子·乘马篇》③ 等都是中国古代城市规划管理思想的代表著作。在西方，强调对称的城市空间组织、强调以广场为核心的公共空间组织等经验导向的城市规划思想也支撑了早期的城市管理。现代意义的城市管理，则主要源起于古典经济学的思想，并且经历了由被动管理到主动干预、再到前瞻性管理与服务的发展历程。

（一）“守夜人”：现代城市管理的思想源起

城市管理思想，与经济学有着千丝万缕的关系。近代城市管理思想可追溯到古典经济学著名的“看不见的手”理论。亚当·斯密在《国富论》中论及资本的所有者时指出：“确实，他通常既不打算促进公共的利益，也不知道他自己是在什么程度上促进那种利益。……由于他管理产业的方式目的在于使其生产物的价值能达到最大程度，他所

---

① 部分内容参考张波、刘江涛编著：《城市管理学》，北京：北京大学出版社，2007年版，第一章部分内容。

② 如：“匠人营国，方九里，旁三门。国中九经九纬，经涂九轨，左祖右社，面朝后市，市朝一夫。”这一思想对我国城市规划、管理影响颇深。今天的北京城比较严格地遵循了这一体系。

③ “凡立国都，非於大山之下，必於广川之上。高毋近旱，而水用足；下毋近水，而沟防省。因天材，就地利，故城郭不必中规矩，道路不必中准绳。”这一思想对考工记的“符号性”思想进行了修正。

盘算的也只是他自己的利益。在这场合，像在其他许多场合一样，他受着一只看不见的手的指导，去尽力达到一个并非他本意想要达到的目的。也并不因为是非出于本意，就对社会有害。他追求自己的利益，往往使他能比在真正出于本意的情况下更有效地促进社会的利益。"① 可见，"看不见的手"的比喻形象地阐述了个人谋求自身利益的动机和行为会导致社会公共利益增长的社会经济机制，即市场或市场机制。

因此，在这一思想的影响下，人们开始认为城市政府只要当好"守夜人"或"夜警"就可以了。但"守夜人"或"夜警"并非意味着无所事事，因为斯密在《国富论》的"论君主或国家的费用"一章中，就论及了包括"国防费""司法经费""公共工程和公共机关的费用"等②开支事项。所以，"看不见的手"只是实现社会公共利益的必要条件，而非充要条件。

（二）城市规划：城市管理思想的阶梯

城市规划科学在城市科学的思想中，占有十分显赫的地位。城市管理思想的演进很大程度上是循着城市规划思想的阶梯进行的。

英国社会活动家埃比尼泽·霍华德的"田园城市"方案的提出，一般被看作是现代城市规划思想的开端。霍华德于1898年10月出版了《明日的田园城市》一书，书中提出"田园城市"乃是一种兼有城乡优点、并力避二者缺点的结合体，既能体现城市的近便性、紧凑性，又尽占乡村的宽裕性、自然性。全部土地归全体居民所有，使用土地须交租金，土地上各种建设的收入及增值均归集体所有。城市的规模须有限制，超过限度的人口由近邻的较小居民点来接纳③。

1933年，以勒·柯布西埃为首的国际现代建筑学会（CIAM）第四次会议召开，议题是"城市功能"。会议通过了《雅典宪章》，第一次明确提出"居住、工作、游憩与交通四大活动是研究及分析现代城市设计时最基本的分类"。《雅典宪章》是世界近代城市规划发展的历史性总结，是城市规划理论发展史上的一个里程碑。1977年8月，一些世界知名的城市规划设计师齐聚秘鲁首都利马，以《雅典宪章》为出发点，通过了《马丘比丘宪章》。该宪章在肯定了《雅典宪章》相关原则的同时，又提出了一些新的观点，特别是关于城市功能分区问题；认为《雅典宪章》中"为了分区清楚却牺牲了城市的有机构成""否认了人类的活动要求流动的、连续的空间这一事实"；提出了"不应当把城市当作一系列的组成部分拼在一起来考虑，而必须努力去创造一个综合的、多功能的环境"。《马丘比丘宪章》最大的特点在于表明了城市规划理论由"功能分区"向"功能综合"转变的强烈倾向。

在现代城市规划理论发展的历史过程中，还有许多其他的城市规划思想，如"邻里

① ［英］亚当·斯密：《国民财富的性质和原因的研究》（下卷），北京：商务印书馆，2002年版，第27页。

② 同上，第254-374页。

③ 需要说明的是，霍华德的理论仅限于部分理性，其部分假说并不完全符合经济规律和城市成长规律，因此，田园城市的尝试多以失败告终，但其思想却为后人深入研究城市管理提供了重要的窗口。

单位”思想、“有机疏散”思想、“广亩城市”思想、“城市缝补”思想、“拼贴城市”思想以及城市规划中的新马克思主义、女权主义等，这些思想和理论都在不同程度上影响着城市的规划和发展，并经由经济学家、社会学家和哲学家等科学工作者以及广大的人民群众的传播、判别、推广而最终和现代城市管理进行了有机的融合。直至今日，在世界大多数国家的城市内，城市规划往往都作为城市管理的导则或总览出现。

（三）城市管理理念与实践的新转变

随着城市管理理论探索和实践工作的不断深入，特别是在信息化和全球化等宏观性外生因素的强烈作用下，既有的城市管理模式受到了巨大的挑战。同时，西方的新公共管理和可持续发展等理念的繁荣，以及西方主要国家的政治经济改革深刻地影响了城市管理的理念与实践。在这些因素的共同作用下，城市管理的指导思想逐渐实现了与当代主流管理思想的对接。具体而言，城市管理的理念与实践在以下若干方面实现了标志性转变：

1. 在管理理念上，从狭义的规划和市政管理向现代城市管理转变

现代城市管理已经在传统的市政管理概念基础之上，实现了对城市更广范围和更高层次上的导向性管理，在内涵上已不限于狭义的城市规划制订与执行、城市基础设施建设与运营等方面。在管理过程中，“以人为本”思想得到了较好的体现，服务意识在城市管理工作中愈发凸显。进一步的，柔性管理、敏捷管理、智慧管理的理念与实践对城市管理将产生更大的影响。

2. 在管理体制上，从局部管理向统筹管理转变

统筹管理的全局观是城市管理提升管理效能的核心指针之一，随着城市内部、城乡之间和城市之间人流、物流、资金流、信息流的流动趋于复杂化、网络化，城市发展所涉及的主体多元化趋势日益增强，城市管理必须从更高的视角实现对城市总体发展脉络的把握和引导。这就要求城市管理必须从封闭的、城乡分割的、高度集中的模式向开放的、城乡统筹的、多元协同的模式转变。与此同时，管理的主体发生了改变，城市政府从城市管理的绝对主体转为城市管理主体之一，其导向性作用加强而部分职能逐步弱化。其他主体，如市民组织、非政府组织、私部门乃至民众个人等越来越多地参与到城市管理中。

3. 在管理对象上，由具体管理向抽象管理转变

传统的城市管理内容局限于与城市自身物质形态相关的方面，例如道路、桥涵、给排水、市容等。现代城市管理的具体内容突破了物质形态，更加注重城市住民以及城市的发展。城市政府对城市经济社会的管理逐步超越实务层面，着力于对城市发展规律性的探索，并在这种探索的基础上，利用法律、经济等柔性手段实现对城市发展的原则性规范。

总体上说，城市管理思想及其实践的演进轨迹可以简要归纳（如图 1—2 所示）：

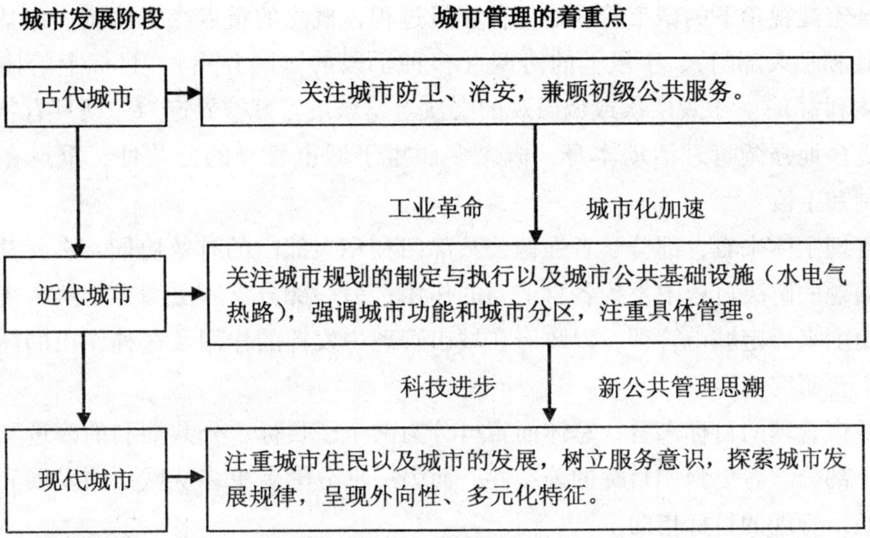

图 1—2 城市管理思想的演变轨迹

第三节 怎样认识城市管理和城市管理学

一、城市管理的内涵与特征

（一）城市管理的内涵

城市管理从宏观上来看，是把城市整体作为管理的对象。在城市管理的过程中，种种复杂的因素使得管理不得不重视“协调”的作用；城市作为一个为人们提供良好生活环境的系统，也必须以管理实现自身效益的优化。那么，究竟什么是城市管理呢？

2000 年 5 月，联合国人类居住中心在《关于健全的城市管理规范：建设“包容性城市”的宣言草案》中提出：城市管理是个人和公私机构用以规划和管理城市公共事务的众多方法的总和。这是一个调和各种相互冲突或彼此不同的利益以及可以采取合作行动的连续过程。它包括正式的体制，也包括非正式的安排和市民的社会资本。范·戴克（Van Dijk，2000）对城市管理的定义是：“将公共部门和私人部门协调和整合起来，解决城市居民所面临的主要问题，建设一个更富竞争性、平等、可持续发展城市的努力过程”①，是“协调、整合公共和私人部门的所有行动，其目的是处理城市居民面临的主要问题和打造一个更具竞争力、更公平和可持续的城市”②。

基于不同的观察角度和学科背景，中国学者对城市管理概念的认识也不尽相同。总

① 转引自［荷］曼纳·彼得·范戴克著、姚永玲译：《新兴经济中的城市管理》，北京：中国人民大学出版社，2006 年版，第 7 页。

② 同上，第 45 页。

的来说，宏观视角下的城市管理是一种有机过程，概念的重点在于协调，包括主体的协调（公共和私人部门）、手段上的协调（多种手段的协同并用）、目标上的协调（协调多元主体利益）①。中观层次或偏微观的层次上，城市管理被界定为一项具有特定目标的活动，更多地强调管理活动本身，概念多侧重于城市管理的公共性，重点在于管理体制、机制和手段②③。

从管理主体来看，部分学者强调公共部门和私人部门的有效协同、多元共治，在城市发展问题的解决过程中发挥各自适当的作用；另一部分学者更侧重于从传统的城市政府管理角度来界定城市管理，以政府在城市管理中发挥的作用及这种作用的体制机制手段作为主要研究内容。

从城市管理的目标来看，总体而言可分为两个子目标：公共福利的改进和城市实体的发展。部分学者更强调目标的公益性，而另一部分学者更多从城市的发展和有序运行来描述城市管理的目标指向。

从城市管理对象的角度，比较具有操作性的广义的城市管理一般包含城市（空间）增长管理、城市建设管理、城市运行管理、城市环境管理四大部分。中观层面上的城市管理一般限于城市建设管理、城市运行管理和城市环境管理。而微观层面的城市管理一般仅包含交通系统运行、基础设施运行、公用事业发展、运行安全管理与公共环境建设。

为了使讨论、研究具有明确的针对性，本书参考其他学者的定义，认为**城市管理是多元主体共同参与的，在不同行政关系影响下，以城市这一空间、经济、社会系统的运行为对象的，取得认同和进行决策的一系列惯例、制度和活动的整合**。城市管理的根本目标在于根据公众需求，在不破坏城市生态友好程度的基础上，采用协调、规划、控制、建设、引导等管理方法，提升或维系城市在区域中的综合竞争能力，从而为城市公众营造宜居、宜业的发展环境。而城市管理学，则是研究城市管理过程及其内在规律的一门科学。

（二）城市管理的特征

现代城市主要是在近代工业城市基础上发展起来的新城市，在全球化时代中，面对信息化与网络化，现代城市以及现代城市管理具有不同以往的特征。现代城市管理的特征归纳起来，可以包括四个方面：

1. 管理目标的前瞻性与持续性融合

城市发展战略是对城市发展方向与模式的预想，是城市短期目标与长期目标的统一。发展战略的选择与制定是前瞻性与持续性的有机结合。城市管理最终要贯彻城市的发展战略，因此城市管理也应当融合前瞻性与持续性。所谓前瞻性是指城市管理不仅要

---

① 马彦琳、刘建平：《现代城市管理学（第二版）》，北京：科学出版社，2005 年版，第 5 页。

② 叶裕民：《中国城市管理创新的一种尝试》，中国软科学，2008（10），第 52-64 页。

③ 尤建新：《现代城市管理学》，北京：科学出版社，2003 年版，第 2 页。

解决现存的问题，而且要预想到未来可能产生的问题，做好预警；持续性则强调城市管理的各种措施要有始有终，不能朝令夕改，以免浪费资源。

2. 管理主体的多元性与参与性融合

城市是一个复杂巨系统。其正常运作需要社会的各个组成部分，每一个参与主体对城市运作形成合意或共识。对城市经济、社会活动的运行规则、城市未来的发展方向等重大问题更是如此。城市管理的多元性强调了管理主体不仅包括政府，还包括非政府组织、企业、市民等，多元主体共治才有可能将复杂化、多样化的现代城市内外部关系理顺。然而，众多治理主体也需要协调，充当协调角色的主要是城市政府，其他各非政治性主体起到参与治理以及监督、评价、回应的作用。

3. 管理决策的合法性与科学性融合

合法性（legitimacy）指的是社会秩序和权威被自觉认可和服从的性质和状态，它与法律规范没有直接的关系①。正式的制度框架，如法律、政策、公约（包括城市公约与国际公约）等一般比较容易被认可和服从；非正式的制度，比如地方习俗等，一旦被自觉认可以及遵守，就同样具有了合法性。城市管理的顺利有序进行依赖于合法性的建立。因此，现代城市管理不仅注重法制，而且也要尊重地方传统与文化习俗。

与此同时，在知识化、信息化、全球化的时代中，城市管理的手段以及工具也是科学技术发展的产物。正确的决策依赖于科学的思维方式与预测方法，良好的治理也要依靠信息的大量获取。数字城市、电子政务的运用已经逐步地使城市政府功能强化，并且加速了城市政府管理的民主化。

4. 管理方式的系统化与市场化融合

城市作为一个“大量异质性居民聚集”的综合社区，各要素之间的关联错综复杂。因此，现代城市需要被当作一个系统来进行管理，才能做到有针对性并实现优化。对现代城市的大量信息，只有经过系统分析归纳，才能使管理有序化，决策科学化②。

城市管理的市场化就是在城市管理的过程中引入竞争机制。这一方面是因为政府自身是一个“经济人”，要追求自身利益的优化；另一方面政府部门受自身机制影响对某些管理需求的反应可能不够敏捷。因此，现代城市管理还应具有市场化导向，政府可以通过将事权移交给相关营利性和非营利性部门进行公共性事物的管理。

二、城市管理学的研究对象

根据以上对现代城市管理概念内涵的讨论，我们可以得出城市管理学的概念内涵。**城市管理学就是利用管理学、经济学、社会学、政治学等相关学科的理论、方法对城市管理的各项治理活动进行的研究。**城市管理学不是单独的学科，而是多学科交融的产

① 俞可平：《治理与善治》，北京：社会科学文献出版社，2000年版，第9-11页。

② 叶南客、李芸：《现代城市管理理论的诞生与演进》，南京社会科学，2000（3），第55页。

物。城市管理学所研究的对象应该是全方位的，而不应该仅仅局限于研究诸如经济管理、社会管理、环境管理等具体的管理对象。

因为城市是一个复杂的系统，城市管理是涉及诸多环节的活动，故而有必要全面考察城市管理学的研究对象。城市管理学的研究对象包括：

1. 城市管理的目标

对城市管理而言，目标就是管理所要达到的最终效果，拥有明晰的目标可以使行动更加具有针对性。因此，城市管理的目标是城市管理学研究的对象之一。

城市的出现在于它有着特定的社区集散中心功能，而城市管理的本质就是要充分实现城市功能①。1933年国际现代建筑协会制定的，具有里程碑性质的《雅典宪章》提出城市的四大功能是：居住、工作、游憩、交通。1972年的《马丘比丘宪章》则在《雅典宪章》的基础上强调了城市急剧发展中如何更有效地使用人力、土地和资源，如何解决城市与周围地区的关系，提出生活环境与自然环境的和谐问题②。在可持续发展理念（1992年以来）的导引下，城市管理的目标不仅在于实现城市的功能，而且要营造人类住区的可持续发展。联合国人类住区中心（C. U. N. , Center for Human Settlements）于2000年5月发布的《健全的城市管理：规范框架》中还提出，**城市发展的核心是人本身，而城市中的贫困、边缘化以及社会排斥影响了当今城市的发展，所以建设“包容性城市”是城市管理应当追求的目标**③。当然，不同的城市具有不同的空间、经济、社会结构，因此城市管理的具体目标是多样化的，城市管理目标体系如图1—3所示。

2. 城市管理的主体及相互关系

传统上认为城市政府是城市管理的主体，因为城市政府可以调动大量的资源，利用行政指令、政策对城市的经济、社会等各项事务进行管理。然而，面对政府可能出现的低效率与官僚作风，城市管理不得不考虑多主体的共治。在现代城市管理研究中，管理主体已经成为一个不可或缺的研究对象。

城市政府在城市管理主体中仍然居于核心地位。面对日益复杂的治理问题，城市政府既要平衡与非政府组织的关系，通过重振公民的信任、回应公民的要求获得新的合法性；又要通过改变组织架构、理顺内部关系来提升自己的能力，增进政府治理的有效性④。因此，城市管理研究要着力于城市政府的职能定位与治理模式。

20世纪70年代以来，当人们越来越对政府主导社会事务的能力和意愿产生怀疑的同时，非政府组织在世界各国获得了蓬勃的发展，兴起了一场所谓的“全球性结社革命”⑤。在当代城市管理中，非政府组织（广义上包括了非营利组织，详见第二章第一

---

① 尤建新：《现代城市管理学》，北京：科学出版社，2003年版，第2页。

② 李德华：《城市规划原理》（第三版），北京：中国建筑工业出版社，2001年版，第27页。

③ “包容性城市”是指城市中的每个人不论财富、性别、年龄、种族或宗教信仰，均得以参与城市所能提供的生产性机会。

④ 钱振明：《善治城市》，北京：中国计划出版社，2005年版，第148页。

⑤ 同上，第173页。

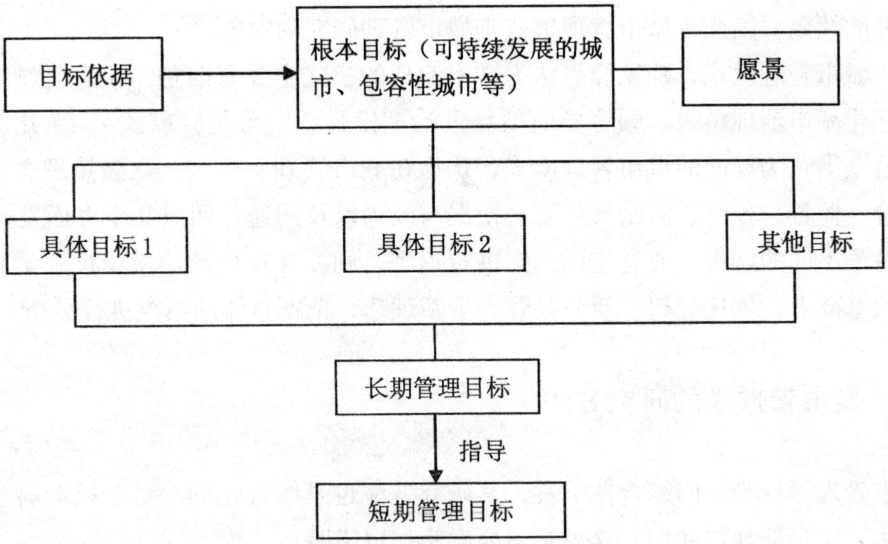

图 1—3 城市管理目标体系示意

节）在提供特殊公共产品、代行政府职能、制约政府权力等方面的作用亦不可忽视。在中国的城市管理中，非政府组织的作用正在逐步加强，故而有必要对此加以研究，探寻非政府组织参与城市管理的有效模式。

除了政府以及非政府组织以外，市民、媒体、企业等都是城市管理的潜在主体，尤其是市民。"健全的城市管理"要求市民的广泛参与并发挥更大的作用。市民，尤其是城市中的贫困人口和有关弱势群体，必须得到权力来有效参与决策过程。因此，城市管理也要研究市民等其他主体参与管理的途径，实现城市的多元主体共治。

3. 城市管理的具体内容

传统的城市管理内容局限于与城市自身物质形态相关的方面。现代城市管理的具体内容突破了物质形态，更加注重城市住民以及城市的发展。

从宏观的层次上看，城市管理要关注城市的发展战略，包括战略的选择依据、制定过程、关键因素等；另外，城市是区域中的城市，因此城市管理需要研究城市与区域的关系、城市与区域的协调、城市与周边乡村的协同等。从中观上看，城市管理通常包括经济管理、社会事务管理、环境管理、空间管理这几个方面，其中每一个方面还包含许多具体内容。涉及城市住民切身利益的事务，可以被看作是城市管理的微观层面，比如城市住民管理、公共住宅管理以及基础设施管理。由于现代城市之间的竞争日益激烈，城市品牌成为宣传、营销城市的重要环节；另外，城市发展过程中存在的不确定因素很多，城市可能随时面临突如其来的威胁与危机，故而非常态事件和突发事件的处理关系到城市的生存与发展，应该被纳入城市管理内容的研究对象之中。

4. 城市管理的模式

现代城市管理已经由单一主体的管理逐步演变为多元主体的治理。治理的模式关系到城市管理的组织形式、运行机制、制度安排、资源配置以及方法手段，进而最终影响城市管理的绩效。因此，城市管理模式是城市管理研究的对象之一。

对于城市管理模式，踪家峰等认为城市治理的模式主要有四种：企业化城市治理模式、国际化城市治理模式、顾客导向型城市治理模式、城市经营模式[①]。尤建新等则提出了以公众满意为导向的城市管理模式，认为在城市管理中引入公众满意理念可以在认识与评价、监督与预测、激励与预警、挖掘与改进以及沟通与回应几个方面发挥作用[②]。当然，对于不同的城市，究竟应该怎样进行治理，则要在现代政治学、行政学和城市科学研究的基础上，依托分权、新公共管理等新理念，依据具体的情况进行分析。

三、城市管理学的研究方法

城市管理学作为一门综合性学科，其研究方法也是综合性的。对于社会科学的各种研究方法，它都能加以使用，这里对主要方法加以说明：

（一）系统分析方法

现代城市管理的多元主体、多重目标等特性决定了城市管理具有一般复杂巨系统的特征，因此，从系统论的视角出发，运用系统分析方法，将城市和城市管理作为一个系统加以研究，是研究城市管理的必然要求。这就要求把城市作为一个有机的、相互关联的系统整体进行全面的分析，对城市管理内部与外部的各种关系进行综合研究和分析比较，关注城市管理各子系统的性质或行为对城市整体性质与行为的影响，科学确定城市管理的整体目标和全面方案，优化城市管理系统的整体效能。系统观念和系统分析方法在城市管理学中应用的主要内涵是[③]：（1）横向与纵向研究相结合，即把城市构成各部分之间的关系与城市社会生产和再生产过程联系起来分析；（2）动态与静态研究相结合，即把城市机构与体制的静态表现与城市管理活动的动态表现联系起来分析；（3）宏观、中观、微观研究相结合，即把研究中观层次的城市管理与宏观层次的国家管理、微观层次的基层（如居民委员会）管理的各种问题联系起来分析。

（二）综合分析方法

城市管理所涉及的问题纷繁复杂，对于城市管理的全面认识有赖于对城市发展横向与纵向尺度的综合考量，必须对城市经济问题、社会问题、环境问题加以统筹考虑。这就要求管理者在具有宏观视角的同时，具有专业化的问题应对能力和一定的专业素质，对政治学、城市和区域经济学、公共管理学、城市社会学、城市规划学、经济地理学、金融学、发展经济学等学科知识具有一定的储备，并能灵活运用。优秀的城市管理者和卓越的城市管理学家应当学会从城市管理的角度，运用综合分析方法弥补单一研究方法

---

① 四种模式的具体解释参见踪家峰等：《论城市治理模式》，上海科学院学术季刊，2002（2），第115－123页。

② 尤建新、陈强：《以公众满意为导向的城市管理模式研究》，公共管理学报，2004（5），第55页。

③ 参见王雅莉主编：《城市管理学》，北京：中国财政经济出版社，2002年版，第35页。

的不足，从问题本身出发，广泛吸收各方面的信息和知识，将各学科的知识融合在一起，研究事件的横向与纵向影响机制，理清事件的脉络。

（三）定性分析和定量分析相结合的方法

城市管理所面临的问题具有较强的异质性，对于不同问题的分析与研究应当分别采用合适的方式方法，构建适宜的研究工具体系。其中，定性分析方法和定量分析方法应当得到统筹应用：一方面，我们要注重运用归纳和演绎、分析与综合以及抽象与概括等方法，对获得的城市管理信息进行思维加工，从而能去粗取精、去伪存真、由此及彼、由表及里，认识城市问题本质、揭示城市发展规律；另一方面，要在广泛收集有关城市现象、城市问题的大量数据资料的基础上，用数学方法和定量分析技术把有关城市现象、城市问题之间的关系数量化，以对城市管理活动规律的认识进一步深化和精确化。

（四）理论联系实际的方法

城市管理学是一门实践性很强的科学。城市管理学通过对复杂的城市管理问题进行深入研究，从中概括出一般规律，并以这些规律指导城市管理的实际工作，加强城市管理的科学性，推进城市管理的理性化。正如 2015 年 12 月召开的中央城市工作会议所指出的："要尊重城市发展规律。城市发展是一个自然历史过程，有其自身规律。城市和经济发展两者相辅相成、相互促进。城市发展是农村人口向城市集聚、农业用地按相应规模转化为城市建设用地的过程，人口和用地要匹配，城市规模要同资源环境承载能力相适应。必须认识、尊重、顺应城市发展规律，端正城市发展指导思想，切实做好城市工作。"因此城市管理学的基本研究思路是从实践中来，到实践中去，这也是"从实际出发"的唯物论对于科学研究的最基本要求。

城市管理学的研究，要坚持理论联系实际，要坚持以中国的城市实际问题为中心。这种研究要针对实际，有的放矢，切合城市管理实践的迫切需要，才能对城市管理实践有指导作用，能帮助解决城市管理实际问题，有助于城市管理效率的提高，有助于推进城市管理的科学化、现代化。

⊙本章小结

本章主要介绍了城市管理学的相关基本概念和背景知识。首先从城市管理学的客体—城市的产生和发展入手，介绍城市的内涵、发展规律和未来趋势，引出城市化的定义和内涵。在此基础上，阐述现代城市管理的历程，在加速城市化的大背景下，探讨城市发展的现实问题、城市管理的必要性和可行性。最后，在对历史实践的总结归纳中，揭示城市管理的内涵、对象、特征等一般性内容，阐明了城市管理学研究的对象和一般方法。

⊙本章习题

一、基本概念

城市　城市化　城市管理　城市管理学

二、复习题

1. 简述城市产生的条件和发展的几个历史阶段。

2. 简述城市化浪潮的成因。

3. 城市未来的发展趋势具有哪些特征?

4. 简述我国城市发展所面临的现实问题。

5. 简述城市管理的含义。

6. 简述城市管理的必要性与可行性。

7. 现代城市管理具有哪些特征?

8. 城市管理学的研究对象是什么? 研究方法有哪些?

三、思考题

1. 为什么说城市是一个历史范畴?

2. 城市的未来会怎样?

3. 新的技术影响下，城市管理会有哪些变化?

4. 城市管理如何走出单纯的城市行政?

第二章

城市管理主体

⊙学习目的与要求

通过本章的学习，同学们应能够对城市管理主要主体的相关运作方式进行描述。对管治的内涵与原则，具有代表性的城市管理新技术、新方法与新趋势进行分析评价。能够结合城市管理的主体构成体系、城市政府管理体制、政府城市管理职能的相关内容和城市多元主体的作用结构与相互关系，对城市运行中出现相关的问题持有一定的解析思路。

第一节　城市管理的主体构成

从城市管理的主体构成来看，主要包括政治性主体和参与性主体两个方面，如图2　1所示。两方面主体的各个组成部分需要进行相互协调，从而实现良好的共治。

一、城市管理的政治性主体

城市管理的政治性主体主要是指拥有政治权力的城市管理主体。在我国，这些主体包括：（1）执政党—中国共产党城市党组织；（2）城市国家权力机关—市人民代表大会及其常委会；（3）城市政权机构即市人民政府和由市人民法院、市人民检察院组成的司法机关（简称“一府两院”），以及这些机构的下级组织机构。

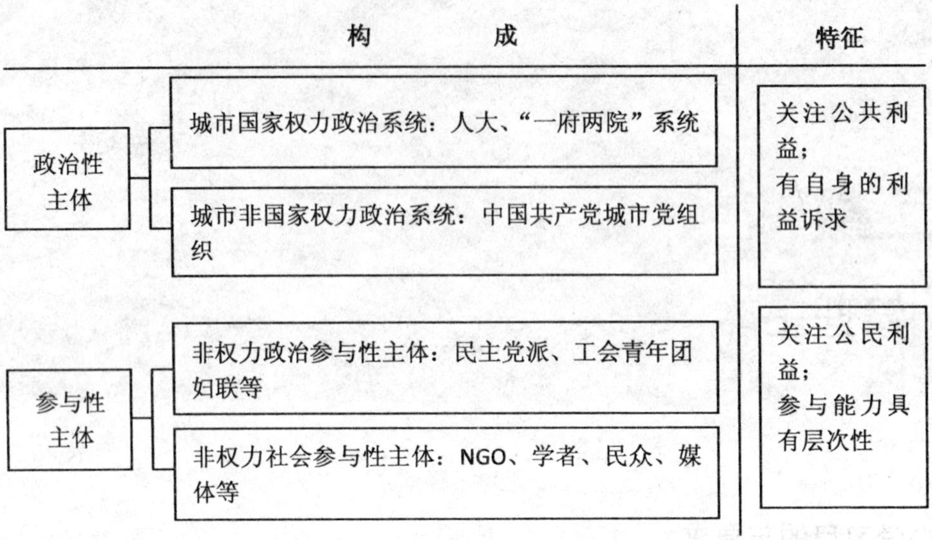

图2—1　城市管理的主体构成

（一）中共城市党组织

1. 性质和地位

中国共产党是中国工人阶级的先锋队，同时是中国人民和中华民族的先锋队，代表先进生产力的发展要求，代表先进文化的前进方向，代表最广大人民的根本利益。中国共产党是我国的执政党，是全面领导中国政府的政党组织，是中国国家政权和社会主义事业的领导核心。城市国家权力机构、行政机构、司法机构都必须坚持中国共产党领导的原则，中国共产党的城市党组织在城市政治权力系统中处于领导和核心地位。城市国家权力机构、行政机构、司法机构在中国共产党组织的领导下，按照各自职能的分工，各司其职，按照统一的目标，进行城市中的各项管理活动。

2. 组成

中国共产党组织有中央和多级地方组织，城市党组织是中国共产党的地方组织，以市一级党组织机构为例，其组成部分主要有：市党代表大会、市委员会、市委常委会、市纪律检查委员会。

3. 党对城市和城市政权的领导

中国共产党是执政党，是城市政权的领导者，但城市党组织本身并不是城市国家政权机构，因此属于城市非国家权力政治系统。城市党组织并不直接、具体的管理城市事务，而是体现为市委对城市和城市政权机构的领导。市委的领导作用主要体现在三个方面：政治领导、思想领导和组织领导。

（二）市人民代表大会

1. 性质和地位

我国宪法规定：“中华人民共和国的一切权力属于人民”。人民代表大会制度是我国的政体，是我国的根本政治制度，是人民行使权力的制度保障。市人民代表大会是市的国家权力机关，在城市的行政区域内代表人民行使国家权力。市人民代表大会在整个城市国家机关中处于首要地位，同级的城市行政机关、司法机关都由其产生，对其负责并报告工作，接受监督。

市人民代表大会及其产生的“一府两院”，属于城市国家权力政治系统。

2. 组成和职权

直辖市、设区的市的人民代表大会由下一级人民代表大会选举的代表组成，不设区的市、市辖区的人民代表大会由选民直接选举的代表组成。市人民代表大会主要有地方立法权、决定权、任免权和监督权。

市人大常务委员会是市人民代表大会的常设机关，是市人民代表大会闭会期间行使城市国家权力的机关，由市人大在代表中选举产生，对市人大负责并报告工作。

根据《中华人民共和国地方各级人民代表大会和地方各级人民政府组织法》的规定，直辖市、设区的市的人民代表大会根据工作需要，可以依法设立法制委员会、财政经济委员会、教育科学文化卫生委员会等专门委员会。

（三）市人民政府

1. 性质和地位

市人民政府是市人民代表大会的执行机关，是城市国家行政机关。作为市人民代表大会的执行机关，市人民政府必须执行市人大及其常委会的决议，对市人大及其常委会负责并报告工作，接受市人大及其常委会的领导和监督。

市人民政府的性质和地位具有双重性。作为城市国家行政机关，市人民政府是组织和管理本市行政区划内行政事务的机关，必须执行本市人大及其常委会的决议；同时，它必须执行上级国家行政机关的决议和命令，对上级国家行政机关负责并报告工作，接受上级国家行政机关的领导和监督，并服从最高国家行政机关—国务院的统一领导。正是市人民政府的这种双重性，保证了中央和上级行政机关对全国城市行政工作的统一领导，并能够在地方范围内实行因地制宜的管理措施。

2. 组成和领导体制

直辖市、设区的市的人民政府分别由市长、副市长、秘书长、局长、委员会（办）主任等组成。不设区的市和市辖区的人民政府分别由市长（区长）、副市长（副区长）、局长等组成。直辖市、市、市辖区的人民政府每届任期5年。

3. 市政府的职权

城市政府的主要职权有：执行市人大及其常委会的决议以及国务院、省级人民政府的指示、规定和命令；领导所属工作部门和下级人民政府的工作，改变或撤销县、区政府和市政府所属工作部门不适当的决议、指示和命令，讨论制定和组织执行国民经济年度计划和长期规划，决定与生产建设和人民生活有关的重大措施；讨论制定年度财政预算，决定实现预算的重大措施；依照城乡总体规划，研究决定和组织实施城市建设的重大工程项目；决定加强城市管理的重大措施等。根据我国宪法，市人民政府依照法律规定的权限，管理本市范围内的经济、教育、科学、文化、卫生、体育事业、城乡建设事业和财政、民政、公安、民族事务、司法行政、监察、计划生育等工作，发布决定和命令，任免、培训、考核和奖惩行政工作人员。总之，城市政府对于涉及城市的公共事务都要进行管理。

4. 市政府的机构设置

市人民政府根据工作需要和精干的原则，设立必要的工作部门。市政府的工作部门是指在市政府统一领导下，负责管理城市某一方面或某些方面行政事务的职能机构，称为局、委员会、科、办公厅（室）等，大致包括：综合经济管理机构、专业经济管理机构、社会管理机构、监督管理机构、治安司法机构、办事机构和直属机构。

市辖区、不设区的市的人民政府，经上一级人民政府批准，可以设立若干街道办事处，作为它的派出机关。街道办事处的任务是办理市、市辖区人民政府交办的有关居民工作的事项；指导居民委员会的工作，反映居民的意见和要求等。

（四）市人民法院

市人民法院是城市司法机关，是代表国家独立行使审判权的审判机关。所谓审判权是指依法审理和判决刑事案件、民事案件、经济案件、行政案件等的权力。

市人民法院从属于市人民代表大会及其常务委员会，由市人大及其常委会产生，对市人大及其常委会负责并报告工作，接受市人大及其常委会监督。

市人民法院与其上下级人民法院是监督关系，接受上级人民法院的审判监督，通过受理上诉、抗诉、申诉等渠道对下级人民法院的审判活动进行监督，上级法院有权对下级法院已经产生法律效力的错误判决和裁定进行提审或指令下级法院再审，纠正错误判决和裁定。

市人民法院的职责是审判刑事案件、民事案件、经济案件、行政案件，通过审判活动，惩办一切犯罪分子，以保卫人民民主专政制度，维护社会主义法制的尊严和社会秩序的稳定，保护社会主义公有财产，保护公民私人所有的合法财产，保护公民人身权利、民主权利和其他权利，保障城市的社会主义现代化建设和改革开放事业的顺利进行。

（五）市人民检察院

市人民检察院是城市司法机关，是代表国家独立行使检察权的国家法律监督机关。所谓检察权，即依法监督城市国家机关和国家工作人员、企事业单位、人民团体和全体市民遵守宪法和法律的权力，是维护宪法和法律在城市统一、正确实施的一种特殊权力。

市人民检察院由市人大及其常委会产生，对市人大及其常委会负责和报告工作，接受市人大及其常委会的监督。市人民检察院与其上下级人民检察院是领导关系，下级检察院必须接受上级检察院的领导。

市人民检察院的相关职责，本书不展开描述，同学们可自行展开相关学习。

二、城市管理的参与性主体

城市参与性主体又称非权力系统，是指虽不具有正式决策和执行的权力，但对城市发展问题的决策和执行有积极影响作用的群体、组织和个人的总称。与政治性主体相比而言，城市管理的参与性主体没有足够的资源和能力完全实现自身对城市各个要素的影响；但是，参与性主体具有发言权、监督权和参与权，这对于政治性主体来说是一种有效的制约和必要的补充。在现代城市中，城市管理的政治性主体与参与性主体互相影响、互相制约，形成了一种不可忽视的互动关系。

（一）市政治协商会议

1. 性质和地位

我国的政党制度，是中国共产党领导的多党合作和政治协商制度。中国人民政治协商会议市委员会简称市政协，市政协是城市的爱国统一战线组织，是在中共市委领导下和全国政协、省政协指导下，实现党派合作的形式，也是在城市中发扬社会主义民主，实现政治协商、民主监督、参政议政的重要形式。

市政协是一种相对松散的政治联盟组织，不是国家权力机关和行政机关，不享有国家权力，所通过的决议也没有法律约束力。但在中国共产党领导的多党合作和政治协商制度下，市政协与国家政权机关有着十分密切的关系，因此在城市公共政策的制定和实施中发挥着重要作用。这主要表现在：市政协会议与市人大会议一般同步召开，分合穿插，共同讨论和协商城市的各项重大问题，市政协委员在政协会议期间也会根据民众意见，提出各类议案，供市政府和市人大参考；同时，市人大会议一般都吸收市政协委员参加并发表意见；必要时，市人大常委会和市政协常委会举行联席会议，协调立场，商讨有关问题；市委、市人大、市政府做出重大决策时往往先举行座谈会，征求市政协的意见。

2. 组成

直辖市、市和市辖区等有条件的地方，设立人民政协市（区）委员会。人民政协委员会由中国共产党的城市党组织、城市各民主党派组织、无党派民主人士、市人民团体、各少数民族和全市各界的代表以及台湾同胞、港澳同胞、海外侨胞的代表组成。凡赞成人民政协章程的党派、团体和个人，经人民政协委员会常务委员会协商同意或邀请，可参加人民政协委员会。

人民政协委员会的职权是：选举政协市委员会主席、副主席、秘书长和常务委员；听取和审议常务委员会的工作报告；讨论并通过有关决议；参与对国家和城市事务中重要问题的讨论，提出建议和批评。市政协设常务委员会主持会务。

市政协根据工作的需要设立办事机构一办公厅（室）处理日常事务，办公厅（室）由政协秘书长负责。根据需要设立工作机构，如秘书处、行政处等，负责处理各类具体事务。

3. 职能

市政协的基本职能是根据中国共产党、各民主党派和无党派人士“长期共存、互相监督、肝胆相照、荣辱与共”的方针，对国家的大政方针和城市事务、群众生活中的重要问题进行政治协商，并通过建议和批评发挥民主监督的作用。

（二）市民主党派组织

民主党派是指接受中国共产党领导，参加爱国统一战线的各政党的统称。我国目前共有 8 个民主党派，它们是：中国国民党革命委员会（简称“民革”）、中国民主同盟（简称“民盟”）、中国民主建国会（简称“民建”）、中国民主促进会（简称“民进”）、中国农工民主党、中国致公党、九三学社、台湾民主自治同盟（简称“台盟”）。这些民主党派绝大多数是在中国共产党的统一战线政策的影响下发展起来的。

1. 性质和地位

各民主党派是中国共产党的亲密朋友，是爱国民主党派。中国共产党是执政党，民主党派是参政党，民主党派的参政议政，是中国共产党领导下的多党合作和政治协商制度的重要组成部分。与各民主党派的多党合作和中国共产党的一党领导是一个有机的整体，是中国共产党领导的多党合作和政治协商制度这一基本政治制度不可缺少的有机组成部分，双方“长期共存、互相监督、肝胆相照、荣辱与共”。各民主党派将长期存在和发展，这是我国宪法所明确规定的。

2. 组织形式

各民主党派在城市和市辖区设有党的代表大会和委员会；凡是具有 3 名党员以上的单位、业务系统和地区，设立民主党派的基层组织。具体包括党小组、支部委员会和总支部委员会。

各民主党市代表大会的名额和选举办法由其同级委员会决定。各民主党派的市代表大会拥有以下职权：贯彻执行该党全国代表大会、中央委员会和上级组织的决议和决定；听取和审议同级委员会的工作报告；讨论并决定同级委员会的重要事项；选举同级委员会。

各民主党派的市委员会由该党市代表大会选举产生，一般由主任委员、副主任委员、常务委员、委员和秘书长组成，任期与同级代表大会相同。各民主党派市委员会向同级党的代表大会及上级组织负责并报告工作，实行集体领导和个人分工负责相结合的制度。市委员会可以根据工作需要，设立必要的工作部门，其负责人选由同级委员会决定。

（三）市人民团体

1. 组成和性质

市人民团体是指，以表达和维护一定阶层的群众的具体利益为基础，担负着部分社会管理职能，起着依照各自的切身利益协调社会各部门之间关系的作用，并按照一定章程组织起来的群众性的社会政治团体。在我国，市人民团体特指市工会、市共青团、市妇联（简称“工青妇”）等组织。

市人民团体是中国共产党领导下的为社会主义事业服务的重要力量，是党领导的工人阶级、先进青年、各族各界妇女和其他广大人民群众的组织，是党联系群众的桥梁和纽带，是国家政权的重要社会支柱。

2. 各人民团体的法律地位和组织制度

（1）市工会

中国工会是中国共产党领导的职工自愿结合的群众组织。市总工会由中共市委和省总工会领导，以市委领导为主。根据《中国工会章程》和《工会法》规定，中国工会实行产业与地方相结合的组织领导原则。按照产业分工和产业性质设立的相应的市级产业工会，是各产业工会组织的市级领导机关。

（2）共青团组织

中国共产主义青年团是中国共产党领导的先进青年的群众组织，是党的助手和后备军。团市委由中共市委和团省委双重领导，以市委领导为主。团市委机关设办公室和工作部门，如组织宣传部、工农青年部、学校少先队工作部等，具体数目根据城市情况和工作需要而定。

（3）市妇联

市妇联是全国妇联的地方组织，是中国共产党市委领导下的全市各族各界妇女的群众团体。市妇联由中共市委和省妇联双重领导，以市委领导为主。

上述人民团体的主要领导人和工作人员均为在编专职人员，团体经费部分由国家财政拨款，与党政部门关系密切，兼有一定的行政职能，在城市管理中发挥着重要作用。

市政协、市民主党派系统、市人民团体都是具有政治影响力的参与性主体，区别于市民、非政府组织等体系，被称为“非权力政治参与性主体”。

（四）非政府组织

1. 组成和性质

“非政府组织”（Non-Governmental Organization）英文缩写为NGO（或为NGOs），在国内外有着不同的名称和理解，如第三部门、非营利组织、公民社会、民间组织、社会中介组织、慈善机构等。其定义一般有广义和狭义之分，最广义的NGO，就是独立于政府和企业之外的其他所有组织；狭义的NGO，即非政治、非宗教、非营利的组织，政治组织（如政党）和宗教组织则不在此范畴。非政府组织起始于19世纪初，第二次世界大战以后，尤其是近30年来，已经成为成熟社会的重要建设者。到2010年为止，国际性的非政府组织已达到40 000余个。

2. 范围和职能

从我国的有关规定来看，我国非政府组织的定义与国际上的非政府组织定义在内涵上是基本一致的，比如非政府性、非营利性、非政治性和非宗教性。另外的三种属性—

组织性、自治性和志愿性在有关规定中也都不同程度的有所反映。我国的非政府组织，主要包括社会团体和民办非企业单位两种形式。其产生主要源于两个方面的需求：一是基于其成员的需要，执行为成员谋取利益的服务职能；二是基于国家的需要，履行服从国家利益的管理需求。

我国的非政府组织在改革开放 30 多年以来的经济体制转轨和社会转型过程中扮演着日益重要的角色。今天，在改革已进入到以调整重大利益关系为主要任务的攻坚阶段，社会转型也到了关键时期，积极发展非政府组织并使其发挥作用，是我国转型期所面临的重大课题。随着非政府组织的发展壮大和非政府组织人员素质的不断提升，作为独立的非政治性的集团，NGO 在城市建设和管理中起着越来越重要的作用，特别是在经济建设、贸易促进、民间诉讼、城市建设等领域的参与性逐步提升。

案 例

汶川大地震中 NGO 的作用

2008 年 5 月 12 日汶川大地震发生后，多家 NGO 迅速在成都成立了“NGO 四川联合救灾办公室”，作为 NGO 救援行动的前线指挥部。这些社会组织在物资筹备、信息传递、灾后重建等方面发挥了重要的补充作用。其中，涌现出许多优秀的心理健康援助组织，对受灾群众进行有针对性的灾后心理疏导，有的甚至制定了长达五年的心理救助计划，根据灾民不同时期的心理变化，采取不同的干预措施，取得了良好效果。

资料来源：http：//news. sohu. com/20080521/n256982076. shtml

（五）城市居民委员会

1. 性质和地位

居民委员会是城市居民自我管理、自我教育、自我服务的基层群众自治组织。它虽然不是国家政权机构的组成部分，也不是基层政府的派出机构，但它与基层政权机关关系密切，它接受基层政府或者它的派出机关的指导、支持和帮助，并且居民委员会的设立、撤销或规模调整，由区（市）人民政府决定。因此，居民委员会是与基层人民政府及其派出机关既有区别又有密切联系的基层群众自治组织，是城市基层工作中不可缺少的组成部分。

1989 年 12 月，七届全国人大常委会第十一次会议通过的《中华人民共和国城市居民委员会组织法》（下简称《城市居民委员会组织法》）为城市居民委员会的建设提供了法律依据（1990 年 1 月 1 日实施），使城市居民委员会的建设步入了一个新的发展时期。居民委员会的性质可以总结为基层性、群众性、自治性、社会性四个特征。

2. 组成

《城市居民委员会组织法》规定：“居民委员会根据居民居住状况，按照便于自治的原则，一般在100户至700户的范围内设立”。机关、团体、部队、企事业组织，不参加所在地的居民委员会。这些单位的职工及家属，军人及随军亲属，参加居住地区的居民委员会，其家属聚居区可以单独成立家属委员会，承担居民委员会的工作。居民委员会一般设有居民会议、居民代表会议、各专门工作委员会、居民小组。

3. 任务

居民委员会作为基层政府联系人民群众的桥梁和纽带，肩负着如下的任务：

- 宣传宪法、法律、法规及政策，维护居民的合法权益。
- 办理本居住区的公共事务和公益事业。包括优化美化公共环境，开展群众性的文化娱乐活动等。
- 调解民间纠纷。
- 协助维护社会治安。
- 协助政府做好与居民利益有关的公共卫生、计划生育、优抚救济、青少年教育等工作。
- 做好政府与居民之间沟通的桥梁。向政府或其派出机关反映居民的意见、要求和建议。
- 搞好社区服务。在不妨碍城市管理、市容卫生的前提下，开展便民利民的社区服务活动，兴办服务性的第三产业。
- 加强民族团结。尤其是多民族居住区的居民委员会，更应做好这项工作。
- 管理居民委员会的财产。包括居民委员会的办公用房、第三产业的收入、为办理公益事业所筹款项等，应详细登记，账目清楚且公开，接受居民监督。
- 推动城市社区的民主决策、民主管理和民主监督，是实现城市居民自治的组织基础。

（六）市民

1. 市民的概念

市民，从一般意义上来说是指城市居民，各个国家和地区对市民的定义，内涵界定和权力赋予各有不同。我国的市民概念更具有一定的复杂性，在我国，20世纪50年代确立的户籍制度下，市民是指居住在城市所辖区域内、持有本市有效户籍的合法公民，因此构成市民概念的基本条件依次为：具有本市户口（身份）、居住在市区内（地域）、从事非农业生产劳动（职业）。然而随着我国工业化和城市化进程不断加速，人口的跨地区流动成为普遍现象，传统的户籍管理制度也在逐渐调整适应新的发展趋势；目前在我国大部分城市实行的工作居住证制度①正在取代原有的暂住证制度，对城市中非户籍常住人口的市民身份和相应的权利义务予以进一步的确认，也使得市民这一概念有了更

① 我国的《居住证暂行条例（草案）》已于2016年1月1日正式实行。区别于现有的户籍管理制度和身份证管理制度，居住证制度突出了居住证的赋权功能、政府及相关部门的服务职能，着力推进城镇基本公共服务向常住人口全覆盖，并提高公共服务的水平和质量；条例还明确了居住证持有人通过积分等方式落户的通道。

广泛的内容，即具有本国国籍的本地常住人口均为城市市民。

2. 市民参政的内涵和意义

市民参政，是指市民个人或群体通过一定途径和形式向政府及其领导人员提出各种要求和建议（亦称市民的利益表达），向有关部门进行检举揭发，行使选举、罢免、监督等权利，阻止或促成某项政策的行为，参与城市管理与决策的各项活动。城市是国家的重要组成部分，市民也是国民的重要组成部分，而且随着我国城市化的迅速发展，市民将成为我国国民的主体构成部分。因此，市民参政对社会主义民主的发展具有举足轻重的重要意义。市民参政是发展社会主义民主的重要切入点，是市民当家做主的集中体现，是廉政建设的推进器。

3. 市民参政的途径与方式创新

随着我国城市化和城市管理现代化的迅速发展，广大市民自身素质和参政意识的不断提高，市民参政的途径和方式显得相对贫乏和不足，成为制约我国市民参政和社会主义民主政治发展的主要因素。因此，市民参政途径和方式的创新，成为促进市民参政的重要任务。

（1）市民意见表达方式的创新

市民参政的基本形式之一是意见表达，即隶属于不同职业、社团和组织的市民，通常以个人意见和建议的形式参与市政管理和决策活动。一般说来，市民个人的意见表达，可以采用至直接或间接的口头表述、署名的文字表述（微博、微信、电话、信函、新闻、意见或建议书、揭发或检举材料）等方式，也可以通过工会或市民团体等机构表达团体的意见和建议。

（2）市民利益表达方式的创新

市民利益表达是指代表某种利益的市民组织或市民团体，通过一定途径和方式，向城市权力机构提出政治和经济等方面利益诉求的行为。市民利益表达是市政决策的重要参照系，也是城市民主政治建设的一个重要内容。在法律允许的范围内，我国市民利益表达的主要途径或渠道包括：个人联系渠道、代理人或代表渠道；集团参与渠道和市民监督渠道。

（七）广义非权力系统

广义上的非权力系统，不仅包括以上所论及的传统的非权力主体，还涉及许多其他的在城市中居住、工作、经营的主体以及在城市之外、但与城市有密切关系的主体。

在城市领域之内，非权力系统的主体包括：私部门（城市企业、学界）、广义城市住民（没有该城市户籍但在该城市居住生活的人，如上文提到的持有居住证的非户籍常住人口、短期流动人口等），将这些外来群体纳入城市管理者的范畴，对推动城市发展非常重要。跨越城市领域的非权力系统的主体包括：跨区域的非政府组织（如绿色和平组织）、旅游者（尤其是对旅游城市）、投资者（尤其是投资拉动型城市）、传媒机构等。

政治性主体与参与性主体都有参与城市管理的必要，并且两个系统分别有不同的责任与义务。根据两个系统中各要素的属性，可以将其分解为权力、市场力、社会力三个大的方面。由美国学者斯通（C. Stone）为主要创始人提出的城市政体理论（Urban Regime Theory）对于这三方面之间的关系进行了比较系统的描述。所谓“政体”是指非正式的（相对于正式选举的市政府而言）管治城市的联盟机制[①]。这个理论主要基于发达国家的城市提出，但是具有比较普遍的意义，它向人们展示了城市中各个利益集团之间具有的密切联系，城市的正常运行与发展离不开这三个方面的力量。城市政府作为权力的主要载体，由城市选民选举产生，因此政府必须满足选民的要求。然而政府可以动用的资源非常有限（通常是预算资金），不能单独完成增加就业、完善设施等任务，所以政府必须寻求与市场力的合作。企业、资本的所有者作为市场力的主要承载者，其最终目的是获得利润，他们趋向于同政府合作，但前提是政府要采取各种方式吸引企业，如减免企业税收，低价提供建设土地，简化建设审批手续，修改、简化规划条例（如允许提高容积率）等。这样，政府与企业就形成了“权钱政体”，这一联盟要受到来自社会力的制约。在特定的情况下，政府也要谋求与社会力的合作，从而抑制大企业意志的膨胀或者向中央政府施加压力，获得补贴与各种支持，这样就形成了“权力与社会力政体”。

三、多元主体的契合—管治

城市管理的主体显然不仅仅只有城市政府，城市中的住民、团体、企业等都是城市管理的主体，只是各自的分工以及效能有所不同。那么，在多元主体管理的前提之下，主体之间的协调与协作就非常重要。管治的最终目标正是要实现主体的契合以及在此基础之上的善治[②]。

（一）管治的内涵[③]

管治又称为治理，对应英文中的 Governance，不同于通常意义上的管理（Management）。治理理论的创始人之一罗斯诺（J·N·Rosenau）在其代表作《没有政府统治的治理》和《21 世纪的治理》等文章中将治理界定为一系列活动领域里的管理机制，它们虽未得到正式授权，却能有效发挥作用。与统治不同，治理指的是一种由共同的目标支持的活动，这些管理活动的主体未必是政府，也无须依靠国家的强制力量来实现[④]。从这一定义中，可以发现：管治是多元主体围绕一个或一组共同目标的活动；管治的方式要依据参与的主体而定，因而具有多样性。

---

① 张庭伟：《新自由主义、城市经营、城市管治、城市竞争力》，《城市经营》，2004（5），第 44 页。

② 善治的基础为新公共管理理论，为保持本书的结构连续性，新公共管理的理论介绍将在第三章予以展开。

③ 本部分内容参考张波、刘江涛：《城市管理学》，北京：北京大学出版社，2007 年版，第二章。

④ 俞可平：《增量民主与善治——中国人对民主与治理的一种理解》，转引自王浦劬、谢庆奎：《民主、政治秩序与社会变革》，北京：中信出版社，2003 年版，第 68 页。

对管治具有权威性与代表性的定义来自于全球治理委员会1995年的报告《我们的全球伙伴关系》，它指出：管治（治理）是各种公共的或私人的个人和机构管理其共同事务的众多方式的总和。它是使相互冲突的或不同的利益得以调和并且采取联合行动的持续的过程。它既包括有权迫使人们服从的指示制度和规则，也包括各种人们同意或以为符合其利益的非正式的制度安排。它有如下四个特征：（1）管治不是一整套规则，也不是一种活动，而是一个过程；（2）管治过程的基础不是控制，而是协调；（3）管治既涉及公共部门，也包括私人部门；（4）管治不是一种正式的制度，而是持续的互动。①

（二）实现良好管治的原则

管治的最终目标是实现“良好的管治”（Good Governance，也可以称为“善治”或“良治”）。善治的本质特征在于它是政府与公民对公共生活的合作管理，是政治国家与公民社会的一种新型关系和最佳状态。联合国亚太经济社会委员会（United Nation Economic and Social Commission for Asia and Pacific，UN ESCAP，2001）认为，善治应能确保腐败的最小化，少数的和弱势群体观点及要求能够在决策中得到体现，并能为当前和未来社会的需求切实负责②。

以世界银行组织和联合国教育培训与研究组织为代表的学者们认为，良好的管治应当具有以下特征③：

➢ 市政府必须支持民主过程，并对市民负责；
➢ 开发政策和途径能够适度地满足各类社团的需求；
➢ 应确保管理层的各级领导了解他们的任务和责任；
➢ 建立有效的政府间联系（区域内部各层级、相邻区域及跨空间区域）；
➢ 确保各级政府间的资源配置公正、公平、公开；
➢ 鼓励有助于创建成功社区的管理创新；
➢ 确定政府机构工作人员行为的伦理准则并监督其行为以保证他们确实达到了这些标准；
➢ 健全的公众与私人间的合作；
➢ 有效的政府和民众互动。

为实现“良好的管治”，城市政府和其他主体进行的行动应秉承以下原则，如图2—2所示④：

---

① 俞可平：《增量民主与善治——中国人对民主与治理的一种理解》，转引自王浦劬、谢庆奎：《民主、政治秩序与社会变革》，北京：中信出版社，2003年版，第69页。

② 刘彦平：《城市营销战略》，北京：中国人民大学出版社，2005年版，第227页。

③ 世界银行、联合国教育培训与研究组织（UNITAR）培训材料稿（2003，吉隆坡，马来西亚），经翻译整合而成。该次培训系对培训者进行的培训，稿件已获准应用于教育领域。

④ 同上。

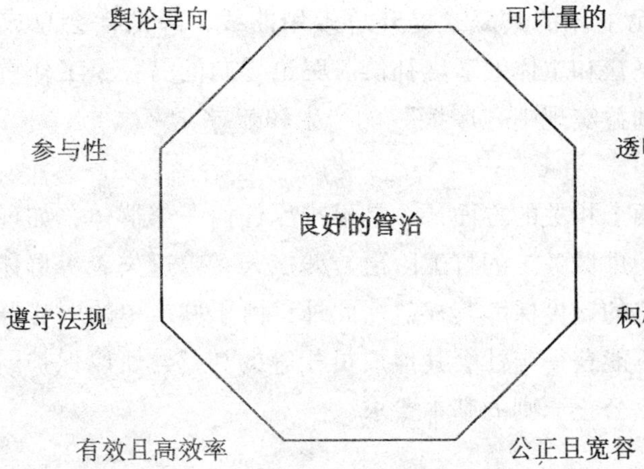

图 2—2 实现良好管治应当遵循的原则

1. 良性参与

城市住民的共同参与是良好管治的重要基石。这种参与或者是直接的，或者是通过合理合法的制度为媒介来施行。前提是参与者有必要被告知并且被完善地组织起来。对应于我国的城市管理，良性参与要求每一个阶层都能够拥有足够的话语权，且减低踏板效应①对弱势群体的影响。

2. 遵守法规

良好的管治需要一个以公平的法律为基础的制度框架，这一框架必须被公正地使用，必须被用来维护民众的权益。独立司法和公正清廉的警察机关是其实现的最基本条件。

3. 透明度

透明意味着决策的制定和执行是遵照法规和条例来完成的。同样，透明还意味着对于那些可能会受到这些决策的制定和执行的影响的人群，信息可以自由地以容易理解的形式获取。

4. 响应

良好的治理要求公共机构能够在一个合理的时间跨度内实现对各个利益群体或者个人所要求的服务进行回应。如日本东京都市圈在城市管理的过程中，根据东京城市特点和城市住民需求，设置不同种类事件的不同最低响应时间，提高了当地民众的满意程度。

5. 舆论导向

良好的管治应当努力调节不同利益主体的诉求，达成一个多数人满意且造成最小负面影响的结论，从而推动社会的发展。构建良好舆论导向的出发点是主体之间通过利益

① 踏板效应形容某一群体在自身达到目标后出现迅速的行为转型；城市经济学对投票理论具有深刻的研究，以中间人定理、多数占先原则、踏板效应为代表的规律都揭示了城市管理的集体决策过程中弱势群体的声音容易被埋没这一问题，这也影响着城市管理中多方主体良性参与的实现。

的边际调整，实现多元主体的共赢，提升总效用曲线，降低社会总成本。在这个过程中，注重对受到损失民众和主体的适度补偿。舆论导向的另一个工作重点是必须关注如何引导舆论及多数人利益实现中"摩擦"的产生和疏导。

6. 公正与宽容

公正与宽容包括两个相关的方面：一是不排斥任何一个群体，如现代城市中越来越高比例的灵活职业者，进城务工的打工阶层、残疾人、曾过失者等群体；二是公正对待任何一个主体，以规范的制度保障其权益。此外，由于城市中的弱势群体仅仅依靠其自身的能力和资源禀赋不能获得与社会其他成员相等的利益，所以保护弱势群体，为他们提供平等的竞争机会是公正原则的基本要求。

7. 有效且高效率

有效且高效率首先是指对资源的有效和满意利用。由于资源自身的离散性和对资源使用的不匹配性使得城市管理者需要更多地考虑如何对其加以利用。此外，由于任何决策都需要时间，在一定的情况下，必须适度追求效率①。相对于私人事务来说，公共事务牵涉到较多的利益相关者，由于多个人达成共识总是需要时间的，所以公共事务的敏感性比较差；即使在短期内可以认识到问题所在，决策也会产生时滞。因而，在特定的情势下，追求效率而牺牲公平是无法避免的。这就要求城市管理者应当未雨绸缪，设想足够的发展情景，以应对不确定的未来。

8. 可计量且财政可行

无论政府部门还是私人部门都必须面临预算和其他资源的约束；应当尽力把资源的投入-产出纳入可计量范畴。Accountability 也可以认为是"有责任的"，负责尽职是治理的重要条件，无论政府部门还是私人部门、第三部门的组织，都应对其组织的利益相关者负起应尽的职责。

第二节　城市政府的体制与职能

体制是指组织方式和组织结构。城市管理体制是整个国家行政管理体制的有机组成部分，其作用是规范城市中国家机构之间的关系，以及城市中的政党组织和国家机构之间的关系，是城市管理得以实现的制度基础。作为城市管理主体结构中最重要的组成部分，城市政府的管理体制是城市有序发展的关键性制度保障。研究如何在高效的城市管理体制之下，明确政府职能、构建与现代城市管理相适应的政府职能结构，具有十分重要的意义。

---

① 敏捷已经成为现代城市获取竞争优势的重要途径，对敏捷的相关介绍，请参见本教材第四章城市发展战略第三节相关内容。

一、城市政府的管理体制

（一）城市政府管理体制的含义

城市管理体制是城市的行政组织结构、职能结构、行政管理方式和行政运行机制的总和。城市管理体制是一个国家政治、行政体制的重要组成部分，它的构成可以反映出一国政体的基本特征，因此它的发展必然要受到一国政治、经济、传统文化等诸多因素的影响。①

城市管理中最主要、最直接实施管理活动的主体是市行政系统，即城市政府。城市管理体制中行政管理体制是其主要构成部分，也是城市管理体制研究的重点，它与城市政党组织、权力机构、司法机构共同构成城市管理体系，而且是城市管理活动最主要的承担者，也是最主要的具体实施者；它在整个城市权力系统中虽不是核心，也不是最高权力机构，但却是最主要的构成部分。另外，市行政体制要受到其他权力体系的制约，并且是相互制约、相互依存的。城市管理体制是一个有机整体，城市管理是由这个有机的整体共同完成的。

因此，我们认为，城市政府管理体制是关于城市政权机构，特别是城市政府的建制、地位、职能配置和机构内外上下权力关系以及运行机制的各种制度规范的总和。

（二）城市政府管理体制的内容

根据上述对于城市政府管理体制概念与内涵的界定，城市政府管理体制包括以下四个方面的内容：②

1. 市建制体制

市建制，实际上是国家为了方便对城市地区的管理而设置的一级政权机构，是人类历史的一大进步，也是研究城市政府管理体制的前提。它包括设市的标准，市的行政地位，市的自治（或自主）权力，市与中央、省（州）的纵向权力关系，市的下级行政建制，如市管县、市辖区、市辖乡、镇等。

2. 市政府构成体制

包括城市国家政权的构成及其相互关系。从世界范围看，一般多由市议会、市行政、市司法三部分组成，各自分掌一部分公共权力；但有的只由一个议行合一的委员会组成，有的由市行政系统与执政党紧密结合构成市政府核心，而市权力机构和司法机构围绕这个核心运转，构成实质上的“城市政府”。我国城市国家政权，由市人大及其选举产生的市人民政府、市人民法院和市人民检察院组成，通常概括为“一府两院”。

---

① 王雅莉：《市政管理学》，北京：中国财政经济出版社，2002年版，第67页。与之相近的概念是市政管理体制，它是整个国家行政管理体制的有机组成部分，其作用是规范城市中国家机构之间的关系，以及城市中的政党组织与国家机构之间的关系，是市政管理得以实现的制度基础。从政治性主体角度，这两个概念是基本一致的。

② 此部分内容引自王雅莉主编：《市政管理学》，北京：中国财政经济出版社，2002年版，第68-69页。

3. 市行政管理体制

包括市行政领导体制（如市长负责制、委员会制等）、市行政管理跨度和管理层次的有机结合体、市政府各职能部门与本级政府与上级对口业务部门的权责关系及其运行机制等。市行政管理体制是市政管理体制大框架中的小网络，其关键是把国家赋予城市政府的职权与职责（法律、法规）落到实处。目前，我国市行政管理体制中主要包括城市规划、建设、管理等机构的行政领导体制，市政管理系统内各机构的职能及权责关系。市政管理系统各组织机关的职能，由相应法律、法规来规定，其权责结构由职能体系决定。

4. 市公共事务管理体制

市公共事务管理体制也称市权力系统权责关系，即在城市公共事务管理系统中，政府、事业单位及企业单位之间的关系定位。城市公共事务管理，不同于单纯的城市政治管理，它不能不涉及与市政公共管理有关的事业、企业单位的性质和职能。城市管理体制中的政、事、企关系错综复杂，彼此制约，这是由城市管理的特点所决定的：首先，城市管理中许多经营内容属于社会福利性质、不以盈利为目的的社会经济活动的社会组织，其资金大多由市政府出资或补贴；其次，城市公共事务管理包含大量作业性的管理活动，需要由企业来进行，这样的企业在某种程度上兼有了政府、事业单位的特征。于是，政企关系、政事关系、企事关系贯穿于城市管理的全过程。从世界范围的城市管理来看，政府与承担城市管理业务的事业或企业都存在着不同程度的矛盾。我国目前基本上是采取事业单位或市政府监督下的委托企业单位经营的方式。

以上四方面的内容中，市建制体制是城市政府管理体制存在的前提，没有城市建制就谈不上城市政府管理体制；市政府的构成体制是城市政府管理体制运转的制度基础，其关键在于城市权力系统之间及其上下级之间的权责配置关系；市行政管理体制则是城市政府管理体制研究的重点；而城市政府管理体制的核心问题则是在城市公共事务管理过程之中，各部门如何实现其职能。

（三）我国城市建制体制

市建制体制又称城市行政区划体制，包括设市的标准、市的行政地位、市的设置模式和市的下级行政建制四个方面的规定。

1. 设市的标准

“城市”与“建制市”在行政管理的角度不是同一个概念，通常所说的“市镇”“乡镇”也与“建制镇”有区别。正如绪论里提到的，城市或者市镇是社会经济发展到一定阶段的产物，它不是靠行政手段人为确定的。建制市和建制镇则不同，它是在发展形成的城镇基础上，按照国家规定的标准和条件，经上级政府批准而设置的地方行政单位。因此，并非所有的城市都是建制市，也并非所有的市镇、乡镇都是建制镇，它们的设置是有一定标准和条件的。

建制市通常称为“市”。新中国成立以来，我国的设市标准进行过多次调整，现行的设市标准是依据1993年5月17日国务院转批的民政部《关于调整设市标准的报告》，根据人口密度、人口总量、非农人口数量、工业产值、人均财政收入等指标设定了设立各级城市的标准。未来我国的设市标准还会随着经济社会发展水平的提高而产生新的调整。从发展趋势看，随着城市化水平的提高，未来我国的设市标准可能在社会、经济指标上进一步完善，在对县人民政府所在镇的设施考量上有所加强，而在县非农人口总量和比例上有所放松。①

2. 市的行政地位

市的行政地位是指城市在国家的行政区划级别中所处的等级和行政隶属关系。我国目前的建制市分为四个行政层次，即直辖市、副省级市、地级市和县级市。

（1）直辖市

直辖市是指由中央政府直接管辖，其行政地位相当于省一级的市。目前我国有四个，即北京、上海、天津、重庆。

（2）副省级市

副省级市的行政隶属关系仍属原所在的省，但行政地位高于地级市，略低于省级，故称副省级市。副省级市是在20世纪80年代计划单列市的基础上产生的。计划单列市是指国民经济和社会发展计划在国家计划中单列户头，由国家直接下达计划，具有相当于省一级的计划决策权和经济管理权的有重要地位的中心城市。1984年，重庆实行计划单列，第二年武汉开始计划单列，随后又确定了12个计划单列市，依次为沈阳、大连、广州、西安、哈尔滨、青岛、宁波、厦门、深圳、南京、成都、长春。但计划单列市只是享有相当于省一级的某些经济管理权限，并没有相应的行政权力，其行政地位也无明确规定。随着社会经济的发展和改革的不断深化，1994年3月，中央为了进一步发挥中心城市的作用，由中央机构编制委员会发出通知，将广州等16个城市的行政级别定为副省级。这16个城市包括原来的14个计划单列市，另增加杭州、济南。重庆于1997年直辖后，目前我国共有15个副省级市。

（3）地级市

地级市是指其行政地位相当于地区（原称专区）或自治州一级的市，新中国成立之初称为省辖市，其行政隶属关系直接归省管辖，1983年正式称为地级市。如河北省保定市、廊坊市，辽宁省营口市等。

（4）县级市

县级市是指行政地位相当于县一级的市，过去曾经叫“专辖市”“地辖市”，属地区管辖，地区撤销后，一部分归省辖，一部分归地级市、副省级市等代管，1983年正式称为县级市。如廊坊市下辖的三河市、香河市均属于县级市。

在实际工作中，由于我国东、中、西部各地区经济、社会、地理等多方面存在巨大

① 2014年年底，国务院印发了《关于调整城市规模划分标准的通知》（以下简称《通知》），对原有城市规模划分标准进行了调整，各档城市的规模均有所放大。未来这一趋势有可能反馈到设市标准之中。

差异，因此，除了上述行政级别之外，城市规模往往成为相关政策的指向对象。如20世纪80—90年代，我国的城市发展方针是“积极发展中小城市，严格控制大城市增长。”而进入新世纪，特别是《国家新型城镇化规划（2014—2020年）》提出新的城市发展方针：“促进各类城市协调发展，优化城镇规模结构，增强中心城市辐射带动功能，加快发展中小城市，有重点地发展小城镇，促进大中小城市和小城镇协调发展。”

与时俱进地看，除了对大、中、小等不同级别城市的发展方针有所改进，对各级别城市规模的测度也发生了深刻改变。2014年国务院印发了《关于调整城市规模划分标准的通知》，提出“新的城市规模划分标准以城区常住人口为统计口径，将城市划分为五类七档：城区常住人口50万以下的城市为小城市，其中20万以上50万以下的城市为Ⅰ型小城市，20万以下的城市为Ⅱ型小城市；城区常住人口50万以上100万以下的城市为中等城市；城区常住人口100万以上500万以下的城市为大城市，其中300万以上500万以下的城市为Ⅰ型大城市，100万以上300万以下的城市为Ⅱ型大城市；城区常住人口500万以上1 000万以下的城市为特大城市；城区常住人口1 000万以上的城市为超大城市。”本次调整中，小城市人口上限由20万提高到50万，中等城市的上下限分别由50万、20万提高到100万、50万，大城市的上下限分别由100万、50万提高到500万、100万，特大城市下限由100万提高到500万。在经过20年高速的城市化之后，我国城市的发展水平已不可同日而语，因此，人口规模的上下限普遍提高非常符合客观规律。

3. 市的下级行政建制①

我国目前的建制市，就其下级行政建制而言，分为辖区的市和不辖区的市。不辖区的市一般是县级市，辖区的市为地级市、副省级市和直辖市。

市辖区是由市管辖的一级行政区划单位，是市的下级行政建制，其行政地位相当于县。直辖市的市辖区地位高于县，或相当于自治州（即地级），或介于自治州与县之间。

市辖区设区人民代表大会及其常务委员会、区人民法院（基层人民法院）、区人民检察院、区人民政府和中国共产党区委员会。市辖区的政权机构其独立性相对较小；主要是作为市级政权机构的助手，协助市级政权机构对城市进行管理，但区市之间，尤其是区政府与市政府之间，应当有明确的权限划分。

一个市辖多少个区，应根据具体情况而定，并无统一规定。辖区多可至十几个，少则仅1个。如湖北省孝感市仅辖孝南区1个市辖区，重庆市直辖前辖9个区，直辖后市辖区多达二十几个。

市辖区不等于市区。市辖区可能是市区，如北京市东城区、西城区；也可能是郊区，如北京市的怀柔区；也可能兼有市区和郊区。

市辖区也不等于市辖区域，市辖区是一个法律、行政概念，是一种经法律确认的行

① 参见张觉文编著：《市政管理新论（公共管理与社会学·MPA系列）》，成都：四川人民出版社，2003年版，第190-192页。

政建制；市辖区域是一个地理概念，是市所管辖的行政区域的总称。

我国城市行政管理，实行“两级政权三级管理”体制。两级政权即市、区两级，三级管理即市、区、街道。

街道办事处是市辖区或不设区的市政府的派出机关。根据宪法和《地方组织法》规定：“市辖区和不设区的市人民政府，经上一级人民政府批准，可以设立若干街道办事处作为它的派出机关。”

目前我国街道办事处与区（市）之间、居民委员会之间的关系与权限划分存在诸多问题，需要进一步明确和理顺；街道办事处的职能、机构及运作机制仍需进一步改革。

（四）我国的城市政府构成体制

从世界范围看，“城市政府”一般多由市议会、市行政、市司法三部分组成，各自分掌一部分公共权力；但有的只由一个议行合一的委员会组成；有的由市行政系统与执政党紧密结合构成市政府核心，而市权力机构和司法机构围绕这个核心运转，构成实质上的“城市政府”。我国城市国家政权，由市人大及其选举产生的市人民政府、市人民法院和市人民检察院组成，通常概括为“一府两院”。以下我们来讨论“一府两院”内部及与其他管理主体的关系：

1. 中共市委与城市政权机关的关系

中共市委是我国执政党—中国共产党在城市的组织机构，是中国共产党中央委员会的地方组织。它对城市国家政权机关，包括市人大、市人民政府、市人民法院、市人民检察院起着领导作用，处于领导地位，其作用主要体现在政治领导、思想领导和组织领导三个方面。但在处理党与城市国家权力政治系统的关系时应坚持三个原则：坚持党的核心领导地位原则；依法活动原则；职能分工原则。

2. 市人大与“一府两院”的关系

市人民代表大会在城市国家机构体系中居于首要的、最高的地位。它与“一府两院”在同级城市政权体系行政级别虽相同，但权力地位更高，不是完全并列的。

3. 市人民政府与司法机关的关系

市人民政府与市人民法院、市人民检察院都对市人大负责并报告工作，隶属于市人大，地位是并列的。三者职能范围不同，相对独立开展工作，互不干预对方工作范围内的事务。三者之间又有一定联系和影响：人民检察院和人民法院对政府机关和行政人员实施法律监督，以促使其遵纪守法、依法行政；三者之间在工作上相互配合。

（五）我国的城市行政管理体制[①]

市行政管理体制是指市的行政组织结构、职能结构、行政管理方式和行政运行机制的总和，是国家行政体制的重要组成部分，是国家行政体制在城市的延伸，它具有一般

---

① （五）（六）部分可参见张觉文编著《市政管理新论（公共管理与社会学·MPA系列）》，成都：四川人民出版社，2003年版和张永桃主编：《市政学（全国高自考指定教材）》，北京：高等教育出版社，2000年版中的相关论述。

行政体制的主要特征。

1. 市行政管理体制的主要形式

城市行政管理体制的主要形式包括：首长制和委员会制；集权制和分权制；层级制和职能制；完整制和分离制。这些体制机制从不同层面刻画了城市行政管理体制的最基本架构。

凡政府组织法定的最高行政决策权力和责任，赋予一人承担者，称为首长制；赋予集体承担者，称为委员会制。

集权制是指行政权力集中于上级机关，下级机关没有或很少有自主权；分权制是指上下级依法各负其责，下级行政机关在法定管辖范围内有自主权，上级机关不得干涉。

层级制是指政府组织纵向分作若干层级，每个层级所管业务性质相同，各对其上级负责，但其管辖范围随层级下降而缩小。职能制是指政府组织平行划分若干部门，各个部门所管业务内容不同，但所管范围大体相同。

完整制又叫集约制或一元统属制，是指同一层级的各个机构或一个机构的各个组成部门完全集中于一个首长或一个机关的指挥监督之下，只存在单一的领导隶属关系。分离制又称独立制或多元统属制，是指同一层级的各个机构或一个机关的各个组成部门不集中在一个首长或一个机关的指挥监督之下，存在着多元的领导隶属关系。

从这四个层面，我国城市政府的行政管理体制可以归纳为：建立在集体讨论基础上的首长负责制；纵向层级的集权制；层级制与职能制相结合；完整制与分离制相协同。这种行政管理体制建立在民主集中制的基础之上，其旨在既保证决策的高效、科学，机构的合理设置，又兼顾行政的民主性和低成本。

2. 市行政管理体制的运行机制

一般而言，机制是指有机体的构造、功能及其相互关系。市行政管理体制的运行机制主要指行政运行的主要环节和各环节相应的机制。

市行政运行的主要环节有决策、执行和反馈。其中决策是关键的环节，它决定着市政工作的目标和方向；执行是对决策的落实，是政策目标的实现过程；反馈是对决策和执行的效果评估，是正确的修正、补充、更改原有决策的行为过程。

（六）城市公共事务管理体制

城市公共事务管理体制是市政管理职能的直接体现。关于市行政管理体制的职能结构，关系到城市公共事务的管理，是市政体制的重要内容，也是我国市政体制改革的重要内容，涉及的内容也比较具体。这里仅将城市公共事务管理中的执行部门机构列出。市政府的执行体系主要包括以下几类部门：

1. 宏观调控部门，包括发展和改革委员会①、工业和信息化促进局、财政局等。

---

① 据2003年3月十届人大一次会议讨论通过的国务院机构改革方案，国家发展计划委员会改组为国家发展和改革委员会，并将国务院体改办的职能并入发展改革委，将国家经贸委的部分职能划归发改委。市级政府的对应机构也在逐渐做对应的调整。

2. 专业管理部门，又分为经济建设管理部门，如外贸局、交通局、农林局、住房和城乡建设委员会等；社会管理部门，如教育局、文化局、卫生和计划生育委员会、人力资源和社会保障局、民政局等；政治司法部门，如公安局、安全局、司法局等；监督服务部门，如审计局、监察局、工商行政管理局、质量技术监督局等；政府直属办公办事机构和直属事业单位，如市政府办公室、政策研究室、外事办公室、档案馆、图书馆等。

3. 受中央或省垂直领导和市政府双重领导的执行机构，包括国税局、国土局、地震局、气象局、烟草专卖局等。

4. 市辖区、县政府及其内设职能机构。

5. 市政府根据工作需要设立的各种临时机构，包括各种形式的领导小组、指挥部、办公室、委员会等，如抗洪救灾指挥部、扶贫救济领导小组等。

以上五类执行机构的职能、性质各不相同。有国家行政序列中和序列外的，有双重领导的，有事业性质的，它们与市政府的关系有所区别，在执行过程中的地位和作用也不一样。上述第一类、第二类执行机构属于市政府的工作部门和直属机构，它们直接听命于市政府，是执行过程中的主要承担者，这其中，宏观调控部门的地位和作用更为重要，因为它们的工作范围是综合性的、全局性的，在行政决策中也起着重要作用。市辖区和县有区别，区更多的是执行市的决策，自身独立自主权力相对县较少，而县虽然也是市政府决策的执行者，但拥有相对独立的行政决策权和地方利益；市政府对县的领导更多是宏观上的、原则上的，并不直接、具体地安排县政府的工作。双重领导的机构，不仅要执行市政府的相关决策，而且要执行垂直管理的上级领导的决策。在双重领导下，对于执行市政府的决策有相对独立的自主权。临时机构是市政府批准成立的，有市政府明确的授权，它们是市政府决策的执行者，但同时也有自己的决策权。

应当说明的是，我们前面说过，决策即是执行，因为执行寓于决策之中，因此，上述所有执行机构绝不仅仅只具备执行职能，在执行过程中，它们同样有决策，只是这种决策是执行中的决策，是为执行上级决策而做出的决策，我们称之为执行性决策，以区别于市政府的行政性决策。

当前，配合国家“大部制”改革的潮流，城市管理体制的大部门体制也在逐渐建立，即将职能相近的部门整合重组为一个较大部门而形成的政府组织形式，以减少机构重叠、部门职能交叉，增强综合协调能力，使政府组成部门的数量保持适中精干。其核心目标是进一步转变政府职能，按照经济调控、市场监管、社会管理、公共服务的定位，推进政企分开、政资分开、政事分开、政社分开，真正承担起现代城市有限政府的职责。同时，“大部制”改革，以及随之而来的“部门合一化”将以往业务属性相同或相近的部门尽可能进行了归并，有利于优化组织结构，提高行政效能，加强部门协调，降低行政成本。而“大部制”改革首先要解决的就是城市管理的决策、执行以及监督这三个环节之间的相互协调和相互制约的关系的制度化架构，打造顺畅高效的城市政府管理体制。

除“大部制”改革之外，城市政府行政审批制度改革也是城市公共事务管理体制优化的重要举措。通过集中审批制度的建立和完善，将各个委办局的审批职能集中到一个处室、集中办公，可以有效降低公共事务管理部门之间的协调成本，防止推诿、扯皮等现象的出现，提高办事效率。此外，大刀阔斧地下放和取消一系列行政审批项目，充分发挥市场本身的调节作用，也体现了简政放权、加快城市政府职能转变的改革思路，激发了市场活力，促进了市场竞争，取得了良好效果。

二、城市政府的职能演进

城市政府职能是指城市政府在依法管理城市公共事务中所承担的职责和具有的作用，从动态来看，它是城市政府行使职权、发挥作用的一系列活动的总称。在我国，广义的城市政府职能包括国家在城市内的政治、经济、文化和社会管理事务方面的重要职责和功能，在城市管理过程中体现为法律、法规和上级政府决定的执行。而狭义的城市政府职能主要是指城市政府在城市环境、城市规划、城市建设、城市服务和城市管理等方面的职责和功能，同时也包括组织本市的政治、经济、文化和社会活动，管理地方公共事务，为城市居民提供优质高效的公共服务。随着经济社会发展水平的提升，城市公共事务也呈现出复杂化的发展趋势，加上多元主体在城市管理中的更多参与，使得传统的城市政府职能也在不断发生变化。

（一）城市政府职能的分类

我们从不同角度把城市政府职能分为若干类型，以便从各个角度透视结构复杂、内容丰富的城市政府职能。①

1. 传统职能和现代职能

按产生的时代可以将城市政府职能分为传统职能和现代职能两种类型。

传统职能，是指城市发展历史过程中初期出现并保留至今的职能，例如治安管理和消防职能等。这些职能主要产生在古代和近代消费型城市，和市民的生活息息相关。传统的城市政府职能依然保留着它的生命力，并随着城市社会生活的复杂化而日益发展（如传统的以防火防盗为核心的治安管理拓展到今天的反恐、疾病防控等），具有相对永久性、稳定性、基础性特征。

现代职能，是指第二次产业革命以后随着现代城市文明的发展而逐步兴起、并日益显示其重要性的职能。这些职能具有战略性、导向性，并且与城市自身的生存与发展密切相关。例如，城市规划、城市经济与产业振兴、环境保护、灾害救助等。从发展趋势来看，现代职能的内涵不断扩充，正在从基于市内的视角走向区域和全球化，区域协

---

① 此处1、2、3内容参见张觉文编著：《市政管理新论（公共管理与社会学·MPA系列）》，成都：四川人民出版社，2003年版，第241-242页，编者进行了修订。

作、城乡一体等正在成为新的职能。

2. 防御职能与建设职能

按职能的作用方式可将其分为防御职能和建设职能两种类型。

防御职能又称为消极职能，是指通过限制性、保护性的手段，维持一个最低限度的城市社会、经济、生活秩序和生活环境以及谋生条件的职能。例如，治安管理、环境保护和减灾救济等。防御性职能在城市发展早期曾是主导性的城市政府职能，在现代城市管理中依然发挥着不可缺少的重要作用。

建设职能又称积极职能，是指在基本的秩序和安全得到保障的前提下，采取鼓励、计划、组织、导向、指挥等主动手段，谋求为城市社会提供更好的服务、更便利的条件、更富足的生活的职能。例如，城市土地资源运营、城市文化设施建设等。防御职能和建设职能是相对而言的，防御性职能主要是限制事物向坏的方向演化，建设性职能则使事物向更好的方向发展，两者相辅相成，缺一不可。

3. 内向职能和外向职能

按职能的服务方向可将其分为内向职能和外向职能两种类型。

内向职能是指对城市政府的运营起支持作用的职能，其目的是向城市政府补充养料、收集信息，为城市政府正常运转打下人事、财务、物资、资料等方面的基础。例如，人事职能、财政职能、文秘职能、监督职能等。

外向职能是指面向城市社会的职能，其目的在于向城市人民以至城市之外的社会提供一个优良美好的生产、建设、贸易、生活、娱乐的环境，并提供相应的服务。例如，环境保护职能、建设职能等。

4. 一般职能和专门职能

按职能作用领域可将其分为一般职能和专门职能两种类型。

根据现代城市事务的主要内容、特点和我国城市政府管理的实际情况，我们把城市政府和其他地方政府组织都具有的普遍性职能，称为“一般职能”，其中主要是经济职能和社会职能；专门职能主要是城市政府特有的或特别突出的职能，其中主要有经济、社会、规划、建设、管理等职能。一般职能和专门职能共同构成我国城市政府的基本职能。

其中，经济职能是指城市政府利用经济、财政、金融、法律和行政手段，从宏观上对城市经济进行调控、仲裁和服务，目的在于维护正常的经济秩序良性发展，促进经济的繁荣、物质的丰富和生活的改善。

社会职能主要是指城市政府社会公共服务方面的职能，目的在于维护良好的社会公共秩序，促进城市社会的良性发展，为市民提供优质高效的安全、福利、保障、科学、文化、教育等方面的公共服务。社会职能关心的重点是市民生活质量、市民素质的提高，建立完善的公共安全秩序，促进良好的社会风尚。

规划职能即城市政府依法制定的土地开发、资源优化、建设布局以及以经济与社会发展为主要内容的中长期发展计划，目的在于预测城市经济和社会发展的趋势，为城市建设和管理提供思想、政策和制度依据。城市政府的规划职能主要体现在两个方面，即城市规划和城市国民经济与社会发展的中长期计划。

建设职能即城市政府在规划的基础上，组织规划项目的建设和实施，进而落实城市规划和国民经济与社会发展的中长期计划。城市建设职能既是落实各项城市规划的重要环节，也是满足城市人民生活需要、完善各种公共设施和公共服务的基本手段。它从总体上可分为城市物质文明建设和精神文明建设，两者相互依存、相辅相成，共同开辟城市发展的未来。

管理职能是在城市政府的各种规划项目落实以后，保证城市政治、经济、文化与社会生活秩序，维护城市能源、道路、交通、安全、市容、环境、卫生、防灾、消防等城市事务的正常秩序，对城市各项事务进行决策、计划、组织、协调、控制和监督，包括决策管理、过程管理、绩效管理、法制管理等内容，目的在于为广大市民提供优质高效的公共服务。

上述几个方面的职能是城市政府职能的核心领域。伴随着社会经济发展，每个领域的内涵和外延也将不断更新，不断完善。

（二）城市政府职能的执行重点

根据统筹规划、组织协调、信息引导、提供服务、检查监督的指导思想，我国长期以来的城市政府职能主要包括以下几方面内容①，这几个方面也是城市政府职能的执行重点：

1. 城市规划与建设管理职能

城市规划和建设管理是城市发展过程中的重点之一，长期以来，我国城市非常重视规划、管理工作。1980 年的全国城市规划工作会议已经提出，市长的主要职责是把城市“规划、建设、管理”好。这一思想一直持续至今。2015 年 12 月召开的中央城市工作会议进一步特别提出，当前和今后一个时期，我国城市工作的指导思想是：全面贯彻党的十八大和十八届三中、四中、五中全会精神，以邓小平理论、“三个代表”重要思想、科学发展观为指导，贯彻创新、协调、绿色、开放、共享的发展理念，坚持以人为本、科学发展、改革创新、依法治市，转变城市发展方式，完善城市治理体系，提高城市治理能力，着力解决“城市病”等突出问题，不断提升城市环境质量、人民生活质量、城市竞争力，建设和谐宜居、富有活力、各具特色的现代化城市，提高新型城镇化水平，走出一条中国特色城市发展道路。依据我国目前的城市政府体制，规划、建设领域城市政府的主要职能包括三个方面：

（1）城市规划与管理职能

即由市国土、规划部门依据国家法规和政策绘制城市一定时期的建设和社会经济发

---

① 参见王雅莉主编：《市政管理学（21 世纪高等院校公共管理类统编教材）》，北京：中国财政经济出版社，2002 年版，第 101-103 页。有修改。

展蓝图的职能。国土和规划部门负责编制本市土地利用和城市总体规划；制定分区规划和年度建设规划；审查详细规划、小区规划；审批市规划区范围内的建筑物、构筑物和市政公用设施工程的建设；按规定监督检查规划的实施，检查处理各类违章建筑和设施。这些规划既是城市建设和管理的基本依据，也是城市建设和经济、社会发展的指南。

（2）城市建设与管理职能

即由市城建部门依据经批准的城市规划，实施城市具体建设项目的职能。主要包括：编制城市建设中长期发展规划；综合环境保护规划和建筑业、建材业中长期发展规划，负责全市的综合开发和各项基本建设，确定工程项目，对全市道路、桥梁、排水、堤防、市容、园林绿化、江河整治、环境卫生、风景区等进行建设和管理；负责全市住宅管理（含保障性住房和商品房）及其他房地产管理；负责全市的供水、供电、供热、市内客运等项公用事业的建设和管理；管理建筑工程施工企业和建材工业。

（3）环境保护职能

即由市环保局具体负责的贯彻执行国家环境保护法规政策，制定全市环境质量标准、污染物排放标准及其相应的基础方法标准的职能。具体来说，包括组织制定全市环境保护和城市环境综合治理中长期发展规划和年度计划中的大气、水质、区域、流域等专项环境规划；负责编制全市环保事业的发展规划，环境科研规划和计划；组织环保课题攻关和环境科研成果的审查、鉴定和推广工作；组织环境质量的监测、调查、评价，掌握污染和生态变化情况，开展环境质量管理；组织建立城市河流和大中型企业的监测网点；管理有污染工业品和有毒化学品的生产、进口和使用；指导环保工业生产发展，监督环保设备的质量和标准；查处污染案件，处理纠纷等职能。

2. 城市社会发展、社会控制与社会保障职能

这方面的职能内涵十分复杂，从主要方面来看包括：

（1）公安管理

其主要职能是预防和打击犯罪，与企事业单位的保卫部门共同保卫正常的工作秩序，维护社会治安；户籍管理；维护交通安全；安全防灾，保护公共财产和人民生命财产的安全。

（2）司法行政管理

其主要职能是培养司法人才，加强司法行政队伍建设；领导法制宣传教育工作，普及法律常识，努力使国家各项工作纳入法制化、民主化轨道；贯彻以改造为主的方针，作好劳改劳教工作；领导管理公证、律师工作。

（3）民政管理

其主要职能是贯彻执行党和国家有关民政工作的路线、方针、政策，做好全市基层群众自治组织建设、优抚安置、减灾救灾、社会福利、殡葬管理、婚姻登记、行政区划、社会救助和军供站等。

（4）卫生和计划生育管理

其主要职能是宣传贯彻执行有关卫生和计划生育工作的法律、法规、规章和方针、政策，做好公共健康服务和计划生育服务，调控人口数量，提高人口素质；统筹规划卫生和计划生育服务的资源配置，编制实施相关规划；推进卫生和计划生育标准化工作，提高标准化、精细化、个性化服务能力；搞好预防、保健、疾病控制、传染病流行病防控、计划生育服务等相关工作①；做好专业人才培养，祖国传统医学传承，现代公共卫生信息技术推广等相关工作。

（5）劳动和社会保障管理

其主要职能是负责全市劳动就业政策和劳动统计分析工作；负责城市养老、疾病、伤残等社会保障政策和基金管理；完善劳务市场建设，积极促进各单位开发劳动岗位，疏导城市流动劳动力；监督检查用工情况，落实国家劳动法规，保护劳动者利益；进行劳动力的基本教育和专业培训；搞好劳动保护和安全监察等。

（6）基础教育管理

其主要职能是提供12年义务教育、幼儿教育、特殊教育的统筹管理；拟订基础教育发展措施、规划，根据人口总量、结构变化储备学生学位，推进义务教育均衡优质发展；做好学籍管理，推进基础教育中德育、体育、智力、美学等教育要素的均衡发展，组织好各层次教育升学考试工作。

3. 公共经济管理和经济振兴职能

我国城市政府对城市经济方面的影响，在计划经济时期是全方位的，改革开放之后，特别是20世纪90年代中期以来，随着经济体制改革的深入，市政府直接管理的城市经济事务大大减少，但公共经济管理的相关事务大大增加，除了城市规划与建设和社会服务中的公共经济职能外，具体来说还包括：

（1）公共财政职能

即由市财政局负责的城市公共投资和其他公共支出、税收、转移支付等职能。

（2）公共产品供应和公共经济服务及其管理职能

即由市政府组织提供的解困房等保障性住房、公共保健、特殊物品供应等公共产品供应。以及诸如职工培训、基础教育、学生餐等社区服务的管理职能。

（3）公共经济规制职能

即城市政府根据法规从保护和实现市民公共利益出发，针对市政经济活动中的市场失灵现象对城市公共事业（企业）的经济活动和行为进行的行政性约束，包括对价格、服务方式、投资规模、进入退出等方面活动的干预职能。

---

① 需要说明的是，我国自2016年1月1日起开始实行全面二胎政策，因此对于计划生育的内涵应予以新的认识，计划生育政策不再意味着过去的独生子女政策，而是根据现有国情和经济社会发展水平对人口增长进行长期的、有计划的调控。

（4）城市经济振兴职能

即市政产业政策职能，包括城市政府编制产业发展规划、鼓励有市场潜能的产业领域提升规模经济属性、保护中小企业利益、促进市场公平竞争秩序、加强经济信息公开、加快城市信息高速公路建设等产业发展振兴的经济管理职能。

（三）多元主体共治与城市政府职能的互补

现代城市管理的概念已经突破了传统意义上的城市政府市政管理，相应的，城市政府职能也在原有传统内容上有所改变。主要体现在：由强计划时代的包揽一切向政企分开、政社分开、政民分开转变，增强市场的自我调节能力，增强社会的自我管理能力，增强民众的依法自治能力。这种转变的核心诱因在于城市管理领域的多元主体共治趋势，以及这种趋势在理论和实践领域的映射。一方面，城市发展过程中多元主体的差异化利益诉求，以及城市管理政府公权力难以有效发挥作用的领域，都对传统的城市政府管理职能提出了挑战；另一方面，城市管理多元主体在谋求自身利益最大化的同时，也可以在共同利益的基础上，对城市发展的总体目标实现认同，并通过合力方式促成城市的良性运转。因此，现代城市之中，政治性主体以外的多元主体更加倾向于增强自身在城市管理领域的发言权，弥补传统城市政府管理职能的不足和失灵，而城市政府自身的职能也日渐精简，由传统的大包大揽、全面干预向监督控制和引导媒介的方向演进。此外，信息社会的大背景也为这种协作互动提供了更为多样化、迅捷化的可选择手段和技术实现平台。

1. 推动企业参与

（1）社会资本可积极参与公共项目建设

企业参与现代城市管理的一种重要模式是 PPP 模式，即公私伙伴关系（Public Private Partnership）。美国民营化大师萨瓦斯在《民营化与公私部门的伙伴关系》一书中把公私伙伴关系定义为三种意义：首先是广义界定，指公共和私营部门共同参与生产和提供物品和服务的任何安排，如合同承包、特许经营等；其次，它指一些复杂的、多方参与并被民营化了的基础设施项目；再次，它指企业、社会贤达和地方政府官员为了改善城市状况而进行的一种正式合作①。PPP 管理模式主要的适用范围是非纯公共物品的提供。在非纯公共物品的提供中引进私人投资，不仅仅是对财政投资不足的补充，更重要的是引入了私营模式的管理技术，从而提高了效率；然而，市场机制往往对公平考虑不足，因此必须让公共部门与其合作，来确保公共物品提供的公平性，实现社会利益最大化。在我国，PPP 模式的开展主要出现在公共基础设施建设领域，一方面将公共项目的投资、运营、收益等部分权责让渡给私人资本，政府只履行政策扶持和监督管理职责，缓解了地方政府的财政压力和投资风险；另一方面在公共项目中引入私人资本，也有助于提高项目的经营管理效益和服务质量。本书在第五章中对 PPP 模式进行了更为详

① E. S. 萨瓦斯：《民营化与公私部门的伙伴关系（第一版）》，北京：中国人民大学出版社，2002 年版，第 105 页。

细的介绍，这里不再赘述。

(2) 社会资本可积极参与信息平台建设

信息化时代的城市建设与管理，同样离不开创新技术企业和互联网公司所提供的技术与平台支持。物联网、云计算、大数据等新的概念和技术层出不穷，并且越来越多地被用于城市公共事务管理领域，使得城市管理和公共决策日渐迅捷化、科学化、便民化，而这一切实现的基础在于各类高新技术企业所提供的智能化解决方案。因此，城市政府与技术企业在这一领域的合作正在不断加强，由城市政府提出公共管理的现实技术需求，技术企业根据现实需求量身定做解决方案，共同提升现代城市管理的数字化和智能化水平。例如，以百度、阿里、腾讯为代表的互联网企业以行业应用和云计算为切入点，将城市服务、金融服务、社会信息服务等线下资源整合到线上，依托互联网和移动手机终端实现了城市内的实时互联，极大地方便了市民生活，简化了城市公共与私人事务流程，同时捕捉到的在线用户数据也为分析决策提供了准确的依据。自 2010 年以来，政府积极开展了对云计算新型服务采购模式的探索，并不断拓展服务采购的种类，2012 年将云计算服务正式纳入《政府采购品目分类目录》，由中央政府机关开始试点，并向地方推广，这标志着信息化时代下城市公共事务管理的政企合作模式正在向着规范化、制度化的方向发展。

2. 促进官学协作

近年来，学术界对于城市管理领域的影响日趋加大。学术界所拥有的专业知识从理论层面为城市管理的实践提供了相对科学的依据，为城市政府公权力的运用提供了基本方向。“官学协作”实际上可以视为城市管理领域优质资源的融合应用。这种融合通过相关学科研究对城市管理实践的渗透，大大增强了城市管理工作的科学性。而这种协作的方式也愈发呈现出多样化和灵活化。特别是一批“学者型官员”的出现，使得这种融合达到了一个更高的层次。

第二次世界大战结束后，一些国家成功的发展道路直接得益于专家型官员。“东亚经济奇迹”就是一个典型例证。世界银行在总结东亚经济起飞的原因时，把“高素质的官员队伍”作为其中的重要因素。在这些国家和地区经济起飞过程中，一批受过系统现代科学教育，尤其是社会科学教育的人才，其中包括一些优秀学者进入政府，他们根据本国或地区的资源条件以及国际市场的需求制订经济发展计划，切实提高了决策的科学性和可行性，保证了这些国家和地区经济的长期增长以及社会的平稳转型。具体到城市管理领域，学者型官员具有如下若干方面的优势：首先，学者型官员对于所在领域知识的精深掌握，有助于在相应领域中发挥所长，提高认识、分析和解决问题的质量，实现政府“外脑”与“内脑”的合一；其次，学者型官员与学术界有着比较密切的联系，能够较快获得各种新知识、新信息、新方法，能够更快地更新意识和知识储备，而这种密切联系也有利于他们在决策过程中获得学术界的支持；最后，学术训练中的科学精神和学术习惯可能使他们在管理中有更多的反思、批判精神，便于促进城市“螺旋上升”式的发展。

此外，官学协作的模式还包括城市政府所举办的专题性论坛、城市政府领导与专家学者的制度化交流、专家学者承担城市政府的课题研究等。

3. 引导 NGOs 等非营利组织参与城市管理

社会组织参与城市公共事务管理已经成为一个重要的发展趋势。社会力量往往更加分散而深入实际，可以弥补政府行政手段的盲点和不足，并且由于社会组织非盈利的性质，能够保证工作服务的质量不受经济利益所驱使；与此同时，社会组织在公共事务领域的良好运行也离不开政府政策上的扶持和制度上的规范。二者相辅相成，相互协作，既为城市政府减轻了负担，也发挥调动了社会力量共同参与城市管理的积极性。在我国，社会组织参与公共事务管理的时间并不长。以 2008 年汶川大地震的震后救援工作为契机，开启了民间社会组织参与社会公共事务的时代，2008 年因此被称为“民间 NGO 元年”。在之后的几年里，相关法律法规在登记注册、行政监督和运营管理方面对民间社会组织逐渐赋予了更多、更灵活的权利，使得社会组织在不断规范的制度框架内有了更自由的发展空间。可以预见，今后会有更加多样化的社会组织参与到城市公共事务管理中来，对政府职能形成有力的补充和完善。

4. 鼓励市民参政

如前文所述，市民参政是发展社会主义民主的重要切入点，是市民当家作主的集中体现，是廉政建设的推进器。具体来说，市民参政包括市民的政治参与、行政参与和社会参与等内容①：

市民的政治参与主要包括行使宪法和法律规定的各项政治权利和自由权利，履行公民和市民的政治义务，参与和支持城市立法机关、行政机关和司法机关的重大决策，向政府及其领导人员提出各种要求和建议，维护市民的合法权益，监督城市党政机关及其工作人员的政治行为，实现市民当家做主的民主权利，促进市政管理的法制化、民主化和公开化进程。

市民的行政参与主要包括参与城市政府的行政决策，阻止或促成某项政策的行为，向有关部门检举揭发行政机关及其公务员的违法失职和渎职行为，行使监督政府及其公务员的权利；参与城市的规划、建设和管理活动，维护城市公共设施和公共财产的安全，改善城市公共服务；促进行政管理的法制化、科学化和现代化。

市民的社会参与主要包括参与城市社区、基层居民自治组织和其他社会组织的各项活动，从事社区服务、拥军优属、残疾人援助和义工活动，参与城市教育、文化、体育、科技、医疗卫生、福利保障等方面的公共管理和公共服务。

近年来，我国许多城市在继承和发扬优良政治传统和政治文化的基础上，坚持“从群众中来，到群众中去”的政治路线，在加强市民参政，推进市政公开方面的主要尝

---

① 具体内容参见张永桃主编：《市政学（全国高自考指定教材）》，北京：高等教育出版社，2000 年版，第 192-199 页。

试有：

- 开通博客、微博、微信等自媒体平台和移动手机应用等众多全新信息传播模式，拓宽沟通渠道。
- 设立市长公开电话和信箱，随时听取市民的意见，解答市民提出的问题。
- 实现现场公开办公制度，组织有关部门开赴现场，就地办公，解决困难问题。
- 建立政府发言人制度，定期或不定期地举行记者招待会，公开市政府近期工作状况和目标。
- 举行公开的市政对话会或市政讲评会，由市党政机关主要负责人与市民直接对话，并对市领导班子进行评议。
- 实行公开办事制度，公开市政机构的职责、权限、工作方式、工作程序、工作人员，实行挂牌服务。
- 公开市党政机关重要领导人的相关信息，包括日程、出国、出访、收入、住房、用车、子女、财务等；公开政府三公消费细目，以便于广大市民的公开监督。
- 将重大市政决策和与市民息息相关的公共事务公之于众，允许记者采访、报道有关会议，并创造条件，允许市民旁听某些会议。
- 将有关城市管理的法律、法规、政策和以上诸项内容公布于政府网站，便于市民了解、查询、沟通。

> 思考：你认为还有哪些方式可以加强市民参政、推进城市共治？还有哪些信息和信息渠道可以（或应当）逐步开放给市民，促进城市政府职能和民众现实需求的有机融合？

第三节　新技术与多元主体共治

随着城市的发展，现代城市管理愈发凸显出其综合性和复杂性，城市管理领域出现日益严峻的高成本、低效率，规划、建设、运行管理的脱节等问题。这些问题的涌现更彰显了对城市管理领域多元主体共治的诉求。多元主体共同参与下的治理模式创新是城市管理的发展趋势，而多元主体共治的实现基础在于城市管理技术的不断创新，政治性主体与参与性主体的和谐互动的理念在实践方面的探索和尝试，也需要以迅猛发展的信息技术为依托。技术变革为公众参与城市治理提供了交互平台和实施渠道，实现了城市管理方式方法创新，通过信息化手段，突破管理体制障碍，针对城市运行过程中出现的问题，面向公众和社区的多层次要求，回应多元主体的利益表达，能够不断提升城市服务能力，促使城市管理由粗放低效向精细敏捷的方式转变。

一、城市管理领域的新技术

（一）网格化管理

随着信息技术和3S（GIS，GPS，RS）技术在城市管理中的使用，网格化城市管理已经成为国内外城市即时化管理的重要手段。网格化管理即在城市管理中运用网格地图的技术思想，以某一面积空间为基本单位，将城市所辖区域划分成若干个网格状单元，由城市管理监督员对所分管的单元实施全时段监控，同时明确各级地域责任人为辖区城市管理责任人，从而对管理空间实现分层、分级、全区域管理的方法。通过这一方法可以将以往由各个单位分别管理的系统如水、电、路等在微观空间上转换为模块管理，将信息传达时间和信息搜索时间减低到最小的程度。

城市政府网格化管理模式的工作流程包括七个环节：信息收集、案卷建立、任务派遣、任务处理、处理反馈、核实结案和综合评价。具体流程是由城市监管员或公众发现问题，通过“城管通”或“城市管理热线服务号”或监督中心网站的方式上报给城市管理监督中心，监督中心对收集的信息进行甄别后立案，并将相关案件信息批转到城市管理指挥中心，指挥中心根据问题性质，确认归属，下发到各职能部门，各职能部门接到任务后对问题进行处理，并将处理的结果上报指挥中心，指挥中心再反馈给监督中心；监督中心即派监督员进行现场核实，上报核实结果，通过两方面的信息核实一致后才做结案处理。同时，这一处理过程将作为评价系统的重要基础数据自动存储在数据库中。这种流程管理解决了传统城市管理过程中信息的严重不对称及缺乏有效监督的问题，也有利于实现城市管理由“静态管理”到“动态管理”的转变，如图2—3所示。

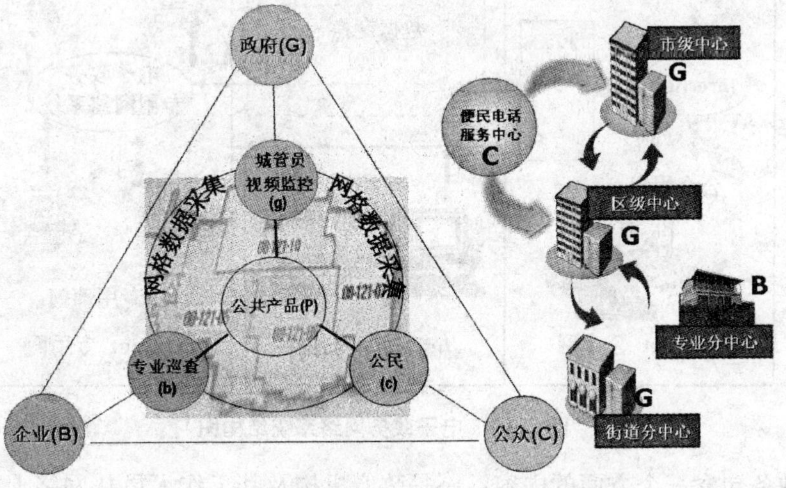

图2—3　基于网格化管理的多元主体协同模式

网格化管理依托信息化技术的电子公务，优化了公共管理和公共服务的工作流程、简化了工作环节，为城市政府进行公务信息平台的整体规划、顶层设计和系统建设提供了强有力的支撑。这种利用现代高科技手段对辖区实施分层、分级、全区域、全时段的管理，取得了极大的成功。

案 例

北京市东城区（区划调整前的东城区，不包括原崇文区）自 2005 年 10 月推出“万米单元网格城市管理新模式”以来，全区 25.38 平方千米的范围被划分为 1 652 个网格单元，从而使东城区在空间层次上形成区域、街道、社区和网络单元四个层面，明确了每个层面城市管理的责任人。

通过这一方法，产生了三个方面的显著绩效：一是实现了城市管理空间细化和管理对象的精确定位，建立了城市管理监督中心和指挥中心两个轴心的管理体制，为城市管理的评估和监测提供体制支撑和数据支撑；二是将责任进一步细化；三是由每十几个人共同管理 2~5 平方千米的不同设施，缩小为每人管理约 0.18 平方千米，大大减少了管理的流动性和盲目性，实现了由粗放管理到精确管理的转变。

（二）电子政务

电子政务（Electronic Government Affair）是信息化的产物。对于政府的管理运行来说，信息化能够实现政府政务信息直接的、网络化、互动式以及分布式交流。电子政务是指政府机构运用现代计算机技术和网络技术，将其管理和服务职能转移到网络平台上去完成，同时实现政府组织结构和工作流程的重组优化，并减低系统反应时间。其主体结构如图 2—4 所示。

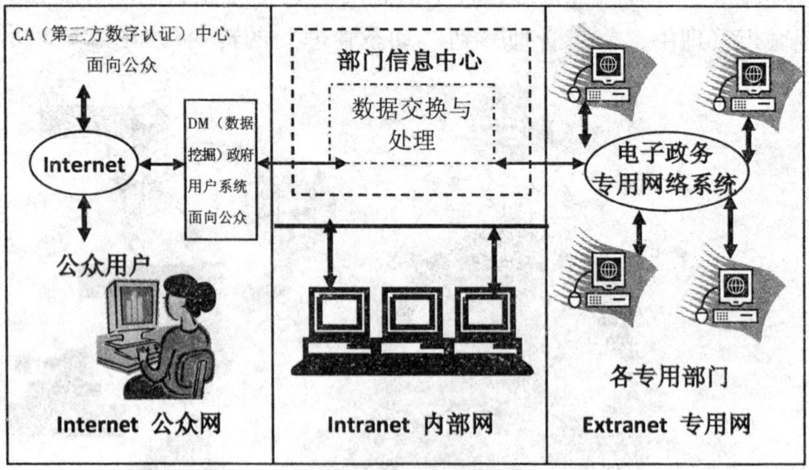

图 2—4 电子政务网络系统结构图①

电子政务包含三个方面的内容：一是政府机构及其工作人员从网络上获取信息，包括机构内部的工作流信息和从机构外部获取的业务信息；二是政府机构通过网络发布政

① 资料来源：参见 http://www.cycs.com.cn/secend/dzzwj7.htm。

务信息，供社会了解和使用，即“政务公开”；三是政府事务在网络上与社会公众的互动处理。电子政务的最终目的是实现办公信息化、政务公开化、管理一体化以及决策科学化。由于电子政务是一种交互式的管理模式，实现了政府资源、企业资源和社会资源的整合，所以电子政务能够降低管理成本、提高行政监管的有效性，还可以推进民主化建设、激发城市住民参与管理的积极性。

案 例

自2002年3月，广东省东莞市正式开通“电子政务服务站”。该网站公布了31个部门共193个项目的办事流程，并提供了社保、劳动、民政等8个部门共90多种申报表格的下载。市民通过上网咨询、预约办事等，可以免去“跑部门、排长队”的麻烦。同时，该网站还开通了市长信箱，方便市民投诉和为政府决策献计献策。目前，东莞已建成以市政府为中心，通过光纤连接各镇区、各部门的政务信息网络，全市32个镇区和70多个市属单位已实现专网，建成了全市统一的网上行政办公系统，实现文件、信息上行下达，提高了行政办公效率，改变了各部门之间由于信息沟通与业务运作的相互独立所带来的“信息孤岛”现象。

（三）物联网、云计算与大数据

我国的《国家新型城镇化规划（2014—2020年）》中明确指出，要大力推进智慧城市建设，统筹城市发展的物质资源、信息资源和智力资源利用，实现物联网、云计算、大数据等新一代信息技术创新应用与城市经济社会发展的深度融合。

物联网的概念最初在1999年提出，即通过射频识别（RFID）、红外感应器、全球定位系统、激光扫描器、气体感应器等信息传感设备，按约定的协议，把任何物品与互联网连接起来，进行信息交换和通信，以实现智能化识别、定位、跟踪、监控和管理的一种网络；简而言之，物联网就是“物物相连的互联网”。目前物联网在各行各业的应用正在不断拓宽，尤其是在社会管理、公共服务、社区发展等领域，有很大的发展前景。

随着物联网业务量的增加，对数据存储和计算量的需求将带来对“云计算”能力的要求。根据美国国家标准与技术研究院（NIST）的定义：云计算是一种按使用量付费的模式，这种模式提供可用的、便捷的、按需的网络访问，进入可配置的计算资源共享池（资源包括网络、服务器、存储、应用软件、服务等），这些资源能够被快速提供，只需投入很少的管理工作，或与服务供应商进行很少的交互。基于物联网的云计算技术将会逐渐渗透到每个人的生活中，对城市公共管理和市民生活都会带来深远的影响。

智慧城市的构建离不开物联网、云计算等新兴技术的支撑，更需要以大数据为代表的核心工具方法为城市问题提供解决和优化方案。大数据是以容量大、类型多、存取速度快、应用价值高为主要特征的数据集合，正快速发展为对数量巨大、来源分散、格式多样的数据进行采集、存储和关联分析，从中发现新知识、创造新价值、提升新能力的新一代信息技术和服务业态。2015年8月，国务院印发了《促进大数据发展行动纲要》，明确指出要全面推进我国大数据的发展和应用，以推动经济转型发展、重塑国家竞争优势、提升政府治理能力。

（四）智能移动终端与应用程序

移动互联网（Mobile Internet，简称 MI）是一种通过智能移动终端，采用移动无线通信方式获取信息和服务的新兴业务，包含终端、软件和应用三个层面。终端层包括智能手机、平板电脑、电子书、MID 等；软件包括操作系统、中间件、数据库和安全软件等；应用层包括休闲娱乐类、工具媒体类、商务财经类等不同应用与服务。随着 4G 时代的开启和移动终端设备的发展创新，移动互联网拓展了狭义互联网的影响范围，也在真正意义上实现了“物物相连”“人人相连”，提高了信息的传播效率，极大地方便了城市生活，同时也为公共事务管理的公众参与提供了实现平台。

二、新技术对城市多元主体共治的影响

（一）新技术对城市管理者的影响

新技术的发展改变了市民生活，也成为推动城市发展的主要力量。由新技术所带来的城市变革，也是城市管理者不得不考虑的现实因素：第一，新技术直接导致科技城市群的兴起并带来大规模的知识聚集、信息聚集、人才聚集；第二，新技术改变了城市发展的增长方式，即技术创新成为城市发展的发动机，知识和信息成为决定城市社会发展的最重要因素；第三，新技术改变了城市产业结构和就业结构，第三产业占 GDP 比重在增加，就业人数也在急剧增加，信息业成为第三产业的主导，以信息服务业和知识生产、传播为主体的服务业成为社会经济的重要部门；第四，科学技术资源成为城市生存和发展的必不可少的条件，科技时代的城市发展更多地依赖于知识、信息、技术以及它们的载体—人才。城市的竞争力更多体现为科技竞争力。而城市的信息化、网络化、数字化程度也已成为城市综合实力、城市生活水准和城市未来发展潜力的最重要指标。

（二）新技术与多元主体共治创新

信息通信技术的融合与发展为普适计算、随时随地在线连接、通信联络、信息交换与共享提供了可能，该创新模式引导公众和社会参与，同时也是服务于信息化应用创新的孵化、推广和扩散，是一种新的机制，推动方式方法创新。强调以用户的需求为中心以及用户参与创新，特征是以人为本。

在多元主体共治的城市管理过程中，作为推动力的技术进步与作为拉动力的应用创新之间的互动引致了管理创新。技术进步和应用创新两个方向可以被看作既分立又统一、共同演进的一对“双螺旋结构”，或者说是并行齐驱的双轮—技术进步为应用创新提供了新的可能，而应用创新往往很快就会触到技术的极限，从而促动技术的进一步演进。只有当技术和应用的激烈碰撞达到一定的融合程度时，才会诞生出引人入胜的模式创新和行业发展的新热点。科技创新正是这个技术进步与应用创新“双螺旋结构”共同

演进催生的产物。

目前在科技创新体系还更多地注重技术进步，对面向用户的应用创新较少给予关注。科技成果的转化率低、实用性和推广性差等很多科技管理体系的弊病都与此相关，技术发展与用户需求对接出现了问题，造成技术进步与实际应用之间的脱节。其根源在于激发创新的制度设计存在缺陷，制度层面上解决技术的应用、转化以及以用户需求为中心的应用创新的机制尚不健全，在科技支撑经济社会发展、特别是公共服务业的一线管理与服务方面缺乏动力。

基于科技转化在成果转化和定向服务方面出现的新态势，全球相继涌现出以欧盟为代表的 Living lab、以美国为代表的 Fab lab 等“下一代创新”模式，通过搭建共同创新、开放创新的应用创新平台，以用户为中心推动各创新要素的整合与协同，从机制上形成了刺激创新的巨大动力。

“下一代创新”模式在城市管理领域具有广阔的发展前景。在这种模式下，城市管理各方主体可以依据自身的利益诉求，凭借其所占有的资源禀赋，对城市发展和城市管理中的创新给予不同层次的支持。这有利于组织和调动城市的各方力量，发挥全社会的主动性、积极性和聪明才智，调动全社会力量参与，探索建立政府、市场、社会的良性互动结构，实现城市管理以人为本的发展，提高城市管理水平和运行效率，提高城市管理科学化、民主化水平，保障城市的可持续发展和人的全面发展。同时带动城市产业结构的更新换代、带动面向信息化城市的、适应知识社会的经济社会全面发展。

⊙本章小结

本章介绍了三方面内容：首先，介绍了城市管理的主体构成及各种城市管理主体间的契合与协作，特别强调了现代城市管理是多元主体联合施力的结果；其次，对城市管理主体的核心—现代城市政府及其管理体制与政府职能进行了相关介绍，阐述了政府城市管理职能的演进趋势；最后，介绍了城市管理新技术的发展以及促进多元主体共治的城市管理方式、方法的相关创新。

⊙本章习题

一、基本概念

城市管理主体 多元主体共治 管治 城市政府管理体制城市政府职能 网格化管理 电子政务

二、复习题

1. 简述城市管理政治性主体的构成。
2. 简述城市管理参与性主体的构成。
3. 简述城市政体理论的主要内容。
4. 简述实现良好管治的原则。

5. 简述城市政府管理体制的概念和内容。

6. 列举城市公共事务管理中的执行部门机构的组成和职能。

7. 简述现代城市政府职能的分类及内容。

8. 城市管理领域的新技术包括哪些（不限于本书提到，请发散思维）？对城市的多元主体共治有何影响。

三、思考题

1. 中国城市政治权力系统和政治参与系统之间的关系如何？

2. 我国城市的规模等级与行政级别之间是否存在内在联系？未来的发展会怎样？

第三章

现代城市管理相关基础理论

⊙学习目的与要求

通过本章的学习，能够对与城市管理相关的新公共管理理论、集聚经济理论、增长极理论、可持续发展理论的内涵，以及囚徒博弈和囚徒困境的含义进行描述。能够对新公共管理的主要做法、新公共管理与传统管理的区别进行分析评价。能够结合新公共管理、集聚经济理论和增长极理论、囚徒博弈及囚徒困境的破解等，解决城市发展存在的实际问题；能够提出家乡所在城市在可持续发展中存在的主要问题，初步探寻解决方案。

第一节　新公共管理理论：促进城市体制管理创新的基石

一、新公共管理理论的内涵

（一）新公共管理理论的产生背景

第二次世界大战以来，西方国家在凯恩斯主义的影响下，政府开始全面干预经济发展，欧洲更是出现了多个福利制国家，成为推动战后经济复苏的重要因素。然而，随着经济的复苏和发展，不断扩张的政府职能和迅速扩大的政府规模导致其机构臃肿，效率低下，这一状况受20世纪70年代初石油危机的影响加剧。到20世纪七八十年代，西方各国普遍出现了经济衰退和严重的财政赤字，财政危机、管理危机和信任危机成为各国政府亟须解决的问题，凯恩斯主义也受到了空前的挑战。而几乎在同一时期，西方社会乃至整个世界均受到了科技革命，尤其是信息技术革命的深刻影响。在这样的背景下，西方各国政府迫切需要在新的、更适合新时代特征的理论指导下，解决传统行政官僚制度无法解决的新问题。

1979年，英国保守党启动了英国经济、政治、行政等各方面的全方位改革，其改革的主要内容包括国有企业私有化、运用签约外包制、鼓励私人投资行动等以公共服务的市场化为核心的民营化改革，并在政府部门中引进企业管理理念、模式和方法，提高政府工作效率、降低政府运作成本，推动政府的管理结构和管理模式的改革；1981年，美国共和党政府开始更加强调公共服务外包制和公司伙伴合作关系的运作，将民营化改革发挥到更深层次；1984年，新西兰工党执政，在政府商业部门实行公司化和私有化改革，在非商业部门实行执行代理制，并引入企业绩效管理制度重塑政府部门的管理机制，改革公共财政管理体制。这样，以英国、美国、新西兰等国家的改革运动为标志和开始，这波改革浪潮在20世纪90年代甚至21世纪以来迅速在其他西方国家扩展，发展中国家政府管理中也引入了一些核心思想。这场改革运动就是后来被学界称为“新公共管理”（New Public Management，NPM）的改革运动，除此之外，一些学者还将其称作“管理主义”（Pollitt，1993）、“以市场为基础的公共行政学”（Lan，Shimon and Rosen Bloom，1992）、“后官僚制模式”（Barzelay，1992）、“企业化政府”理论（Osborne and Gaebler，1992）等①，尽管名称不同，但内核极为相似。关于“新公共管理”的一系列核心思想和做法，成了新公共管理理论的主要内容。

（二）新公共管理理论的含义

通过总结上述英国、美国、新西兰等国家的改革运动，可以看出，新公共管理进行公共事务管理时，从来不是一个封闭的系统，而是一个更为包容和开放的系统—管理主体、管理职能、管理手段等无不表现出了这一点。通过对新公共管理内涵的界定，可以得出结论：**新公共管理理论的精髓就是政府管理体制的改革，即通过公共管理主体的多元化、公共管理对象的外部化、公共管理手段的多样化，使政府发挥新的、不同的作用（不是作为唯一的公共产品和服务的提供者，而是作为促进者和管理者），从而达到提高政府公共管理有效性和社会公共福利的根本目标，实现社会的可持续发展**②。

新公共管理的关键问题是自主性、责任、消费者导向和市场导向。其中，自主性是指一个政府或者一个较低层次团体做重要决定的能力；责任意味着对正在发生事件后果的承担能力；消费者导向意味着在消费者可以“以足投票”或者“抵抗”权威的条件下，使用独到的眼光关注公共事业的消费者，以期发现消费者如何看待这种服务机构和消费者代表的行为；市场导向则意味着在获取竞争优势的导向下，鼓励私人部门的介入和参与③。

---

① 转引自陈振明：《评西方的“新公共管理”范式》，《中国社会科学》，2000（6），第74页。

② 参考陈迅、尤建新：《新公共管理对城市管理的现实意义》，《中国城市管理》，2003（2），第39页。

③ ［荷］曼纳·彼得·范戴克著、姚永玲译：《新兴经济中的城市管理》，北京：中国人民大学出版社，2006年版，第34页。

二、新公共管理理论的特征与主要做法

（一）新公共管理理论的特征

新公共管理的特征主要包括八方面的内容：①

（1）采取理性途径方式处理问题，在设定政策目标及阐明政策议题时特别强调战略管理所扮演的角色和作用；

（2）重新设计组织结构，使政策制定与执行相分离，并且对服务的传输都必须加入一个赋予责任的行政单位；

（3）改变组织结构，促进官僚体制更为扁平化，授权给管理人员，以利绩效目标的实现；

（4）依据经济、效率、效能等标准来衡量组织成就；

（5）改变现行政策，使公共组织能被传统服务价值所支配的文化中，转换成“新公共服务模式”，强调与市场及企业价值相结合的文化；

（6）运用人力资源管理技术，淡化集体主义的色彩而采取个人主义的途径，包括寻求动员员工的支持和承诺，来持续地进行结构与组织的变革；

（7）试图建立一种弹性、回应性及学习的公共组织，并发展一种将大众视为顾客、消费者及市民的“公共服务导向”（Public Service Orientation），公共服务不再由专业的供给者来支配，而是以回应人民真正的需求来提供公共服务；

（8）以契约关系来取代传统的信托关系。

（二）新公共管理理论的主要做法

著名的公共管理学专家 Hoods 在其文章《一种普适性的公共管理模式》中归纳了新公共管理的七个主要做法：②

1. 专业化管理：由组织的最高层实施积极的、显著、可自由裁量的控制，实施自由管理，让公共管理者承担责任；

2. 明显的绩效标准及其评估：明确规定组织的目标、任务，并将其转化为量化指标；

3. 强调产出控制：资源分配和奖励制度以绩效为导向，反对高度集权，以结果为导向而非程序导向；

4. 转向公共部门的分权：打破传统的部门垄断，破除单位之间的藩篱，实行一线式预算管理，需要构建可管理单元，利用合同制和服务外包等提高管理效率；

5. 在公共部门中引入竞争机制：采用长期合同的形式和公开招标等方式，可以降低成本，提高服务质量；

6. 引入私人部门的管理模式和方法：摒除刻板的管理理念，在用人和奖励上给予更

---

① 据 Farnham 和 Horton，转引自张成福、党秀云著：《公共管理学》，北京：中国人民大学出版社，2001 年版，第 17 页。

② Hoods. 1991. “A New Public Management for all Seasons?” *Public Administration*, Vol. 69, pp 4-5.

高灵活性，广泛使用公共关系技术；

7. 强调资源利用的纪律性和节约性：削减直接成本，严格劳动纪律，限制工会利益要求，以控制公共部门的资源要求，提高公共部门资源利用效率。

三、新公共管理对城市管理的启示

结合新公共管理的内涵、特征及其做法，可以在管理主体、管理职能、管理手段等方面对现代城市管理进行创新：

（一）培育多元主体共治

新公共管理认为，政府应该根据公共服务的性质和内容，来决定公共服务的供应模式和供应主体。城市作为社会经济活动发生发展的最重要载体，城市管理同样在政府公共管理中被赋予了最为重要的地位，城市管理的复杂性决定必须引入多元化主体共治，以在不同的领域和层面，发挥不同主体的作用。政府可以将一部分职能授权给非政府组织、社会团体、私营部门或个人，与之建立公私合作伙伴关系，在制定、执行公共政策时加强公众参与，实现城市管理过程中的以人为本理念。

（二）引入“私部门”的先进理念和方法

新公共管理主张从对应公部门的“私部门”中汲取管理方法、管理理念。政府公共部门可以利用“私部门”采用的战略管理、绩效管理、目标管理、人力资源管理等方法提高公共部门的效率，从而为社会提供更好的管理和服务。对城市管理来说，在城市政府内部引入“私部门”的管理方法，将刺激政府提供更有效率的管理。

（三）对城市政府职能重新定位

城市政府在职能上要实现从“划桨人”到“掌舵人”的转变，实现从万能政府到有限政府的转变。城市政府更应将其职能集中在决策、监督、协调和指导等工作上，而把非纯公共物品生产的具体职能让渡给企业和半行政性的机构。如政府可以通过与私人企业签订生产合同、授予经营权、BOT（Build Operate Transfer）、TOT（Transfer Operate Transfer）等多种形式，与私人企业建立伙伴关系，采用市场机制，将部分业务让渡出去，而政府则集中主要力量做好总体的决策、监督、协调和指导工作。

第二节　经济增长与发展理论：实现城市高速成长的动力基础

一、集聚经济理论

（一）集聚经济的含义

“集聚经济”这个概念产生于集群，美国经济学家波特教授曾指出，集群是在某一特定领域内互相联系的、在地理位置上集中的公司和机构的集合，这些公司和机构往往实行专业化分工，包括零部件、机器和服务等专业化投入的供应商，专业化基础设施的提供者，销售渠道和客户，辅助性产品制造商以及与技能技术或投入相关的公司，以及提供专业化培训、教育、信息研究和技术支持的政府和其他机构等。集聚经济则是指各种产业和经济活动在空间上集中产生的经济效果以及吸引经济活动向一定地区靠近的向心力，它是导致城市形成和不断扩大的基本因素。集聚经济理论主要强调在投入产出等方面具有相关联系的不同企业在一定地域集中而产生的成本节约，即成本经济性。

（二）集聚经济成本经济性的体现

集聚经济的成本经济性主要体现在：

1. 具有投入产出联系的企业在特定地域上集聚，有利于降低中间投入品采购和制成品销售成本，供应商和需求商之间形成零距离沟通平台，节约了交易成本，提高了企业生产效率和效益。通过集聚经济，企业还可以将不具有优势地位的某个生产环节外包出去，而将有限资源投入到核心环节，不仅节约了成本，还提高了资源配置和整合能力。

2. 对于集聚地域来说，集聚经济增强了区域的发展活力，区域成为一个各企业和组织良性互动的载体，积极的循环累积因果效应不断放大，区域获得源源不断的发展动力。集聚地域还形成了一定的区域文化和价值观，有利于企业之间建立以合作与信任为基础的社会网络。与此同时，空间集聚的企业共同投资基础设施建设，可节约基础设施建设成本，提高社会资源的利用效率。

（三）集聚经济对城市管理的启示

1. 大力发展城市群经济

城市群是城市发展到成熟阶段的最高结构组织形式，是在地域上以大城市为中心分布的若干城市集聚而成的庞大的、多核心、多层次城市集群，是若干大都市区的联合体。城市群之间往往存在着较为紧密的经济联系、产业间的分工与合作，通过空间上集中产生了聚合的效能，从而创造了经济效益和成本节约。我国大陆地区为公众所知的几个国家级城市群包括：长三角城市群、珠三角城市群、京津冀城市群、中原城市群、长江中游城市群、哈长城市群、成渝城市群、辽中南城市群、山东半岛城市群、海峡西岸城市群、江淮城市群、关中城市群等。

2. 城市土地的集约节约利用

根据集聚经济的基本原理，城市的空间扩张应当注重集约式发展，提高空间成长效率，提高单位土地上的经济收益，树立“精明增长”“紧凑城市”的理念，科学划定城市开发边界，推动城市发展由外延扩张式向内涵提升式转变，而非“摊大饼”式的无序蔓延。

案 例

京津冀城市群的协同发展

京津冀城市群是我国继长三角城市群和珠三角城市群之后的第三大城市群。与其他两个地区相比，京津冀地区的一体化发展程度尚处于落后阶段，地区间贫富差距较大、人口分布悬殊、产业联系相对较弱、经济活动受行政区隔的影响依然很大，北京和天津作为两个增长极，“大城市病”问题突出，并且对周边地区经济的带动能力有限。因此，促进京津冀一体化发展，提高京津冀城市群的集聚效能，成为近年来政策关注的重点。

2015 年 4 月 30 日，中央政治局会议审议通过了《京津冀协同发展规划纲要》，指出推动京津冀协同发展是一个重大国家战略，其中核心是有序疏解北京非首都功能，在京津冀交通一体化、生态环境保护、产业升级转移等重点领域率先取得突破。这一纲要的通过意味着京津冀协同发展已正式完成了顶层设计，实施这一重大国家战略的主要着力点也逐渐清晰明确。

《规划纲要》对京津冀整体定位是“以首都为核心的世界级城市群、区域整体协同发展改革引领区、全国创新驱动经济增长新引擎、生态修复环境改善示范区”。三省市定位分别为，北京市为“全国政治中心、文化中心、国际交往中心、科技创新中心”；天津市为“全国先进制造研发基地、北方国际航运核心区、金融创新运营示范区、改革开放先行区”；河北省为“全国现代商贸物流重要基地、产业转型升级试验区、新型城镇化与城乡统筹示范区、京津冀生态环境支撑区”。

《规划纲要》还为京津冀协同发展树立了近期、中期、远期三个具体目标，并确定了“功能互补、区域联动、轴向集聚、节点支撑”的布局思路，明确了以“一核、双城、三轴、四区、多节点”为骨架，推动有序疏解北京非首都功能，构建以重要城市为支点，以战略性功能区平台为载体，以交通干线、生态廊道为纽带的网络型空间格局。

未来在政策推动下的京津冀城市群协同发展，将会成为具有里程碑意义的历史工程，为区域和行业带来的投资机会不容小觑，也体现了集聚经济所释放的发展红利。

资料来源：

人民网：京津冀协同发展规划纲要获通过

http：//politics. people. com. cn/n/2015/0501/c1001-26935006. html.

新华网：京津冀协同发展领导小组办公室负责人就京津冀协同发展有关问题答记者问

http：//news. xinhuanet. com/2015-08/23/c_1116342156. htm.

二、增长极理论

（一）增长极的概念

增长极理论是区域经济学的重要理论之一，最初由法国经济学家佛朗索瓦·佩鲁提出，后来法国经济学家布代维尔、瑞典经济学家缪尔达尔以及美国经济学家赫西曼等学者在不同程度上丰富和发展了该理论。增长极理论认为，由于资源具有稀缺性，平衡发展所有地区和所有产业是不现实的，因此应该把有限的稀缺资源集中投入到发展潜力大、规模经济和投资效益明显的少数地区或行业，使主导部门或有创新能力的企业或行业在一些地区或大城市聚集，形成一种资本与技术高度集中、具有规模经济效益、自身增长迅速并能对邻近地区产生强大辐射作用的经济增长中心，经济增长中心实现优先发展后带动整个区域的发展，这个经济增长中心即为增长极，这里，增长极可以是部门的，也可以是区域的。

通过上述描述，可以将增长极的概念界定为：区域经济中发展潜力大、投资效益和规模经济明显的产业及其关联产业在条件优越的地理空间上集聚而形成的、对周边地区具有辐射和带动作用的经济发展中心。我国设立的经济开发区和高新技术开发区就属于区域增长极，例如20世纪80年代的深圳特区、20世纪90年代的浦东新区和21世纪以来的滨海新区；对航空航天技术的投入则属于我国在高科技领域实现突破的增长极。

（二）增长极的作用

一般认为，增长极通过支配效应、乘数效应、溢出效应对区域经济产生组织作用。

其中，支配效应指增长极具有技术、经济方面的先进性，能够通过与周围地区的要素流动关系和商品供求关系对周围地区的经济活动产生支配作用。乘数效应则指由于循环累积因果关系的存在，增长极对区域的支配效应和地位会不断强化和放大，影响范围和深度也随之扩大。

溢出效应本身又包括了极化效应和涓滴效应，极化效应表现为资金、技术、人才等生产要素从周边地区向增长极集中，主要原因在于增长极及其内部产业的先进性；涓滴效应则表现在当增长极发展到一定程度后，出现规模经济逐渐减弱甚至出现规模不经济，增长极极化效应削弱，而转为向周边地区输出资本、技术等生产要素，经济活动也随之向周边地区输出，也称扩散效应。一般来说，在增长极发展之初，极化效应大于涓滴效应，表现为增长极的快速发展；在增长极发展到一定阶段后，极化效应减弱，涓滴效应增强，表现为增长极发挥辐射带动作用，推动周边地区经济发展，区域整体趋向平衡、和谐发展路径。

（三）增长极对城市管理的启示

依据增长极理论，在资源稀缺的情况下，政府应该在条件较好的区域选取条件较好的产业，对该区域和产业进行集中投资，包括基础设施投资等硬环境建设和人才、金融配套等软环境构建，来实现优势区域或产业的优先发展，然后带动周边地区和其他相关产业的发展。然而，在增长极理论的指导下同样也产生了很多问题，如增长极与周边地区贫富差距扩大；区域产业严重依赖主导产业、配套产业发展不充分，从而导致产业结构单一，发展灵活性低；生产要素过度集中而导致增长极出现交通拥堵、成本上升等空间不匹配问题。

增长极理论对于现代城市管理同样具有很强的启示，对处理区域内城市间关系、城乡关系甚至城市内部关系等既提供了理论借鉴，又起到了警醒作用。例如，城市间政府应该加强沟通合作，避免出现极端性的区域发展单级结构；城市政府要注重政策向城市周边地区倾斜，保证城乡区域的协调发展。

值得一提的是，在增长极理论中，资本、技术、人才等生产要素对区域发展的促进作用得到了充分体现。据此，有学者从要素角度将增长极划分为劳动增长极、资本增长极、技术增长极等类型。但有些学者据此认为，相对于劳动、资本、技术等生产要素，制度这个层面却没有在增长极中得到体现，因此他们提出了制度增长极的概念①，强调制度对于城市和区域经济的发展作用。这个概念对城市管理的启示是，政府在注重物质型生产要素积累的同时，也要强调在制度上的创新，新的优越的制度（包含体制，例如政府管理体制）不断产生，才会促进生产要素不断实现优化组合。

当然，除了集聚经济理论和增长极理论，区域经济学和城市经济学中还有很多理论，对于城市管理同样具有指导作用，如从空间维度出发的点轴开发理论、网络开发理论、城市圈域理论等；从城市资源获取和竞争能力培养维度出发的城市营销理论，城市竞争力理论，城市经营理论，城市—区域分工贸易理论等。请对此问题感兴趣的同学展开进一步的扩展阅读。

第三节　重复性囚徒博弈理论：促进区域协作的根基

一、囚徒博弈

（一）囚徒博弈的概念

囚徒博弈讲述了这样一个故事：两个持枪抢劫犯被捕入狱后，被关在不同的牢房审讯，因此两个罪犯没有沟通行为。审判以“坦白从宽、抗拒从严”为原则，即若主动坦白，就有可能得到宽大处理，而若同伙主动交代，抗拒者则必将受重罚，而坦白者可以立功减刑。审判可能出现的结果有 3 种：两个罪犯都保持沉默，或都坦白，或其中一个坦白，一个保持沉默。相应地，假设若两个罪犯都保持沉默，则只能以非法携带枪支罪每人判处 2 年有期徒刑；若其中一个罪犯坦白，另一个保持沉默，则坦白者因立功仅判

① 徐洁昕、牛利民：《增长极理论述评》，《科技咨询导报》，2007（14），第 171 页。

1 年，沉默者则因抗拒重判 10 年；若都坦白，则两人都会因抢劫罪各判处 5 年。假设罪犯效用是判处年限的相反数，则可能出现的博弈结果如表 3—1 所示。

表 3—1　　囚徒博弈策略组合及其结果矩阵

罪犯/行为		罪犯二	
		坦白	沉默
罪犯一	坦白	(−5，−5)	(−1，−10)
	沉默	(−10，−1)	(−2，−2)

注：括号里的两个效用中，前一个为罪犯一的效用，后一个为罪犯二的效用。

假设两个罪犯都是理性的，那么他们将会采取什么策略？是沉默还是坦白？我们以罪犯一为例进行分析，由于无法得知罪犯二的行为，罪犯一只能根据罪犯二的可能行为而决定自己的最优选择策略。具体地，若罪犯二选择坦白，那么罪犯一也选择坦白是最优的，在这种策略下，罪犯一只会判刑 5 年，相比沉默刑轻 5 年；若罪犯二选择沉默，那么罪犯一选择坦白是最优的，在这种策略下，罪犯一只会判刑 1 年，相比沉默刑轻 1 年。因此，不管罪犯二是坦白还是沉默，对于罪犯一来说，坦白都是最优的选择。对于罪犯二亦如此。最终两人的博弈结果一定是都坦白，即对应表 3—1 中左上方的结果。这个博弈结果在经济学中叫作纳什均衡，又称为非合作博弈均衡，它表示的是这样一种策略组合，这个策略组合由所有参与人的最优策略组成，即在该策略组合下，给定某一参与人的策略，另一参与人没有意愿主动或提前改变自己的策略。

然而，从旁观者的角度来看，对于两个罪犯，显然他们都保持沉默是最优的策略选择。而根据斯密的理论，只要个体是理性、自利的，市场这只“无形的手”便会协调个体之间的行为，达到社会最优。从这个角度来看，囚徒博弈本身是一种斯密悖论，它表明，个体的理性不一定能达到社会最优，市场的竞争均衡不一定能实现最大化福利。这种个体理性往往导致双方得到的实际利益比可能得到的要少得多，就是著名的“囚徒困境”。

囚徒困境在现实生活中的例子还很多，例如某一产品市场上、以产量竞争为竞争方式的两个垄断寡头，不管另一寡头如何行为，对于其中一个寡头而言，扩大产量的策略总是有利可图的，这样导致的结果是两大寡头都扩大产量，而不惜价格的下降，直到其边际收益与边际成本相等。再如水资源有限下的农田灌溉，通常情况下，不管另一农户行为如何，对于其中一个农户，围截水流浇灌自家农田总是最优策略。

（二）出现囚徒困境的原因

为什么明知道有另一种对所有主体来说都更优的策略组合，最终博弈竞争的结果却仍是囚徒困境呢？即什么原因导致囚徒困境的出现？一般认为有以下几个方面：

第一，外部性效应的存在。外部性效应是指个人或组织的行为或活动对其他个人或组织造成了影响（包括有利的和不利的），而该个人或组织却并没有为此获得收益或付出成本，因此外部性效应下，个人或组织的行为要么不够，要么过度，出于个人理性的竞争均衡往往难以达到社会最优。囚徒博弈中，一个主体的行为对其他主体造成了不同性质和程度的影响（如罪犯一的坦白或沉默行为对罪犯二的意义是完全不同的），各个主体之间的策略相互依赖，复杂性较强，外部性效应难以规避。

第二，不完全竞争。完全竞争下，各个主体对于总体的影响微乎其微，社会的最优结果不会由于某个主体行为的改变而改变，这种情况下，主体竞争达到的均衡是社会最优的，实现了社会福利的最大化。不完全竞争则完全相反。寡头垄断产量竞争的例子表明，当市场竞争不完全时，任何一个寡头的行为都能影响社会的整体结果，一个寡头供给的增加就意味着整个市场供给的增加，市场供给增长导致价格降低，这样，若另一个寡头仍然保持原有策略—维持产量，那么其总体利润必然降低，因此博弈的最终结果必然是两方都增加供给，导致产品过剩，而双方不仅没有为此实现更多利益，反而利益还可能受到损害。总之，不完全竞争下，市场主体之间的行为存在相互影响的可能性，某一主体的行为必然会对社会总体和其他主体产生影响，从这个角度看，不完全竞争实际上也是外部性效应的一种体现，是导致出现囚徒困境的原因之一。

第三，沟通协调渠道不畅，缺乏信任合作机制，导致信息不对称。在存在外部性效应和不完全竞争的情况下，若博弈参与主体之间具备通畅、便捷的沟通协调渠道，在此基础上构建信息共享机制和信任合作机制，各个主体形成具有共同利益取向、并能通过合作方式达成共同利益的整体，那么囚徒博弈的困境便能规避。在上述两个罪犯博弈的例子中，罪犯分别关在不同的牢房，彼此之间不知道对方如何行动，这种情况下，每个人基于理性考虑，从自身利益出发，形成的纳什均衡必然不是社会最优的。寡头产量竞争的例子同样也存在信息不对称、信任合作机制缺失的问题。由于主体之间的相互不信任和相互防范，个体通常只是选择对自己最有利的策略，而不去考虑社会福利或任何个体的利益，即便他们知道存在这样的可能；也没有哪一个主体愿意主动或提前采取利他的策略，其结果不仅损人，也不利己。这样，个人理性与集体理性相互冲突，个人追求利己行为而导致的最终结局必定是一个对所有人都不利的结局。

第四，惩罚和奖励机制缺失，博弈是一次性而非重复性的。博弈的一次性可以说是整个囚徒博弈成立的根本条件。一次性意味着，不管主体在博弈中采取什么行为—对其他主体有利、还是有害，该主体未来都不会为此受到奖励或惩罚，不会为此获得利益或负担成本。依然以两个罪犯的博弈为例，假若两个罪犯事先约定，沉默者未来可以以任何方式惩罚坦白者，或假若两人对于未来仍然存在合作的希冀，那么博弈的结果会截然不同—必然是两个罪犯都保持沉默。重复性博弈表明，未来某一主体可以对另一主体在前轮博弈中的行为进行奖励或惩罚，可以避免出现囚徒困境，这种情况实际上规避了囚徒博弈和囚徒困境的发生，而将囚徒博弈策略转化成针锋相对的策略。

二、囚徒困境的破解

对囚徒困境的破解，应该从其根本原因出发，即实现囚徒博弈从一次性博弈向重复性博弈的转变。如上所述，囚徒博弈中各个参与主体的行为是相互影响的，一个参与主体的任一策略行为对其他参与主体都会产生不同性质和不同程度的影响。而在一次性博弈下，参与主体不会为其策略行为对其他参与主体造成的影响负责一既不会因其有利影响而得到利益补偿，也不会因其不利影响而受到利益惩罚。因此，要破解囚徒困境，首先要实现囚徒博弈从一次性博弈向重复性博弈的转变，而这个转变则有赖于信任合作机制和奖励惩罚机制的构建，尤其是信任合作机制的构建。

1. 信任合作机制：信任合作机制使博弈参与主体之间形成一个具有共同利益且追求共同利益最大化的整体，使个人理性和集体理性相互重合，从而规避了囚徒困境的产生，实现了总体和个体的最大化利益。其中，沟通协调渠道的畅通是构建信任合作机制的保证。

2. 奖励惩罚机制：奖励惩罚机制使得博弈参与主体在决定策略时，会权衡策略未来对于自身的影响，即奖励惩罚机制设定了博弈策略的结果不仅是基于当期的，还基于未来，这对参与主体当期的行为产生了激励作用或威慑作用，从而推动或迫使参与主体选择有利于社会利益最大化的策略。

三、囚徒博弈对城市管理的启示

囚徒博弈是城市管理中频繁、普遍存在的博弈方式，囚徒困境的存在对城市管理者提出了严峻挑战。城市管理中存在的诸多问题都是囚徒博弈的结果：

（一）城市公共产品供给不足

城市公共产品不仅包括有形的物质产品，如公路、桥梁、航标灯等，还包括无形的非物质服务，如法律、政策、消防等；不仅包括以政府为主要供给主体的城市基础设施建设，如地铁、下水道等公用设施，还包括其他主体也能够提供的公共产品，如城市文化氛围的塑造、城市清洁环境的维护等，从这个角度来看，城市里每一个住民都可能成为城市公共产品和服务的供给者。然而，城市某些公共产品的供给面临着典型的囚徒困境问题。例如一项需要住民出资的公共事业，倘若住民愿意共同出资，所有人的福利都会增加。然而，每个人都会以囚徒博弈的方式思考：若某个住民不出资而由他人出资，则该住民可以免费享受他人提供的公共产品；反过来，若该住民出资而他人不出资，该住民可能会得不偿失，因此，该住民理性的最优选择是不出资，当所有人都形成同质性思考方式时，囚徒困境便出现了。这种搭便车式的囚徒博弈纳什均衡使得公共产品供给出现短缺、公共福利无法提高。

（二）城市公共组织效率缺失

以传统科层体制为主建立起来的城市管理体系，管理的纵向层级设置过多，横向部门权责不明，其中横向部门之间的管理往往会出现囚徒博弈的困境。由于权力分野不明，各部门之间缺乏科学的协调与交流手段，合作意识不强，部门竞争激烈，管理实务在有利可图时集体争夺、一拥而上，在责任承担时集体缺位、相互推诿。城市公共管理体系效率和价值受到损失。

（三）城市、区域之间竞争恶化

城市间、区域间的竞争突出表现在对资源、资金、人才等要素的竞争上。出于对自身利益的考虑，各城市发展城市经济时，往往只考虑可以使自己获得利益的方案，而忽视了对周围其他城市的影响。中国的许多城市都发展相似的产业，甚至某些相邻城市产业定位近乎完全一致。为吸引某些产业或厂商，各城市进行招商引资时，在税收政策、土地租金政策、人才政策等方面展开激烈的无序竞争，最后的结果是单个厂商受益，而各个城市自身利益受损。城市之间沟通交流少，难以搭建信任平台，合作意识不强，囚徒博弈的恶性竞争下自身利益受损的同时，也导致区域发展潜力有限、秩序混乱等问题。

尽管囚徒博弈给城市管理造成了诸多问题，但通过对囚徒困境出现原因的探讨，和对囚徒困境破解的方式解析，城市管理可以从以下方面进行突破，来应对囚徒困境提出的各种挑战：

1. 构建产权明晰、责任明确的城市公共管理体系：公共产品和公共服务的提供要落实到事、责任到人，部门间权责明确，防止出现无人负责、公共产品供给短缺、公共组织效率缺失等局面。

2. 加强城市合作、区域合作，构建信任合作机制：信任合作机制的构建本身是破解囚徒困境的重要突破点。各个城市之间要形成良好的沟通协调关系，无论是发展战略的制定，还是产业招商的导向，各个城市都要分工协作，在产期（非一次性）互利的基础上建立良好的协商机制和契约机制。

第四节　可持续发展理论：实现城市永续成长的源泉

一、可持续发展的概念

世界环境与发展委员会（WCED）于 1987 年向联合国提交了一份关于人类未来的研究报告，题为《我们共同的未来》。报告以丰富的资料论述了当今世界环境与发展方面存在的问题，提出了处理这些问题的具体的和现实的行动建议，并对“可持续发展”的内涵作了界定和详尽的理论阐述。报告指出可持续发展是一种“能满足当代的需要，同时不损及未来世代满足其需要之发展”（Development that meets the needs of the present without compromising the ability of future generations to meet their own needs）。报告首次将环境保护与人类发展结合起来，使人类有关环境与发展的思想有了重大飞跃。此后，1992 年在巴西里约热内卢召开的联合国环境与发展大会通过了《全球 21 世纪议程》，把“可持续发展”推向了人类共同追求的目标。我国对可持续发展战略给予了高度的重视，于1994年发表了《中国21世纪议程——中国21世纪环境与发展白皮书》，标志着中国正式开始实施可持续发展战略。

可持续发展理论的内容包括经济可持续发展、生态可持续发展和社会可持续发展三方面的协调与统一，要求人类在发展中讲求经济效率、关注生态安全和保持社会公平，最终达到人类生活质量的全面提高。

二、可持续发展的内容

（一）经济可持续

在经济可持续发展方面，可持续发展十分强调经济增长的必要性，而不是以简单的环境保护为名扼制经济增长。但同时，可持续发展不仅重视经济增长的数量，更关注经济发展的质量。可持续发展要求改变传统的以“高投入、高消耗、高污染”为特征的生产模式和消费模式，实施清洁生产和文明消费，提高经济活动中的效益。对中国来说，实现经济增长方式从粗放型向集约型的根本性转变，是可持续发展在经济方面的必然要求。对于城市来说，还要尽量提高城市土地的使用效率，走“集约型”的城市发展道路，杜绝“摊大饼”的城市空间扩张模式，以减少城市化发展过程中对土地资源的消耗。

（二）生态可持续

在生态可持续发展方面，可持续发展要求经济发展要与自然的承载力相协调。发展的同时必须保护、改善和提高地球的资源生产能力和环境自净能力，保证以可持续的方式使用自然资源和环境成本，不能走先污染后治理的道路。因此，可持续发展强调发展需要节制，没有节制的发展必然导致不可持续的结果。生态环境的可持续发展要求城市的发展规模和集聚程度要控制在环境容量范围之内，充分考虑城市周围的土地资源和水资源的约束程度。城市内部的土地利用不能一味地提高开发强度，要满足环境的基本要求，留出一定的空间改善城市环境，保留城市的自然风景地带，合理布局，减少环境污染。

（三）社会可持续

在社会可持续发展方面，强调发展应该追求两方面的公平：一是本代人的公平即代内平等。可持续发展要满足全体人民的基本需要和给全体人民机会以满足他们要求较好生活的愿望。二是代际间的公平即代际平等。本代人不能因为自己的发展与需求而损害人类世世代代生存与发展的条件——自然资源与环境。要给世世代代以公平利用自然资源的权利。城市规划布局上要集中布局，留有余地，为后代人留下生存与发展的空间。

从目前西方发达国家社会经济发展的情况来看，社会可持续发展问题突出体现在人口负增长和老龄化两个方面。众所周知，人口既作为生产者存在，又作为产品消费主体，是经济发展的最基本要素，人口负增长对社会经济的影响是不容忽视的。西方发达国家人口负增长和老龄化状况普遍存在，已经产生了非常消极的影响，如经济发展后续动力不足，市场规模扩大受限，劳动年龄人口比重下降，劳动力资源减少，劳动人口总体素质下降，社会养老负担加重，劳动人口收入降低，代际公平可能受到危害等一系列社会可持续发展问题。

三、可持续发展对城市管理的启示

可持续发展理论对我国城市发展和城市管理具有以下几方面启示：

首先，要重视生态可持续发展，协调和平衡好经济发展与环境保护之间的关系。经济发展不能以破坏环境和资源为代价，不能走资本主义国家“先污染后治理”的老路。要强化尊重自然、传承历史、绿色低碳等理念，将环境容量和城市综合承载能力作为确定城市定位和规模的基本依据。要大力开展生态修复，让城市再现绿水青山。

第二，要协调区域之间的经济可持续发展，缩小地区之间贫富差距。坚持东部率先发展、中部崛起、西部大开发、振兴东北老工业基地等区域发展战略。以城市群为主体形态，优化提升东部城市群，在中西部地区培养发展一批城市群、区域性中心城市，促进边疆中心城市、口岸城市联动发展。各城市要结合资源禀赋和区位优势，明确主导产业和特色产业，强化大中小城市和小城镇产业协作协同，逐步形成横向错位发展、纵向分工协作的发展格局。

第三，要关注社会可持续发展的内生动力，做好城市人口的调节和管理工作。目前我国人口自然增长率长期维持在较低水平，老龄人口数量在逐渐上升，人口负增长和老龄化社会的特征都已不同程度的显现。基于此，我国应该以发达国家为鉴，未雨绸缪，力求降低未来人口负增长和老龄化对社会经济产生的不利影响。为了适应新的人口形势，应对已经出现的人口问题，我国长期以来实行的计划生育政策在近年来经历了数次较大程度的调整，从原来的独生子女政策到开放单方独生子女生育二胎，再到2016年全面放开二胎，是对未来可能出现的人口危机的有效防范。对于城市来说，一方面，要实行科技创新战略，提高人力资本积累和人口素质，缓解劳动力人口数量下降的不利影响，同时，根据人均寿命增长的现实情况，在不影响总体就业水平的前提下，允许适度延缓退休年龄。另一方面，要积极构建城乡经济社会的一体化发展机制，通过农村和城市之间劳动力的自由转移，优化配置劳动力资源。另外，要在社会保险上进行机制创新，以合理成本保证老龄人口的正常生活，加大老龄人口生活娱乐设施投入，提高对老龄人口的综合服务水平，注重培养老年产业，吸引仍然具有劳动能力而且仍然愿意提供劳动的老龄人口进入生产领域，注重医疗卫生服务事业的发展，提高老龄人口的健康水平等。

案 例

东北人口危机

新中国成立以后，东三省作为“共和国的长子”、“中国工业的摇篮”，在全国最先建成涵盖全面的工业体系，成为中国在计划经济模式下建设工业化的样板和标兵。实行改革开放以后，从计划经济转向市场经济，但由于东北地区的产业结构以石油、钢铁、煤炭和重工业制造为主，国营经济、巨型企业所占比例较高，实现产业结构升级和转型格外不易。2003年的“振兴东北老工业基地”政策在一定程度上扭转了东北地区经济颓势，但继2013年宏观经济减速以来，这种颓势有增无减，辽、吉、黑三省在全国31个省份的GDP增速排行中近年来全都位于滞后接近垫底的位置，也客观反映了经济发展的困境。

经济表现不佳意味着较少的工作机会和较低的收入水平，直接导致了东三省地区的人口外流。根据2010年全国第六次人口普查数据，辽宁、吉林和黑龙江三省共流出人口400余万，扣除流入的人口，东北地区人口净流出180万。相比之下，2000年全国第五次人口普查时，东北地区人口净流入36万。另外，人口外流也反作用于经济发展，影响产业结构调整，不利就业结构完善，这对老工业基地振兴更是不利。

影响东北经济表现的人口危机不仅体现在劳动力的外流，还体现在低生育率和人口老龄化日益加剧。2010年全国第六次人口普查数据显示全国生育率为1.18，辽宁、吉林、黑龙江分别只有0.74、0.76、0.75。新生代人数不足，人口结构不断趋向老龄化，人口规模会愈发萎缩，进一步影响经济发展的活力，由此形成恶性循环。

优化人口结构，提高有效劳动力的数量和水平，实现人口、社会和经济的可持续发展，是东北地区未来需要解决的首要发展问题。

资料来源：

东北人口危机调查：老龄化加剧 人才大量流失

http://finance.huanqiu.com/zcjd/2015-07/6815777.html

东北人口危机：每年走掉一城人 http://ln.qq.com/a/20141224/051981.htm

⊙本章小结

本章较为详细地介绍了现代城市管理的相关基础理论，并分析了各基础理论对于现代城市管理的启示和指导意义。首先，介绍了目前公共管理中最为流行的新公共管理理论，包括新公共管理理论的内涵、特征和主要做法，分析了新公共管理对于现代城市管理的启示意义。其次，介绍现代城市管理相关的经济增长与发展理论，包括集聚经济理论、增长极理论和其他区域与城市经济发展理论。再次，介绍了囚徒博弈理论，介绍了囚徒博弈和囚徒困境，分析了造成囚徒困境的主要原因及其破解方法，以及囚徒困境的破解对于现代城市管理和区域融合发展的启示意义。最后，介绍可持续发展理论的基本内容，并重点分析了可持续发展中的人口增长和老龄化问题。

⊙本章习题

一、基本概念

新公共管理理论　集聚经济理论　增长极理论　囚徒博弈和囚徒困境　可持续发展理论

二、复习题

1. 新公共管理理论的内涵是什么？

2. 新公共管理的主要做法有哪些？对现代城市管理的启示是什么？

3. 实现现代城市高速成长的主要相关理论有哪些？其主要内容是什么？

4. 什么是囚徒博弈和囚徒困境？囚徒困境为什么会产生，如何破解？

5. 现代城市管理中存在的囚徒困境现象有哪些？囚徒博弈和囚徒困境对城市管理有什么启示？

6. 可持续发展理论的主要内容是什么？对城市管理有何启示？

三、思考题

1. 现代城市管理中可以引入新公共管理的哪些新思想和新做法，新公共管理是否存在不适合现代城市管理的思想和做法？为什么？

2. 现代城市管理中可能出现的囚徒困境表现在哪些方面？如何规避？请举例说明。

3. 有哪些政策有助于改善低生育率，减缓人口老龄化的影响？

第四章

城市发展战略管理

⊙学习目的与要求

通过本章的学习，能够对城市发展战略的制定及实施过程进行描述。能够对城市发展战略的含义和内容组成进行分析评价。能够对城市发展战略分析的一般方法以及城市发展战略中的重要核心问题进行实际应用。

第一节　城市发展战略的含义和内容

一、城市发展战略的含义

战略原指对战争全局的筹划和指导，而今这一概念被广泛应用于经济社会领域，统称发展战略。目前，战略被认为是对未来进行长期判断和预期、决策发展定位、战略途径和实现战略途径的有效渠道的一系列事件和举措的综合。

已故著名城市经济学家饶会林教授认为：城市发展战略是指在较长时期内，人们从城市发展的各种因素、条件和可能变化的趋势预测出发，做出的关系城市经济社会建设发展全局的根本谋划和对策，城市发展战略是城市经济、社会、建设三位一体的发展战略①。

因而城市发展战略是关于现代城市发展目标和实现目标的方针、政策、途径、措施和步骤的高度概括，是市政管理中具有全局性、方向性的根本大计，故对城市发展具有方向性、长远性、总体性的指导作用，是城市各项工作的指南和纲领。②

---

① 饶会林：《城市经济学》，大连：东北财经大学出版社，1999年版，第837页。

② 王雅莉：《市政管理学（21世纪高等院校公共管理类统编教材）》，北京：中国财政经济出版社，2002年版．参阅第四章相关内容。

城市发展战略的制订和贯彻实施是现代城市政府的主要工作内容，是统领各项具体城市管理职能的主线，也是城市管理高层必须要认真对待的问题。

二、城市发展战略的内容

城市发展战略通常由战略依据、战略愿景（战略目标）、战略重点、战略措施和战略反馈五个部分组成。

（一）战略依据

城市发展战略的依据就是城市制定发展战略时的基础和发展条件，包括城市发展的环境，城市的经济、社会资源禀赋情况和城市在整个国民经济发展中的战略地位等，都需要通过认真的调查研究和充分论证来确认，这也是定位城市性质的基本依据。城市发展战略依据主要通过历史分析方法、优劣机威（SWOT）分析方法、政经社技（PEST）分析方法和竞争—合作分析方法获取。

（二）战略愿景

城市的战略愿景（Vision）即城市在可以预见的时期内，最终将要达到的总体目标，相对而言，愿景的内容更抽象，更具前瞻性。比如，北京将“成为全球城市中的重要一极”作为战略愿景，淄博将“成为济南密切合作者、济青线重要中心城市”作为战略愿景。

在总体的战略愿景之下，城市发展战略还可以具体分解成一定的发展目标体系，一般表现为城市现代化目标体系，主要包括以下四个方面内容：

（1）经济发展指标。一般用人均国内生产总值①、社会劳动生产率（或全员劳动生产率）、三次产业结构、R&D（Research & Development 研究与开发）占 GDP 的比例、进出口额占 GDP 的比例、外资产值比重、FDI（外商直接投资）数量等指标来表示。

美国经济学家钱纳里以 1970 年收入水平（美元购买力）为标准，将城市工业化阶段分别划分为初级产品生产阶段、工业化阶段和后工业化阶段。如表 4—1 所示。

表 4—1　钱纳里的工业化阶段划分

时期	收入水平（以 1970 年美元计）	收入水平（以 2010 年美元计）	城市工业化阶段	
1	140~280	802~1 604	第一阶段	初级产品生产
2	280~560	1 604~3 208	第二阶段	工业化初期
3	560~1 120	3 208~6 415		工业化中期
4	1 120~2 100	6 415~12 029		工业化成熟期

① 人均国内生产总值，也称作“人均 GDP”。通过将一个国家核算期内（通常是一年）实现的国内生产总值与这个国家的常住人口相比而得，公式为人均国内生产总值=国内生产总值/总人口。人均国内生产总值和人均收入水平是衡量一个国家或地区经济发展水平、人民生活水平的重要宏观经济指标，也是对一个国家或地区工业化发展阶段的重要划分依据。

续表

时期	收入水平（以1970年美元计）	收入水平（以2010年美元计）	城市工业化阶段	
5	2 100~3 360	12 029~19 246	第三阶段	工业化发达期（后工业化阶段）
6	3 360~5 040	19 246~28 870		发达经济

例如，山东省泰安市2014年人均GDP为8 767美元，依据购买力平价折算成1970年的美元为1 418美元（1∶0.1617），按照钱纳里的城市工业化阶段划分方法，泰安市已进入工业化成熟期，经济增长速度和产业结构开始进入相对稳定的发展阶段。

另外，当人均GDP跨越3 000美元、5 000美元和1万美元几个不同阶段之后，城市中的消费侧重也将发生变化。例如，人均GDP达到3 000美元一般标志一个城市的消费方式从数量扩张型需求进入到质量提升型需求阶段。在这种情况下，原有的商业业态和商业格局与新的消费需求之间的矛盾也会越来越突出。因此，随着我国人均GDP的快速增长，很多城市加速建设、快速更新的必要性越来越强。

（2）社会进步指标。可用城市化水平、人均道路面积、公共教育支出、信息化程度、社会保险覆盖率、法律化程度、基尼系数①、城乡收入比等指标来表示。

（3）生活质量指标。可用市民可支配收入、恩格尔系数②、人均住房面积、人均用电、人均拥有文化体育设施规模、万人医生数、预期寿命等指标来表示。

（4）生态环境指标。可用地均产出（万元GDP/平方千米）、水资源产出率、能源产出率、能源利用效率、绿化覆盖率、三废处理率、空气质量指数、环保投入占GDP比例等指标来表示。随着我国全力推广“五统筹”科学发展观的步伐加快，绿色GDP将逐渐成为统合上述四方面指标的一个重要的新指标。

如表4—2所示，通过对我国分别处于东中西部、大中小规模不等的几个典型城市的部分数据进行比对，一定程度反映不同区位、规模的城市的发展水平。因此，在制定城市发展战略的过程中，必须清晰地认识到自身所处的阶段，根据对未来的合理预期，设定战略愿景。

（三）战略重点

战略重点是作用于对实现战略目标具有关键、主导意义，而目前发展又比较薄弱，需要特别加强，且在发展方面具有显著优势的经济环节、产业部门或管理领域的战略举

---

① 基尼系数是根据洛伦茨曲线提出的用来综合考察居民内部收入分配差异状况的一个重要分析指标，取值范围在0~1之间。收入分配越是趋向平等，洛伦茨曲线的弧度越小，基尼系数也越小；反之，收入分配越是趋向不平等，洛伦茨曲线的弧度越大，那么基尼系数也越大。

② 恩格尔系数（Engel's Coefficient）是食品支出总额占个人消费支出总额的比重。一般认为一个国家越贫穷，每个国民的平均支出中用来购买食物的费用所占比例就越大，恩格尔系数也越高。

表 4—2　　2014 年东部、西部典型城市发展水平对比

城市名称	所属区域	城市规模（以中心区计）	人均 GDP（元）	三产结构	城市化水平（%）	城市居民人均可支配收入（元）
北京	东部	超大	99 995	0.7：21.4：77.9	86.4	43 910
泰安	东部	中等	53 853	9.0：48.2：42.7	55.0	30 715
保定	东部	中等	26 873	12.7：54.1：33.2	44.2	21 751
成都	西部	特大	70 019	3.7：45.3：51.0	70.3	32 665
曲靖	西部	中等	27 529	18.8：50.9：30.3	42.9	25 023
武威	西部	中等	22 385	23.3：42.6：34.1	34.0	19 036

资料来源，各城市统计年鉴，相关省份城镇体系规划。

措。战略重点的提出视角根据城市的具体条件而不同，比如，某一个组团型城市选择主城先导战略，这就是一个基于城市空间举措的战略重点；而另一个城市选择旅游产业先导战略，则是从产业部门发展的角度出发。

（四）战略措施

战略措施是针对实现战略过程中的矛盾所采取的策略和具体措施。由于矛盾的性质和内容不同，策略和措施也有很大差异。需要针对具体城市的具体问题，采取总体性的、局部性的、体制性的、产业性的、国际性的、区域性的、渐进性的、突变性的等种种类型的对策。

战略措施要特别关注近期行动计划。实现战略目标需要一个过程，但是，对于任何一个战略而言，必须首先关注近期的行动计划，以近期行动计划为伊始，一步一个脚印地向目标前进。

（五）战略反馈

城市发展战略管理的实施是一个长期的过程，同时也是一个多阶段的动态过程，前一个阶段的战略措施的结果以及外围环境的变化，将形成下一个阶段发展的基础状态。因为在发展过程中战略措施实施的结果和外围环境的变化都会受到来自不同方面的众多不确定性因素的影响，所以下一阶段的基础状态在最初战略制订的时候不能准确的设定，也就不存在一个长期的、完美的、可以一成不变的城市发展战略。相反，城市发展战略管理要根据形势的变化，在保证战略愿景大方向的前提下，根据已经实施的措施的绩效反馈，有计划地进行具体战略措施的调整和细化。必要时，甚至战略愿景也可以进行适当调整。

第二节 城市发展战略的制定

一、城市发展战略制定的分析方法

制定城市发展战略需要先对城市的各方面发展条件进行系统性分析，在此基础上，再对城市未来发展的目标和策略进行选择与判断。常用的分析方法包括：历史分析方法、优劣机威（SWOT）分析方法、政经社技（PEST）分析方法等。

（一）历史分析方法

历史分析方法是指通过对有关研究对象的历史资料进行科学的分析，说明它在历史上是怎样发生的，又是怎样发展到现在状况的。换言之，就是分析事物历史和现状的关系，包括历史和现状的一致方面以及由于环境、社会条件的变化而造成的不一致方面。对城市发展进行历史分析的目的，是为了弄清楚城市在从古至今的发展过程中的“来龙去脉”，经历了哪些重要变化，导致这些重要变化的原因，从中发现问题，启发思考，以便更好地、动态地认识现状和推断未来。

（二）优劣机威分析方法

优劣机威分析方法是指将内部环境分析和外部环境分析的内容进行综合，进而分析组织的优势、劣势、机会、威胁的一种分析方法。因为优势、劣势、机会、威胁的英文单词首字母分别为S、W、O、T，故此方法又称SWOT分析方法，如表4—3所示。通过优劣机威分析，从影响的效果（正面影响还是负面影响）和来自于城市内部（目前）还是外部（未来）的角度构建矩阵，可以清晰地判断城市发展的真实地位。

表4—3 优劣机威分析方法（SWOT）

	正面	负面
目前/内部	优势（Strength）	劣势（Weakness）
未来/外部	机会（Opportunity）	威胁（Threat）

（三）政经社技分析方法

政经社技分析方法又称PEST分析方法，提供了外部环境分析的一个整体框架，即从政治（Political）、经济（Economic）、社会文化（Socio-cultural）、技术发展（Technological）等方面入手来考察外部环境，后来在实践中又加入了法律（Legal）和环境（Environmental）两个方面。对城市进行政经社技分析，是从静态角度梳理城市发展现状的各个方面，以便对整体情况进行较为全面的分析和判断。

二、城市发展战略制订的过程要点

（一）明确城市发展战略的目标—城市发展战略关注什么

世界银行组织曾通过对全球城市发展的研究认为，城市发展战略应当最为关注如何使城市成为持续成长的竞争性城市。他们认为，可持续城市是指一个有竞争力的、适于居住的、银行信赖的，而且治理和管理良好（良治或称善治）的城市。

1. 适于居住的城市。城市中所有的居民都有平等的机会参与城市的政治经济生活并能从中获益。在适于居住的城市中，居民有影响城市机构的能力和机会，享受教育、就业、安家、信用的便利，具有使用水、卫生、交通医疗等城市服务设施的便利，以及一个健康安全的环境。这较所谓“宜居城市”的提法而言，内涵更加丰富。

2. 竞争性城市强调就业、收入、投资有着多样性的增长，从而使该城市的经济发展较健全（并避免过度依赖单一产业的锁定效应，见下文）。高效率的城市意味着高的办公效率；投资、就业和贸易动态对市场机会反应灵敏。在一个竞争性强的城市中，就业、收入、投资呈现有活力和多样性的增长，具备各种类型的有生产效率和竞争力的企业，具备有效率的住房、土地、不动产市场和有效率的通勤公共交通体系，具备良好的公共管理和有效的物流、服务流、信息流服务功能。

3. 银行可信赖性主要强调政府的信用和透明、公正的办公机制①。银行可信赖性也意味着本地的投资环境良好，具有足够的商誉基础。

4. 治理和管理良好意味着城市社会中的所有群体都将在政府中得到代表，或者能参与其中。它也意味着政府是负责的并且是透明的。

（二）关注城市的发展条件

制定城市发展战略必须考察城市发展的历史与传统、城市的区位与地位、城市的自然资源与人文资源、城市的产业状况与市场状况。城市的历史与传统，包括城市不同历史发展时期的主要脉络、特点，对城市的发展具有强烈的制约作用和惯性影响；城市所处的地理位置及其政治经济区位通常对城市的产生和发展具有重要的影响甚至决定作用；城市的自然与人文资源、产业状况与市场状况是城市发展的基础条件。制定城市发展战略必须对这些历史的、现实的物质条件进行比较、综合，正确评价城市的比较优势和劣势②。

与此同时，制定城市发展战略除了对自身条件的分析之外，还必须对城市发展的宏观环境，包括政治格局形势、经济运行走势、社会发展态势和技术发展趋势进行综合判断。除了分析城市自身的优势和劣势之外，还必须分辨和明确城市发展的机遇与威胁，

---

① 包括处理当地预算与支出的清晰，内部系统的持续；政府间转移支付的透明度和可预测性；市政借款的审慎条件；普遍采用的财务会计操作；可靠的财政管理程序；透明的周转操作等要求。—编者注。

② 饶会林：《中国城市管理新论》，北京：经济科学出版社，2003 年版，第 85 页。

切实努力抓住机遇，屏蔽威胁。

（三）制定和实施城市发展战略

在明确了城市发展的现状、内外部环境之后，结合城市发展的愿景与目标，可以开始着手制定城市发展战略的具体内容。城市发展战略又可以分为总体战略和分层次战略，总体战略是城市发展的总的纲领，提纲挈领、简明扼要，同时指出明确的发展方向，而分层次战略则分别从不同的方面规定了城市发展的策略与措施。例如，城市产业发展战略、城市人口发展战略、城市空间发展战略、城乡一体化发展战略等。

城市发展战略还有很重要的一环，就是实施和反馈。战略的实施是检验战略有效性的必要阶段，通过具体的实施环节将发展战略从纸面落到实处，从而产生切实的影响和效果。而对于战略实施效果的反馈，也是必不可少的。城市的内外部条件总是处于不断变化之中，制定发展战略时所面临的条件，在战略实施过程中可能已经发生了一些变化，导致战略的实际实施效果与初衷有所出入，因此更加需要根据实际的实施效果来对城市发展战略做出反馈和调整，甚至多次重复这一过程，最终达到战略目标的理想状态。

（四）实现战略目标的战略步骤图示（见图4—1）

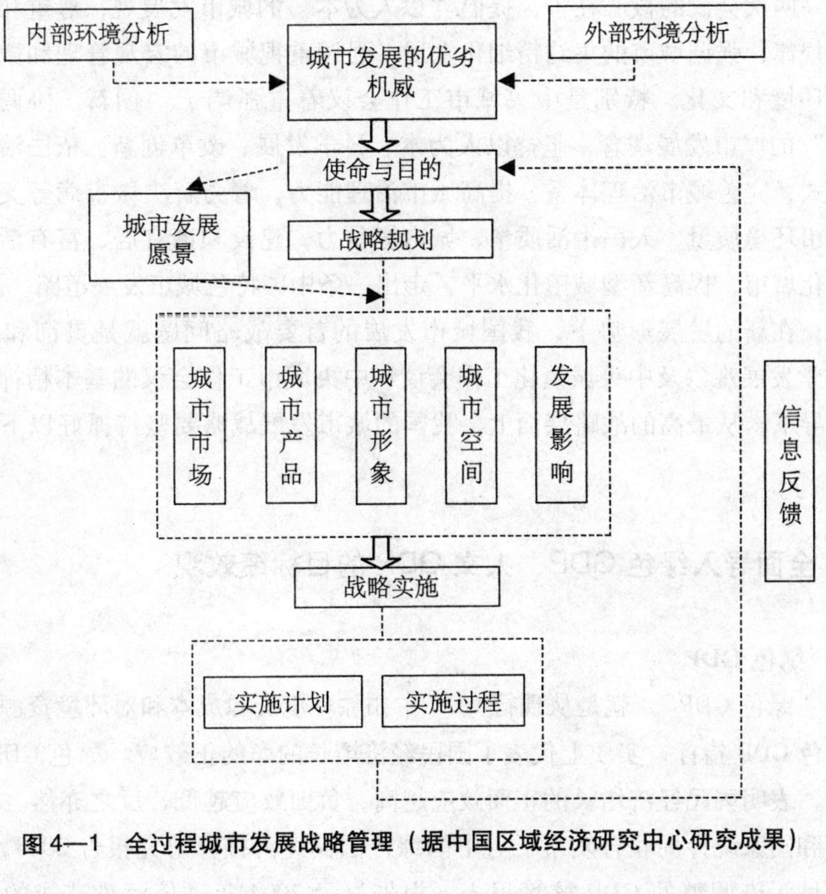

图4—1　全过程城市发展战略管理（据中国区域经济研究中心研究成果）

第三节　制定城市发展战略的几个核心问题

2003年10月召开的党的十六届三中全会，创造性地提出了“五统筹，五坚持”的改革部署。“五统筹”，即统筹城乡发展、统筹区域发展、统筹经济社会发展、统筹人与自然和谐发展、统筹国内发展和对外开放；“五坚持”，即坚持社会主义市场经济的改革方向，坚持尊重群众的首创精神，坚持正确处理改革发展稳定的关系，坚持统筹兼顾，坚持以人为本。同时，“五统筹”蕴含着全面发展、协调发展、可持续发展的科学发展观，囊括了当前改革和发展所要解决的一系列战略性、全局性的重大问题，旨在解决我国经济社会发展中出现的诸如城乡二元结构矛盾突出、地区之间差距不断扩大、人与自然的矛盾日渐突出等问题，使城乡、区域、经济社会、人与自然和国内发展与对外开放达到协调发展的状态，从而为建设惠及十几亿人口的更高水平的全面小康社会提供保障。

2013年12月召开的中央城镇化工作会议和2015年12月召开的中央城市工作会议，又从理念和具体措施方面，对新时期以来我国城市发展的总体方向和发展战略进行了明确和统一。两次会议的核心在于，提倡“以人为本”的城市发展观，尊重和顺应城市自身的发展规律，强调城市的集约精细化发展，强调重视城市的宏观管理和微观治理，保护城市的环境和文化。特别是中央城市工作会议着重强调了“创新、协调、绿色、开放、共享”的城市发展理念，坚持以人为本、科学发展、改革创新、依法治市，转变城市发展方式，完善城市治理体系，提高城市治理能力，着力解决城市病等突出问题，不断提升城市环境质量、人民生活质量、城市竞争力，建设和谐宜居、富有活力、各具特色的现代化城市，提高新型城镇化水平，走出一条中国特色城市发展道路。

据此，在新的发展形势下，我国城市发展的首要战略问题就是贯彻和执行“五统筹”的科学发展观以及中央城镇化工作会议和中央城市工作会议的基本精神。在新的发展理念指导下，从最高的战略层面上，我国的城市发展战略要坚持抓好以下潜在的战略重点：

一、全面导入绿色GDP、人文GDP的目标绩效观

（一）绿色GDP

所谓“绿色GDP”，就是从现行GDP中扣除环境资源成本和对环境资源的保护服务费用。绿色GDP指标，实质上代表了国民经济增长的净的正效应。绿色GDP占GDP的比重越高，表明国民经济增长的正面效应越高，负面效应越低，反之亦然。2006年9月环保总局和国家统计局联合发布了《中国绿色国民经济核算研究报告2004》，是我国第一份经环境污染调整的GDP核算报告。报告显示2004年环境污染造成的经济损失为

5 118 亿元，虚拟治理成本为 2 874 亿元，分别占当年 GDP 的 3.05%和 1.80%。我国的城市发展不能盲目追求经济效益，更应当关注所付出的环境代价，最大限度减少经济发展对自然环境和自然资源的影响与破坏，同时对现有环境和资源问题进行及时修复。

（二）人文 GDP

“人文 GDP”就是为了保障人的健康和全面发展而投入财富的增长指标，是充分考虑人文因素、强调人文精神的发展指标，包括就业、教育、文化、医疗卫生等多个方面。当前我国城市发展所面临的人文问题，主要是实现城市基本公共服务均等化、提高城市居民的生活质量以及促进有能力在城镇稳定就业和生活的农村人口市民化的问题。

我们追求的发展，应该是经济和社会事业的全面发展，是人与自然和谐相处的可持续发展，应将“经济 GDP”“人文 GDP”和“绿色 GDP”放在同等重要的位置。多层面的政府绩效考核体系的建立健全是建设和谐社会的重要制度基础之一。

二、构建敏捷城市，提高城市对外部环境变化的应对能力

当今世界处在信息爆炸的时代，城市要在瞬息万变的环境中抓住有利的信息，结合自身条件，做出相应的对策，才能赢得发展机会。也就是要创建“敏捷城市”，其中包括三方面的内容：

信息敏捷。依托快捷、准确、畅通的信息来源和上传下达渠道，并在大量的信息中进行及时高效的筛选，保证决策者在第一时间获取精练实用的信息。正在迅猛发展的数字城市①技术不但提供了技术支撑，而且具备成为信息敏捷交换和交流的平台潜质。

人员敏捷。有灵活、干练、反应迅速的管理人员和执行人员，要做到能上能下，人尽其才，能够准确快速应对环境变化。

制度敏捷。在一定原则框架内，保留政策的适度弹性，以便在实施中能够因地因时制宜；必要时要及时调整修订现行政策制度，确保城市发展最终战略目标的实现。

三、全面导入循环经济，注重产业优化升级

循环经济起源于工业经济，其核心是工业物质的循环。循环经济是对物质闭环流动型经济的简称，以物质、能量梯次和闭路循环使用为特征，在环境方面表现为污染低排放，甚至是污染零排放。循环经济把清洁生产、资源综合利用、生态设计和可持续消费等融为一体，运用生态学规律来指导人类社会的经济活动，因此本质上是一种生态经济。循环经济是按照自然生态系统的物质循环和能量流动规律重构的经济系统，要求把

① 数字城市即综合运用地理信息系统（GIS）、遥感、遥测、多媒体及虚拟仿真等技术，对城市的基础设施、功能机制进行自动采集、动态监测管理和辅助决策服务的技术系统。数字城市具备将城市地理、资源、环境、人口、经济、社会等复杂系统进行数字化、网络化、虚拟仿真、优化决策支持和可视化表现等强大功能。

经济活动组织成为“自然资源—产品和用品—再生资源”的反馈式流程，所有的能源和原料都能在这个不断进行的经济循环中得到最合理的利用，从而使经济活动对自然环境的影响减少到最低。

循环经济的含义是：以可循环资源为来源，以环境友好方式利用资源，保护环境和发展经济并举，把人类生产活动纳入到自然循环过程中，经过相当长一段时间的努力，使生态负增长转变为生态正增长，实现人类与生态的良性循环。这种发展战略观对于我国现状资源和能源短缺十分突出的大多数城市来讲具有重要的意义。关于循环经济的具体内容我们还将在第八章“城市环境管理”中讲述。

此外，产业优化升级也是我国城市今后发展所面临的重点问题。我国一些城市靠承接发达国家和地区的产业转移，发展劳动密集型产业的传统模式已经不再适应新的经济发展形势。也有一些资源型城市，曾经依靠资源的开发和初级加工取得了经济的高速发展，但随着宏观经济整体环境发生变化，这种发展模式也变得难以为继。因此，尽快实现城市的产业升级转型，打造新的经济增长点，增强城市经济的内生动力，是未来一段时间的重点战略目标，也是使城市经济永葆活力的关键所在。

四、注重城乡融合与区域协同

我国的城乡二元结构体制自新中国成立以来就已经形成，虽然改革开放以后经过多年发展，农村的经济社会发展水平得到显著提升，但是基于户籍壁垒的城乡差异和在此基础上的资源配置失衡、福利制度差异和市场分割现象，依然普遍存在。促进城乡一体化既是我国未来进一步城市化的重要课题，也是扩大内需、提高城市化质量、推动城市经济有效增长的潜在机遇，同时还关系到所有在城市工作和稳定生活的农村户籍人口的切身利益。2014 年政府工作报告指出，今后一段时间要推进以人为核心的城镇化，着重解决好“三个 1 亿人”的问题，即“促进约 1 亿农业转移人口落户城镇，改造约 1 亿人居住的城镇棚户区和城中村，引导约 1 亿人在中西部地区就近城镇化”。其中，推动农业转移人口城镇化就是促进城乡融合的关键举措。通过推动户籍制度改革，实行不同规模城市差别化落户政策，把有能力、有意愿并长期在城镇务工经商的农民工及其家属逐步转为城镇居民，并对未落户的农业转移人口建立居住证制度，使更多进城务工人员随迁子女纳入城镇教育、实现异地升学，实施农民工职业技能提升计划，稳步推进城镇基本公共服务常住人口全覆盖，从而使农业转移人口和城镇居民共建共享城市现代文明。

区域协同主要是指城市产业结构上的专业化分工和区域协作，同时也包括在一些区域性问题的解决方面进行合作。我国在计划经济时期所实行的地区均衡化发展战略，使得各城市形成了追求本地完整产业结构体系的发展传统，再加上地方政府追求本地经济效益和政绩指标，缺少区域间进行产业发展协作的有效激励，导致城市和区域之间的重复建设和盲目竞争，造成社会资源配置的低效率。实现产业发展的区域协同，需要结合各地的资源禀赋和区位优势，明确主导产业和特色产业，形成分工与合作明确的协同发展格局；同时更需要创新区域间的合作机制，实现资源共享和收益均沾，形成区域协同的有效激励。此外，在一些区域性问题的解决上，也需要城市之间积极协作、共同努力，例如，对于区域性污染问题的治理等。

五、重视突发事件与非常态事件管理

应该认识到，城市发展战略管理的实施过程并非一帆风顺，国内外一些城市发生的一系列突发事件也提示我们必须在城市发展战略管理中建立“危机管理”机制。在制定国民经济和社会发展规划的同时，需要制定一个有效的，能够帮助快速沟通、快速做出影响评估和控制的危机管理计划，并使之成为国民经济和社会发展规划的重要组成部分，甚至是最为重要的部分。

一般来说，危机管理在管理层次上高于日常管理，是管理的最高层次。危机管理计划不是独立的，它必须与整个国民经济和社会发展规划结合起来，也必须与国家、地区和部门的危机管理体系相适应。当然，就我国来说，在制定危机管理计划的同时，还需要进一步建立和完善危机管理系统，这也是我们在制定国民经济和社会发展中长期经济和社会发展规划时必须考虑的问题。①

此外，我国城市的现代化、开放化和国际化程度正在不断提升，城市活动的内容也极大丰富，体量逐渐与国际接轨，因此需要学习和积累管理经验，应对一些非常态重大事件的发生，提前做好充分的筹备措施和应急预案。例如，2008 年北京奥运会、2010 年上海世博会、2014 年北京 APEC 峰会等国际级别的重大事件，为了保障事件的顺利平稳进行，所在城市都采取了一系列的临时的非常态管理措施，例如工厂限产、交通限行、场馆建设、志愿者和城市服务等。这些重大事件的发生为我国城市非常态事件的管理开创了成功的先例，但同时也有一些潜在的问题与不足。我国城市尤其是对外开放程度较高的大城市，仍然需要在这方面学习和积累管理经验。

关于城市突发事件与非常态事件管理，我们将在第十一章中进行详细论述。

案　例

北京市的城市发展战略选择——建设“三个北京”②

借由筹备和举办 2008 年奥运会的契机，北京市积极采取了一系列措施，取得了较快的经济发展，与发达的国际大都市在经济指标上的差距迅速缩小，同时国际影响力得到迅速提升。由于北京市的现代化建设已走在全国前列，进入一个全新的发

① 丁元竹：《应把危机管理纳入“十一五”规划》，中国网，http://www.china.org.cn/chinese/op－c/725664.htm。

② 据北京市第十二个五年规划相关材料整理。

展阶段，为了积极应对新阶段出现的新形势，北京市委市政府在“三个奥运”基础上进行凝练与整合，提出了建设“三个北京”的全新战略构想，强调要努力推动首都科学发展，建设“人文北京、科技北京、绿色北京”。

建设“人文北京”，一是要把“以人为本”的方针贯彻到城市建设、管理、发展之中，大力推进公共服务均等化，使北京最具人文关怀等品质，成为全国社会保障体系最为完善的城市；二是精神文明建设要再上新台阶，市民文明素质要有新提高，志愿活动普及深入，使北京成为有高度文明素养的城市；三是文化教育要高度繁荣，文化中心地位凸显，文化创意产业飞速发展，历史文化名城得到出色保护；四是在和谐社会建设方面应该是首善之区，矛盾化解、信访维稳机制更加健全，手段更加先进，群众的安全感不断增强，“平安北京”更加平安，社会更加安定祥和。

建设“科技北京”，一是北京要成为国家重要的创新城市，成为科技成果交易的中心，自主创新能力居国内前列，科技创新成为结构调整的中心环节；二是中关村科技园区要成为国家自主创新示范区，各类科研院所、科技企业的创新能力得到整合和发挥，管理体制得到进一步创新；三是要让科技渗透到经济、社会、文化各个领域之中，引领、融合、创造新的产业，生产性服务业、信息化产业、信息服务业迅猛发展，社会管理、治安、旅游、文化等方面的科技含量全面提升，让科技造福人民；四是要用科技成果解决首都的“三农”问题，推动城乡一体化发展。

建设“绿色北京”就是要建设以资源环境承载能力为基础，以自然规律为准则，以可持续发展为目标的资源节约型、环境友好型社会，坚持走生产发展、生活富裕、生态良好的文明发展之路。一是发展绿色经济，如大力发展垃圾处理、可再生能源、水处理等产业；二是加强绿色环境建设，确保蓝天、绿水，整治城乡结合部，确保城市干净整洁；三是提倡绿色消费，大力发展公共交通，倡导节水节电；四是绿化美化城乡，提高公共绿地面积和山区林业发展水平。

“人文北京”“科技北京”“绿色北京”是科学发展的有机整体，“人文”是可持续发展的目的，“科技”是推动可持续发展的手段，“绿色”是实现可持续发展的保障。作为战略途径，北京市正在以下十个方面着力实现新突破：转变经济发展方式；切实解决民生问题；加快改革创新；推进生态文明建设；提高城市建设管理水平；推动城乡一体化；加强精神文明建设，做大做强文化创意产业品牌企业；强化社会建设与管理；建设“平安北京”；提高各级党组织领导科学发展的能力。

据北京市第十二个五年规划相关材料整理。

⊙本章小结

本章从城市发展战略的含义出发，对于城市发展战略的内容、分析方法、制定和实施过程进行了系统的阐述，并特别就城市发展战略的制订要点进行了深入探讨。同时，重点讨论了新形势下制定城市发展战略中的几个核心问题，提出当前我国城市发展战略中应当全面导入绿色 GDP、人文 GDP 的目标绩效观；构建敏捷城市，提高城市对外部环境变化的敏捷反应能力；全面导入循环经济理念，注重产业的优化升级；注重城乡融合与区域协同；重视对突发事件与非常态事件的管理。

⊙本章习题

一、基本概念

城市发展战略　战略愿景　战略反馈　SWOT 分析　PEST 分析

二、复习题

1. 简述城市发展战略的含义和内容组成。
2. 简述城市发展战略制定的一般分析方法。
3. 简述城市发展战略制定的过程要点。
4. 简述新形势下我国城市发展战略需要关注的几个核心问题。

三、思考题

1. 对于传统的资源型工业城市，可能的战略选择有哪些？
2. 目前我国实现城乡一体化发展需要解决哪些潜在的重要问题？

第五章
城市经济管理

⊙学习目的与要求

通过本章的学习，能够对城市经济管理的基本内容进行描述。能够对城市房地产市场调控的主要内容，财政组织与管理的主要内容，市场失灵与政府失灵的原因和应对措施，宏观调控与微观规制的主要手段和作用进行分析和评价。能够根据城市产业升级与就业引导的基本做法，政府的财政收支管理与地方政府债券的发展内容，探讨城市发展中现实问题的解决方案。

第一节　城市经济管理的基本内容

经济活动是城市运行中的重中之重，直接关系到城市住民的生存状态。经济发展一直是现代城市关注的重点，经济活力是城市竞争力的突出表达。城市经济包含城市的许多具体产业部门及其活动，即整个社会再生产过程中的各个环节（生产、分配、交换、消费）在城市中的表现，也包括城市中各种生产关系的总和，是一种综合性的社会经济有机体。城市经济可分为城市金融与财政、城市企业生产、城市商业与服务、城市市场与消费等多个活动领域，是众多经济主体的个体和群体行为的集合。从城市经济的产生与发展过程来看，城市经济本质上是商业经济，是“城”与“市”的有机结合，“城”只是形式，而“市”才是核心内容。也就是说，当城市建立在繁荣的商业交换活动的基础上时，才脱离“城堡”的概念而具有城市的实质性内容。城市经济是城市产生和发展的基本条件，城市经济管理是现代城市管理的核心内容之一。

一、城市经济管理的含义与特征

（一）城市经济管理的含义

城市经济管理指城市政府和其他多元主体一同运用经济、行政、法律、制度、协商等手段对城市经济环境、经济活动进行有效的控制和协调，以使城市经济健康稳定地发展，并取得“满意”[①] 效果的全过程。

城市经济管理中协调控制城市经济活动的主体是城市政府，这是由城市经济的特点决定的。城市经济与乡村经济相比，一个显著区别在于城市经济是一种集聚性、综合性的经济。城市是社会各种经济活动集中的地方，大量的企业、资金、居民、信息都集中在城市这个相对狭小的区域内。城市经济的综合性是指城市包含工业、商业、交通运输业、信息服务业等各类经济部门，而且包含众多经济部门中的成千上万个经济单位，又涉及各种不同的生产资料所有制形式。根据系统论的原理，城市经济的这种集聚性和综合性可以产生城市的聚集经济效益。但是，这种集聚经济效益的取得是有一定前提条件的，它要求良好的城市经济环境，而协调这些经济联系的责任主要应由城市政府而不是上级政府来承担。至于为各经济单位提供良好的城市经济环境，如建立良好的市场秩序、建设并管理好各类城市基础设施等，其核心也应依托城市政府。

（二）城市经济管理的主要方法

1. 经济方法

经济方法是指依靠经济组织，运用经济手段，按客观经济规律的要求来管理经济，以达到预期的经济目标的方法。城市经济管理中的经济方法主要是通过金融、财税等经济杠杆的运用，调整城市经济活动中有关各方面的经济利益，以达到控制、协调经济活动的目的。

2. 行政方法

行政方法是指依靠行政组织、运用行政手段来管理经济的一种方法，它依靠国家政权的权威，采用非经济手段来指导、控制和协调城市经济活动。

3. 法律方法

法律方法是指城市政府通过经济立法和经济司法来管理经济的方法。经济立法是国家机关为调整和处理社会经济各方面的关系而制定的法律或条例，包括国家机关制定的各种法律条文以及各级政府颁布的各种行政条例和实施细则。经济司法是国家机关对各种经济法规的强制执行。

在很长一段时期，我国对城市经济的管理基本上采用单一的行政方法，人为地割断了城市内各经济单位之间的横向经济联系，割断了企业和市场之间的直接联系，降低了城市

① 此处满意的含义为可接受的，较为优化的方案，而不是绝对意义的“最优”。

经济效益。随着改革开放的推进和不断深入，经济方法和法律方法在城市经济管理中开始扮演越来越重要的角色，制度建设和公众协商等其他方法也逐渐参与到城市经济管理中来。

（三）城市经济管理的特征

城市经济管理是介于宏观经济管理和微观经济管理的中间管理层次。与宏观经济管理和微观经济管理相比，城市经济管理有以下几个特征：①

1. 区域性

城市经济管理是城市政府及其所属机构，对本城市区域范围内的经济体系和经济活动的管理，因此，城市经济管理实质上是一种特定区域的经济管理。

2. 兼顾性②

所谓兼顾性是指城市经济管理既要服从中央政府的统一规划、统一政策，服从国家的宪法和法律，维护国家的整体利益，又要从本市的实际情况出发，把国家的总体要求和总体利益与本市的实际需要、实际可能及正当的局部利益有机结合起来，使城市的经济发展与本市的城市性质相适应，以避免城市经济的盲目畸形发展，实现城市经济结构的合理化和城市经济功能的优化。

3. 综合性

城市经济管理既包括城市再生产过程的生产、分配、交换、消费的各个环节，又包括城市的各个经济部门、各类企业，是对城市经济各环节、各部门、各企业的平衡、协调和控制。城市政府要在城市经济各环节、各部门、各企业加强自身管理的基础上，灵活运用各种管理工具，进行全面的、系统的、综合的管理，以实现城市经济的协调发展。

4. 复杂性③

城市经济管理的复杂性是指它同时具有自然属性和社会属性两个方面。

一方面，为了使劳动力、劳动手段和劳动对象在城市范围内有机结合起来，组织协调人们的活动，客观上要求正确处理人与自然的关系，合理地组织生产力，按照生产力的运动规律来组织和管理城市经济活动。这是城市经济管理的自然属性或生产力属性，是城市经济管理的一般职能。另一方面，城市经济管理总是在一定的生产关系下进行的，要反映某种生产关系的要求，这就是城市经济管理的社会属性或生产关系属性。与西方资本主义国家的城市经济管理相比，社会主义国家的城市经济管理必须坚持走社会主义道路，不断改革和完善城市经济管理体制；体现广大市民当家做主的权利；贯彻按劳分配和共同富裕的原则，不断改善和提高市民的物质文化生活水平，充分调动市民的社会主义积极性和创造性。正确认识城市经济管理的两方面属性，在建设有中国特色的社会主义市场经济过程中具有十分重要的意义。

---

① 此部分内容参考张永桃主编：《市政学（全国高自考指定教材）》，北京：高等教育出版社，2000 年版，第 316-317 页。

② 原引用内容为“两面性”，这里为了便于理解，将其诠释为“兼顾性”—编者注。

③ 原引用内容为“二重性”，这里为了便于理解，将其诠释为“复杂性”—编者注。

二、城市经济管理的基本内容

城市经济管理的任务是按照客观规律的要求，以提高城市经济效益为中心，解决好城市经济发展中的生产力的合理组织问题、生产关系问题和上层建筑问题。一般来说，城市经济运行的目标主要包括如下内容：第一，在平抑和消除宏观经济周期性波动影响的同时，实现城市经济的长期稳定发展；第二，合理配置公共资源，实现城市经济的协调发展；第三，保障充分就业，实现收入公平分配。[①] 其中，城市产业升级和城市就业引导是城市经济管理的两项最重要内容和核心任务。需要注意的是，伴随着我国各级别城市间发展差距的扩大、人口的重新分布和前期刺激政策的叠加性影响，我国城市房地产市场呈现出纷乱的格局，因此，城市房地产调控应当成为我国城市经济管理的另一重要领域[②]。

（一）城市产业升级

城市经济是以非农经济占主导地位的经济形态，因此，城市产业主要包含了传统产业分类中的第二产业、第三产业。这些产业所提供的产品类型非常丰富，不仅供城市本身消费使用，还能为农业生产和生活提供相关的物质资料与服务；不仅为本城市服务，还能在空间上产生集聚和辐射效应，为周边区域乃至更大的范围服务。

1. 主导产业与产业升级的含义

主导产业的判别和推动产业结构合理有序升级是城市经济管理的重要使命。主导产业是指在城市经济增长中起组织和带动作用的产业，通常生产规模大、产品输出率高、处于支配地位，并且通过与其他产业之间较为广泛和密切的联系，影响和带动其他产业的发展，进而对区域经济增长产生推动作用。对一个城市的主导产业进行准确判断和识别，是推动产业结构优化升级的基本前提。“产业结构升级”又称“产业升级”，是指城市产业结构沿着第一产业、第二产业、第三产业的顺序由低级向高级提升的过程，通常隐含着政府采取各种措施以促进和加速本国、本区域、本城市产业结构由低级向高级演变的主动性。产业结构升级与调整和优化产业结构在本质上是一致的，都力图推动产业结构由低级向高级的演变。

2. 产业升级需要考虑的因素

推动产业结构不断优化升级是城市经济发展的客观要求，也是其必然结果。但是，产业发展方向的选择不是盲目的，需要综合考虑多方面因素。

首先，产业结构的发展方向应当与国家层面的战略规划和政策方针相契合。近年

---

① 谭善勇：《城市管理概论》，北京：经济科学出版社，2003 年版，第 81-82 页。

② 2006 年美国次贷危机爆发，此后美国许多城市的房地产市场逐渐陷入冰点，诸多城市亦开展了相关的调控工作，为 2013 年以来各城市的楼市相继复苏奠定了基础。城市房地产调控应当作为城市经济管理的重要组成，加以重视。—编者注。

来，国家政策多次强调发展战略新兴产业、淘汰落后产能、推动节能减排等，因此，应当有意识地限制传统落后产业、产能过剩产业和高污染高能耗产业的发展，向高新技术产业和绿色产业转型。

其次，产业结构的发展方向应当与周边城市和区域的产业发展目标相协调。强调区域内的产业分工与协作，与周边城市形成产业上的优势互补与联动发展，避免产业同质化和重复建设，造成不必要的竞争与资源浪费。

最后，产业结构的发展方向应当与城市自身产业发展的历史路径相承接。产业发展具有一定的路径依赖特征，因此产业结构的转型也应当对已有的产业基础进行充分考虑，在现有基础上实现提升和发展。我国有很多资源型城市在资源开发殆尽或无法适应市场需求时面临着产业结构转型升级的问题，盲目追求新产业、新热点往往也存在着很大的投资风险，基于产业基础实现战略转型和跨越式发展不失为一种更加稳妥的选择。

总之，应当准确认识城市自身发展所处阶段，根据产业发展特征进行前瞻性的判断，并通过鼓励、引导等方略促进产业升级。但需要注意的是，一个城市的产业升级必须合理、有序进行，不能拔苗助长。工业化、现代化仍是一个我们必须正视和必须面对的阶段，只有对这个阶段予以足够的重视，才有可能促进我国城市更快的实现由工业化中、后期阶段向后工业化社会转型。

（二）城市就业引导

产业结构为一个城市的劳动力需求奠定了基本框架，包括劳动力的数量和层次结构等等。为本地人口和外来人口提供就业机会是城市经济的一项重要职能，也是城市经济保持增长活力的源头所在。城市就业的实现基本上通过劳动力市场的供需自然匹配，城市管理中需要关注的核心不是劳动力市场内部的问题，而是失业、就业不充分、就业不足（劳动供给不足）等问题，特别是，在产业升级转型的过程中，尤其要注重失业人群的就业引导。

1. 失业的基本类型

经济学家将失业分为摩擦性失业、总量过剩失业和结构性失业三类。摩擦失业是指因季节性或技术性原因而引起的失业，即由于经济在调整过程中，或者由于资源配置比例失调等原因，使一些人需要在不同的工作中转移，使一些人等待转业而产生的失业现象，例如每年春运后农村务工人员搜寻工作中发生的待业行为。而总量过剩失业则是指劳动力总量大大超过就业岗位的总量而造成的失业，往往与经济周期有关。结构性失业则是指现实劳动力市场所需要的、具有特定劳动知识和技能的劳动力短缺，而现实市场提供的劳动力不具备这些特定劳动知识和技能，导致市场所需劳动岗位和所提供的劳动力出现结构性错位。当前，我国城市面临的问题三者兼有，但主要是结构性失业：结构性失业体现在一些产能过剩的行业出现大量劳动力冗余①，同时一些新兴行业、高新技

① 2015年以来，随着国际能源、原材料市场出现大幅波动，我国钢铁、煤炭等行业的就业人员一定程度上出现了由于产业结构调整而产生的就业不充分现象，需要引起相关部门的高度重视。

术行业又对具有一定知识和经验的高水平劳动力有迫切需求。结构性失业对我国城市经济发展的威胁和挑战更加明显。

2. 失业问题的治理

一个城市的就业水平和失业率，是体现该城市公民权益保障程度非常重要的指标。如果失业率高居不下，存在较多的低收入甚至低保人群，即便有较高的人均国民生产总值、人均可支配收入和纯收入、人均住房使用面积等数据政绩，但实际上社会依然存在两极分化，这显然与追求共建和谐社会的目标相违背。同时，长期失业也是造成城市居民贫困的最重要原因。

因此，在现有产业结构框架下，更好地引导劳动力实现充分就业，成为城市经济管理的一项重点工作，具体措施包括为稳定本地劳动力市场，对劳动力进行有针对性和前瞻性的培训，扩大就业岗位数量，融合城乡经济，提升就业岗位的质量，最大限度地降低结构性失业和总量过剩失业造成的潜在影响等。在就业岗位有限的时期，一方面要努力创造就业岗位，另一方面要积极加强对失业、待业人员的培训和保障，鼓励相关人员开展自主创业，多渠道确保城市就业相对平稳。在就业岗位充盈的时期，也要居安思危地加强对劳动力的在岗培训，未雨绸缪地考虑可能的结构性失业问题，将城市就业问题消化于无形。

（三）城市房地产市场调控

1998 年，全国范围内的住房改革深入展开，住房的实物分配被全面叫停，开始全面实行住房货币化分配，标志着我国房地产市场的正式建立。在此后的十几年中，市场化改革进程伴随着高速城市化带来了机遇和挑战。住房由实物分配变为货币分配后所释放的存量需求，以及涌入城市的大量外来人口所带来的增量需求，导致了住房供不应求、价格一路上涨；对于地方政府而言，土地出让收入的连年增加，已经成为地方财政的重要组成部分，房地产业也成为多数城市的支柱产业。城市房地产市场也已成为城市经济的重要载体，直接关系到城市住民的切身利益和城市的持续竞争能力。城市房地产市场调控的目的是促进房地产市场总供给与总需求匹配、促进供给结构与需求结构的平衡，促进市场格局的整体优化。我国房地产市场调控的重点主要是其中的住宅部分，为便于理解，本文仍使用房地产市场作为统称。房地产市场调控关系到国计民生，应当作为城市经济管理的重要组成。

1. 房地产市场调控的必要性

首先，我国房地产市场的发展现状需要进行调控。随着新世纪以来我国进入高速城市化阶段，农村人口涌向城市、中小城市人口涌向大城市，导致了各个等级城市规模的不断扩张，也相应带动了城市房地产市场的蓬勃发展。然而，我国房地产市场的发展时间并不长，市场秩序和制度建设很不完善，在快速发展的过程中呈现出的一些问题制约着城市经济的健康运行。因此，对房地产市场的调控已经成为新时期我国城市经济管理的一项重点工作。

其次，房地产的自身产业属性决定了政府调控的必要性。房地产业具有很强的产业间联动能力，能够带动前后向60余个关联产业的发展，通常在经济发展中扮演着支柱产业的重要角色。因此，从维持城市经济稳定健康发展的角度，需要对房地产市场进行调控。

第三，对房地产市场进行调控是保障民生、稳定社会的客观要求。房地产首先是一种消费品，满足城市居民最基本的居住需求，其次还是一种投资品，满足资金保值增值的需求。然而，当房地产作为一种投资品时，容易出现价格的非理性上涨，不仅积聚金融风险，更影响到城市居民居住需求的实现，甚至导致潜在的社会问题。因此，出于保障民生、维持社会稳定的考虑，需要对房地产市场进行调控。

2. 我国房地产市场调控的发展历程

伴随着房地产业的持续繁荣，部分城市房价上涨过快，远远超出城市居民的支付能力，带来大量民生问题，开始成为政策关注的焦点。从2005年开始，国家基本上以每年一次的频率连续出台了一系列的房地产调控政策，一方面为了稳定宏观经济、保障房地产业的健康发展，另一方面则意在维护房地产业市场秩序、抑制投资投机性购房行为、支持居民的自住和改善型住房消费。2005—2007年，通过信贷、税收和土地政策抑制房价过快上涨、打压投资投机性需求、调整住房供应结构是房地产调控政策的主要内容。这些政策在颁布初期的确对市场起到了一定的震慑作用，但长远来看，并没有有效遏制房价迅速上涨的势头。

然而，2008年在全球性金融危机的冲击下，我国的房地产市场突然出现了前所未有的大拐点，量价齐跌的局面对宏观经济产生了较大的不利影响。为了扩大内需、稳定宏观经济、防范系统性金融风险，国务院出台了《关于促进房地产市场健康发展的若干意见》（“国十三条”），不仅对之前的购房信贷政策有所放松，还提出税收减免、加大保障性住房建设力度、支持房地产开发企业积极应对市场变化等支持性政策。这也是我国开始房地产调控以来的第一次救市而非降温政策。

2009年至2013年，房地产市场开始了新一轮快速上涨，并且几乎平行的出现在大、中、小各级城市，成为一种全国性现象。中央政府逐年出台愈加收紧的房地产调控政策，综合利用差异化的信贷、税收和限购政策以抑制投资投机性需求，并积极增加商品房有效供给和促进保障性住房建设；与此同时，严格敦促各地方政府参照执行，出台地方相应的限购政策，制定并公布年度房价控制目标，建立约谈问责机制。新一轮“高压政策”在一定程度上向市场释放了未来一段时间内房地产市场调控常态化的信号，逐渐打消了一些城市和地区开发商等待政策松绑的幻想，市场出现局部价格松动，开始以价换量回笼资金，房地产调控政策逐渐显现效果。

3. 当前我国城市房地产市场调控的现实问题

从2014年开始，市场出现了新的重要转折与两极分化，预示着我国进入了房地产市场双向调控的新时期：一方面，对于一线特大城市和部分核心二线城市，依然坚持较为严格的限购政策，其目的不仅仅是平抑过高房价，更与这些城市控制外来人口、严格户籍管理、防止大城市过度膨胀的基本原则相辅相成；另一方面，对于大部分三四线城市而言，之前刺激有效供给的政策已经取得明显效果，商品房供给量和保障房数量得到明显增加，但实际购房需求并没有实现同比例增长，由此面临着库存高企、资金回笼缓慢、经济增速放缓、上下游行业受到拖累、财政和就业受到影响、金融系统风险上升等重要问题，很多城市开始对之前的限购限贷政策进行松绑，以化解房地产高库存所带来的危机。

2015 年年底，中央经济工作会议提出供给侧结构性改革，并正式将“去库存”作为新一年经济工作的五大任务之一①。《人民日报》在 2015 年 12 月 23 日至 25 日连续三天刊登 6 篇文章谈议房地产“去库存”的解决对策，除了深化户籍制度改革、促进农民工市民化、落实棚户区改造和货币化安置政策等中远期的需求促进政策之外，直接指明短期内需要开发商降价促销并实现转型升级、进而化解行业风险，更指出需要三四线城市的地方政府“忍住固定资产投资下降的短痛、尊重市场的调整周期、严把土地供应的闸门”②，走出土地财政的窠臼。这奠定了经济新常态下，我国未来一段时间内房地产调控政策的主要基调，土地财政和房地产投资不能成为永远引领经济增长的朝阳产业，对房地产业的调控也需要对总量、结构、区域分布等各方面进行全方位把控。在中央统一部署之下，城市房地产市场调控也将逐步衍生为城市经济管理的一项中长期任务。

第二节 城市财政管理

城市管理中解决各种城市问题（如公共教育、社会秩序、公共交通等），都离不开资金的筹集和使用，而城市财政是筹集和再分配这些资金的主要途径，城市财政管理是城市经济管理中的重要内容，这里单用一节论述③。

一、城市财政组织

（一）城市财政的内涵

城市财政在现代经济中属于国家政权下的一级政权的财政管理问题。在我国，城市财政是城市政府参与社会收入或产品的分配活动，也就是城市政府在占有和支配一定份额的社会产品过程中与社会各方面发生的分配关系。

城市财政是城市功能得以正常发挥，城市经济得以正常运转的基本条件，是城市建

① 《人民日报》2015 年 12 月 22 日，《中央经济工作会议在北京举行》。

② 《人民日报》2015 年 12 月 25 日，《去库存成为“国家任务”（中央经济工作会议精神解读③）》。

③ 此部分内容参见王雅莉主编：《市政管理学（21 世纪高等院校公共管理类统编教材）》，北京：中国财政经济出版社，2002，第 241-258 页。有增删。

设和改造的经济保障，是城市政府职能得以发挥的经济基础和保证。任何一个城市政府在行使权力、执行职能时，都离不开城市财政的支持。城市财政是在完成国家的财政任务后，面对城市问题进行的财政性活动，这种活动既是整个国家财政的组成部分，又是城市经济活动的具体表现。

城市财政主要体现在城市经济的财务活动之中。城市财政管理的核心内容即是城市经济的财务管理活动，简称城市财务。通过城市财务的财政性活动，城市可以弥补市场机制的不足，纠正经济运行中市场主体的各种行为偏差，制止资源分配中的不合理现象，调节城市居民收入分配的差距，使之趋向公平。

（二）城市财政的组织架构

在中国的传统体制下，城市政府作为地方一级政权，不仅具有政治职能，也具有直接组织经济活动的职能，根据中央指示制定、下达和实施经济建设计划，以行政命令方式配置经济资源，形成了传统的强计划性行政管理模式。在建立市场经济体制后，城市政府直接组织社会经济活动的职能在不断减弱，但伴随城市经济不断加快发展，使得城市经济的财务管理在促进城市发展的过程中，处于日益重要的地位①。

城市财政组织的核心是中央财政与地方财政的关系，而这一财政权利的划分前提是财政责任在中央政府和地方政府之间的分配。一般而言，中央财政承担着国防外交、教育科技、环境保护以及平衡地区之间发展的任务，而地方财政主要负责各地的城市建设与社会发展、基础设施建设、公用事业发展、社会福利与抚恤救济等事务。我国实行分税制以来，按不同的税种对中央财政和地方财政的收入来源进行了划分，并相应设立了中央与地方两套不同的财政组织和税务管理机构。其中，地方财政组织由省（自治区、直辖市）、县（县级市、自治县、市辖区）、乡（镇）三级组成。因此，从组织架构上来看，城市财政职能主要是由县（县级市、自治县、市辖区）一级和乡（镇）一级的机构载体来实现，同时向上接受中央财政和省（自治区、直辖市）一级财政组织的转移支付和统筹管理。

二、城市财政管理

（一）城市财政管理的含义

城市财政管理，也被称为城市财务管理，是指对城市建设和城市管理所发生的所有的资金筹集方式和支出形式的管理。其内容可以有广义和狭义两方面。广义的城市财政管理涉及城市内部所有经济财务活动，包括城市财政金融管理以及城市企业财务管理等方面。狭义上，城市财政管理是指以城市政府为管理主体，以城市管理工作为主要目标的预算管理、税收管理、城市维护与建设资金管理和预算外资金的管理，本教材所指城

① 特别是在1994年分税制改革以后，城市财政的地税职能使城市财政管理的相对独立性日益增强。

市财政管理是从狭义上来讲的。

1. 预算管理

主要包括城市财政预算和由财政管理下的市政工程预算管理。城市财政预算要根据国家和城市的经济和社会发展规划合理地分配城市资金，努力实现收支平衡。市政工程预算要在城市财政预算指导下，从项目的技术经济要求出发，根据一定的技术标准和经济规模标准编制项目预算。这两方面内容的管理都包括从预算编制、预算执行到编报决算的全过程。

2. 税收管理

1994 年，我国分税制改革之后，城市税收分别由国税局和地税局管理。此前，城市财权极为有限，人们形容是“大城市、小财政”，城市财政总收入与城市各项建设事业不挂钩。随着财政体制改革，城市财权日益扩大，传统的统收统支财政体制也逐步向现代意义上的分级财政体制迈进，城市财政的独立性日益增强，逐步改变了过去实行统收统支，财政过分集中，地方没有财权的状况。税收成为城市财政的主要来源之一，税收征管也逐渐成为城市财政的重要职能。

3. 城市维护建设资金的管理

城市维护建设资金是指“城市公共基础设施和公用事业建设与维护活动所需要的资金，是国家规定用于城市维护与建设的专项资金。”其主要来源有：列入财政预算支出的专项拨款；按国家规定征收的城市维护建设税；按国家规定征收的城市公用事业附加；国有土地使用权有偿使用收入；按国家规定收取的市政公用设施有偿使用费；按国家规定征收的超标排污费和城市水资源费；城建借款、城建周转金和法律、法规、规章允许各级人民政府筹集的其他用于城市维护建设的资金①。城市政府一方面应想方设法多渠道地筹集城市维护与建设资金，另一方面要根据城市经济与社会发展的需要，统筹考量，有计划地用好这笔资金。

4. 预算外资金管理

预算外资金是地方财政或城市事业单位直接掌握的财政性资金，即根据国家财政管理制度的规定，不纳入国家预算，由地方政府、部门、企事业单位自收自支，满足各自特殊需要的财政资金，是下放财权的一种管理形式。这部分资金一般都有规定的收入来源和提取标准，有确定的用途。

“预算外”并不是放任不管，管好预算外资金是城市财政管理的重要内容。预算外资金涉及面广，情况复杂，政策性强，一般从以下四个方面进行管理：（1）在国家计划指导下统一管理，把财政部门与主管部门结合起来，形成一个强有力的城市预算外资金管理系统；（2）健全预算外资金管理办法，实行财政监督，也要建立预算制度，坚持“正当的保护，违法的取缔”原则；（3）预算外资金的收支应纳入城市综合财政信贷计

---

① 参见，财政部，城市维护建设资金管理办法，财地字〔1996〕239 号，1996. 10。

划，统筹安排，实现综合平衡；（4）任何单位不得私设私收私支的“小金库”。

（二）城市财政管理的职能

城市财政管理同时具有公共性和地方性两方面特征，因此除了具有地方财政的优化资源配置、收入合理分配和稳定经济发展等作用外，还有如下的具体职能：

1. 筹集资金

城市经济管理为了履行城市建设与维护的公共经济职能，要筹集大量的资金。城市经济财务以税收为主要形式，辅以财产收入、债务收入和上级转移支付等形式，形成城市经济的财务收入，用于城市基础设施、公共服务设施的建设和维护。

2. 合理安排支出

城市财政根据国家的方针政策，遵循客观经济规律的要求，将筹集的资金有计划地分配给城市各部门各单位，并利用支出项目之间的比例关系制约分配比例和城市建设、城市经济中的各种比例关系。首先，城市财政资金分配给城市基础设施的建设（如水、电、道路，共同管沟、海绵城市建设等），合理控制城市建设总规模和基础设施的内在比例；其次，分配给城市的文化、教育、科技、卫生、体育、环境、社会福利和社会管理等各项事业，促进城市软环境建设，提高城市无形资产价值和促进市民综合素质的提高。城市通过这种资金的分配使用，进行各种城市公共产品的生产供应，并提供相应的城市公共服务，支持城市各项事业的建设与发展。

3. 综合平衡调节

综合平衡调节的功能是指市政经济财务通过筹集资金和安排支出，调整各类结构和比例关系，促使城市社会、经济、环境协调发展的功能。城市经济财务管理作为对城市财务工作进行规划、控制、调节、监督和反馈的活动，是城市对其集中性财力进行统筹安排、协调平衡、总体控制、全面监督，以解决城市问题、实现城市经济发展的主要途径。

4. 财政监督和调节

财政监督和调节的职能是根据城市管理目标对城市主体的社会经济行为进行监督和调节的职能。调控经济主体的行为，首先要进行监督，控制城市经济主体的行为。其次，调节经济主体的行为，财政杠杆是非常灵敏的工具，这里财政杠杆是指城市财政的收入与支出中所拥有的调节功能，例如通过税收的征与不征、[①] 征多征少，转移支付的补与不补、补多补少，支出的投与不投、投多投少等来调节城市主体的经济行为。这里，税率、补贴率、贴息率、城市财务支出的数量与方向都会产生调节的杠杆作用。

上述四方面功能相互联系，相辅相成。筹集资金是安排支出的前提，安排支出是筹集资金的目的，综合平衡和财政监督是为了合理地筹集资金和高效率地使用资金。四方面功能综合起来，构成城市发展的重要因素，促进城市经济的稳定增长和城市社会效益的全面提高。

---

① 例如，2009 年以来，房屋交易过程中的营业税和契税已经成为诸多城市刺激或抑制房地产交易的重要工具。在过去的几年时间内，我国国家层面对房地产交易营业税的管控也经历了松-紧-松的连续变化。

（三）城市财政收入来源

我国城市政府的财政收入在1994年分税制改革以前，在类型上与中央财政基本一致，只是收入结构受城市地区经济结构的影响而与中央财政有所区别。实行分税制以后，城市财政收入来源发生了很大的变化，其独立性也日益增强。概括来讲，大致有以下几种来源：

1. 一般预算收入

一般预算收入的来源主要有：税收、国有资产经营收益、收费收入。

（1）税收收入

税收是城市政府主要的收入来源。1994年分税制改革后至今，属于地方性固定收入的有：营业税（不含铁道、银行、保险总公司等部门）、资源税（不含海洋石油资源税）、城市维护建设税（不含铁道、银行、保险总公司等部门）、城镇土地使用税、耕地占用税、土地增值税、房产税、车船使用税、契税、屠宰税、筵席税、遗产和赠与税；属于地方与中央共享的收入有增值税、企业所得税、个人所得税和印花税等。增值税中央分享75%，地方分享25%；企业所得税（不含铁道、银行、海洋石油企业等部门）按中央60%，地方40%分配；个人所得税（不含储蓄存款利息所得的个人所得税）按中央60%，地方40%分配；证券交易印花税的97%归中央，其余3%和其他印花税收入归地方。

2016年，是我国税制改革一个新标志。从2016年5月1日开始，全面“营改增”在全国展开，营业税将逐步淡出历史舞台。在暂定的2~3年过渡期内，增值税中央与地方分享的比例为5∶5。

（2）国有资产经营收益（利润收入）

市属国有企业税后利润在规定留成后的剩余，也是城市财政收入的来源之一。但需要注意的是，国有企业计划亏损补贴，要作为此项收入的扣减。当前，我国部分城市的市属国有企业经营不乐观，一定程度上造成了这些城市的财政压力。

（3）收费收入

包括公共事业使用收费、土地使用费、管理费、事业费、资金占用费、租赁费等等。收费收入一般是城市政府通过城市管理提供市政公共设施和公共服务而向受益者收取的费用，它是市政公用事业投入成本的一种回收方式，既要讲究社会效益，又要兼顾经济效益，既要讲究效率，又要兼顾公平，因而不同于税收。

2. 基金预算收入

基金预算收入的来源主要有：政府性基金收入（其中的重点是国有土地使用权出让、转让收入）；专用基金收入，等等。

（1）国有土地使用权有偿出让、转让收入

20世纪90年代以来，随着房地产市场的稳步发展，国有土地使用权有偿出让、转让已经成为城市一级财政最为重要的收入来源。2006年，国务院下发《国务院关于加强土地调控有关问题的通知》中就明确规定，将土地出让收入全额纳入地方预算，缴入国库，实行收支两条线管理。2013 年，土地收入已占到当年城市全部财政收入的约 50%①，个别城市土地出让收入占到全市财政总收入的 70%以上。因此，房地产市场的稳定运行已经成为城市财政稳健的重中之重。

（2）专用基金收入

城市针对特殊的用途，经国家批准，可以通过建立专用基金来满足城市发展的需要。专项社会基金的年度预算可以成为城市财务收入的来源。

2. 预算外收入

包括未纳入财政预算管理的上级补助收入（上级财政转移支付）、行政事业性收费、规费收入、各项预算外非税收入等。

（1）上级财政的转移支付

上级转移支付的城市财政收入是城市建设和发展的重要资金来源。我国 1994 年以后，中央财政对地方的转移支付以 1993 年为基数逐年递增，递增率按全国增值税和消费税增长率的 30%确定。

（2）政府公债

政府公债一般有两种，一是对外举债，一是对内举债。城市政府发行公债一般仅限于内债，并且也要经过中央政府的授权，才能为特定的财政目标而发行某种特定的政府债券，以筹集民间资金，促进城市建设与发展。近年来，城市政府发行的公债越来越多，已成为其财政收入的另一个重要来源。

（四）城市财政支出领域

支出是对财务资金的再分配，包括一般预算支出、基金预算支出、专用基金支出、收费支出以及其他支出等。在内容结构上，正随着我国社会主义市场经济体制的逐步完善，趋向于现代城市的财务支出结构，一般包括以下六个方面：

1. 城市经济支出

包括城市国土整治支出、城市公益事业基本建设支出、技术改造支出、对国有工商（市属）企业的援助性投入、市管县体制下对农业的援助性投入等。

2. 城市维护和建设支出

城市维护和建设支出包括城市公用设施、市政基础设施等的建设与维护支出等。近年来，随着新技术的发展和城市系统化的考量，城市维护建设支出呈现新的多样化特点，除传统的水电气热路之外，整合多个系统的共同管沟、海绵城市、下一代城市通信网络等成为城市维护和建设支出的新领域。

3. 科教文卫事业支出

科教文卫事业支出是指除基本建设支出、技术改造资金、流动资金和科技三项费用

① 据中国指数研究院发布相关数据（2014）。

以外的各项文教事业费和科学事业费支出，包括文化、出版、体育、教育、卫生、计划生育等事业费支出。近年来，我国城市科教文卫事业支出占财政支出的比例不断提高，一定程度上也反映出我国城市的人文发展水平正在提升。

4. 行政管理费用支出

行政管理费用支出即城市行政管理部门的管理费用，包括市政府、人大、政协、公检法、人民团体、直属机关、事业单位的办公费、设备费、业务费、工资、基建开支等。需要说明的是，我国传统城市管理过程中，行政管理费用中的“三公①”支出并不透明，2012年以来，通过明晰“三公”经费内涵，加强“三公”经费管控，很多城市的财政支出有了较为明显的下降，起到了自我约束，促进发展的作用。

5. 社会保障和救济支出

社会保障和社会救济支出即用于城市人民生活保障的费用，如社会救济费、公共医疗保健费、残疾人费用、劳动保护费用以及社会灾害补助费等。

6. 财政补贴

财政补贴是政府转移性支出的一种形式。即通过影响相对价格结构，从而可以改变资源配置结构、供给结构和需求结构的一种政府无偿支出，在我国政府的财政统计中财政补贴主要包括物价补贴和企业亏损补贴两大类。

三、城市财政管理的新发展：地方政府债券和PPP模式

分税制改革以后，中央收回了一部分财权，导致地方财政的收入能力比改革前明显下降；但与此同时，地方政府的财政责任却有所增加，城市发展和经济建设对地方财政的依赖日益增长，导致城市财政收支的缺口扩张。如何创造城市财政新的可持续的收入来源，改革城市建设与运营的资金利用模式，实现城市财政的“开源”与“节流”，是各级城市政府近年来不断探索和发展的方向。其中，发行地方政府债券和引入项目融资的PPP模式，是比较典型的两种做法。

（一）地方政府债券

我国从1995年1月1日起开始实施的《预算法》明确禁止地方政府发行债券融资的权力：“地方各级预算按照量入为出、收支平衡的原则编制，不列赤字。除法律和国务院另有规定外，地方政府不得发行地方政府债券。”② 而地方政府在现有的法律和制度框架下，应对不断扩大的赤字压力，又缺乏其他合法的融资渠道。所以在过去的20年时间里，一方面，土地出让金成为地方政府的重要收入来源（属于预算外收入），另一方面，还通过财政拨款、划拨土地、注入股权等方式设立地方政府投融资平台或地方信

① “三公经费”，是指中央财政按照有关规定，通过财政拨款安排给相关中央部门及其所属单位，用于因公出国（境）、公务用车购置及运行和公务接待等方面的支出。

② 《中华人民共和国预算法》，1994年3月22日颁布，1995年1月1日正式实施，本处见第28条。

托机构，以发行企业债券或向银行申请企业贷款的形式变相为经济建设、基础设施和公共事业发展融资，最常见的形式是地方城市建设投资公司（即“城投公司”）。在经济高速增长、土地价值不断上升的时期，这些渠道的确为城市财政收入提供了源源不断的保障。然而，随着房地产市场热度减退，经济增速逐渐放缓，这种模式日益显现出固有的弊端和潜在的风险；并且由地方政府投融资平台所主导的投资项目，难以避免存在着盲目投资和短视行为，甚至坏账、烂尾现象频出，导致金融风险不断积聚。随着举债规模的不断扩大，中央政府开始关注其中的风险，并对地方融资制度进行整顿和规范。

2009 年，财政部印发《2009 年地方政府债券预算管理办法》，地方政府可合法通过发行债券的方式获得融资。第一笔地方政府债是以财政部代理发行、由各省级地方政府认购并列入省级预算管理的方式来进行的，发行规模为 2 000 亿，到期由中央财政统一代办偿还。虽然发债规模不大，但被视为政策上的重大突破，为今后的地方政府财政改革提供了指导意义。之后这一模式逐年得到了延续，并且由财政部代发债券的省份范围不断扩大，在一定程度上开创了地方政府融资的新模式，同时为地方政府自主发行债券准备了条件。我国主要城市财政部代发地方政府债券情况如表 5—1 所示。

经国务院批准，2011 年上海市、浙江省、广东省深圳市开展地方政府自行发债试点工作。推广地方政府债券一定程度上有助于拓展地方财政的融资渠道，降低地方政府的融资成本，强化地方政府对债务的自我约束，倒逼地方政府预算信息公开，甚至有可能以这种形式对存量债务形成置换，可在一定程度上降低地方财政金融风险。

表 5—1 我国主要城市财政部代发地方政府债券情况统计① （单位：亿元）

省份	2009 年	2010 年	2011 年	2012 年	2013 年
重庆	58	49	50	63	88
大连	10	12	12	15	21
天津	26	25	25	31	45
青岛	11	11	11	15	21
宁波	15	13	13	17	25
北京	56	54	54	68	93
上海	76	71	—	—	—
厦门	8	6	8	10	14

（二）PPP 模式

PPP（Public-Private Partnerships）即公私伙伴关系。美国民营化大师萨瓦斯在《民营化与公私部门的伙伴关系》一书中把公私伙伴关系定义为三种意义：首先是广义界定，指公共和私营部门共同参与生产和提供物品和服务的任何安排，如合同承包、特许

① 资料来源：中华人民共和国财政部国库司网站（http：//gks. mof. gov. cn/redianzhuanti/guozaiguanli/difangzhengfuzhaiquan/）关于代理发行地方政府债券有关事宜的各期通知，经过整理和汇总所得。

经营等；其次，指一些复杂的、多方参与并被民营化了的基础设施项目；最后，指企业、社会贤达和地方政府官员为了改善城市状况而进行的一种正式合作。[①] PPP 管理模式主要的适用范围是非纯公共物品的提供。在非纯公共物品的提供中引进私人投资，不仅仅是对财政投资不足的补充，更重要的是引入了私营模式的管理技术，从而提高了效率；然而，市场机制往往对公平考虑不足，因此必须让公共部门与其合作，来确保公共物品提供的公平性，特别是在一些具有自然垄断性公共物品的提供中，由于私营部门追求自身利益的最大化，而不是社会利益最大化，所以会导致公共利益的损失。[②] 基于以上原因，要实现效率与公平的结合，公共部门必须与私营部门以一定的模式相互合作。PPP 模式的管理结构层次如图 5—1 所示。

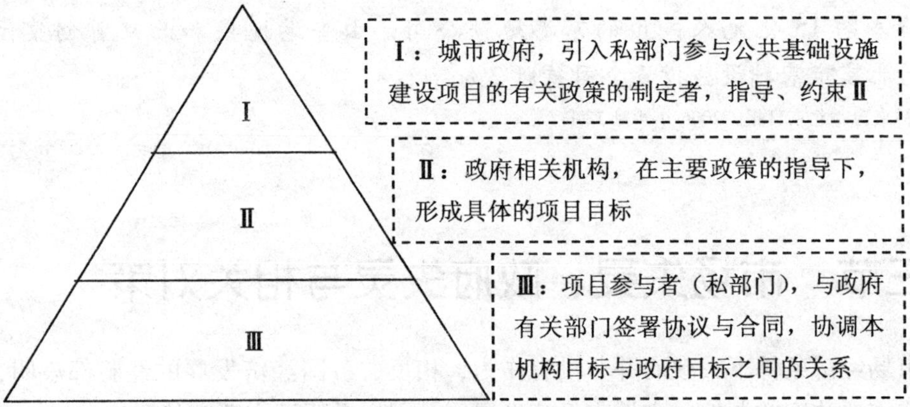

图 5—1 PPP 模式的管理结构层次

在城市中，公共交通设施和环卫等潜在营利领域的建设经常采用 PPP 模式。特别是，城市轨道交通基础设施，相对于一般的城市道路和桥梁设施建设，对私人投资有较大的吸引力，政府可以采取多种方式，鼓励社会资本参与投资，并由政府提供必要的财政资金进行补贴和引导。

案 例

全国首条特需经营轨道交通线——北京地铁四号线的 PPP 模式

2006 年 4 月 12 日北京地铁四号线《特许协议》《资产租赁协议》正式签订，由香港地铁公司、北京首创集团、北京基础设施投资公司三方组建的京港地铁有限公司获得四号线为期 30 年的经营权。此次签约，宣告跨越 40 年历史的北京地铁首次出现新的运营主体，京港地铁公司、北京地铁运营公司将在今后地铁新线的

---

① E. S. 萨瓦斯：《民营化与公私部门的伙伴关系》（第一版），北京：中国人民大学出版社，2002 年版，第 105 页。

② 孙洁：《PPP 管理模式对城市公共财政的影响》，参见同济大学公共管理与公共政策研究所网页 http://pmpp. tongji. edu. cn/thesis/list. asp? id=125。

经营中形成适度竞争格局。根据协议，京港地铁有限公司负责四号线车辆、信号、通信等主要设备约46亿元的投资建设任务，并在30年的特许经营期内负责四号线的运营和管理；在特许经营期结束后，再将项目设施完好、无偿地移交给北京市政府。

作为国内第一条实现特许经营的轨道交通线，地铁四号线采用了独特的PPP（政府与民间合作）融资模式，一举吸纳社会投资46亿元，为突破北京基础设施建设资金短缺瓶颈提供了重要借鉴。在四号线项目中，151亿元总投资分为A、B两部分，A部分土建工程，投资额105亿元，由政府出资建设；B部分车辆、信号、自动售检票等设备，投资额46亿元，由京港地铁公司投资建设并获30年特许经营权。注册资本约15亿元人民币的京港地铁公司，由香港地铁和北京首创集团各持股49%，北京市基础设施投资公司持股2%。

资料来源：北京日报，2006年4月13日

第三节 市场失灵、政府失灵与相关对策

市场经济条件下，政府并非没有作为，相反，各国经济发展的经验都表明，市场经济同样需要政府的调控。在城市经济发展中，同样需要城市政府的调控。

一、市场失灵的含义及其原因

政府干预经济运行的主要理论依据是市场失灵论。市场失灵（Market Failure），是指由于内在功能性缺陷和外部条件缺陷引起的市场机制在资源配置的某些领域运作不灵。它有狭义和广义两层含义。狭义的市场失灵主要表现在对负外部性、垄断生产和经营、公共物品的生产、不对等信息情况下的商品交易以及社会分配不均等问题的调节上运作不灵。广义的市场失灵除此之外，还包括宏观经济总量失衡导致的经济波动①。

西方发达国家及一批后发现代化国家市场经济的实际历程和政府职能的演化轨迹表明，市场调节这只“看不见的手”有其能，也有其不能。市场经济也有其局限性，其功能缺陷是固有的，光靠市场本身是难以克服的，完全摒弃政府干预的市场调节会使其缺陷大于优势，这只看不见的手将导致“市场失灵”。

经济学家们常用市场失灵来指代市场本身不能有效配置资源的情况。造成市场失灵的主要原因有四个：（1）垄断势力的存在。在垄断的市场上，供给并不由市场决定，垄断企业可以控制产量，进而影响价格，当垄断力量阻碍了竞争时，市场机制无法正常发

① 孙荣、许洁：《政府经济学》，上海：复旦大学出版社，2001年版，第46页。

挥作用，出现市场失灵。(2) 外部性。外部性是指某种经济活动给予这项活动无关的第三方带来的影响。一般说来，外部性尤其是无法明确产权的负的外部性，会引起市场失灵。(3) 公共物品。公共物品的非排他性和非竞争性特征，使市场调节无法提供充分的公共物品，导致市场配置资源无效率，引起市场失灵。① (4) 非对称信息。完全市场的前提之一是完全公开和具备完全流动性的信息，当市场供求双方对于交易的信息掌握程度不对称时，交易行为就成为“非正常”，为维护正常的市场秩序，政府在这时有必要来保障弱势一方的权益。所以，在上述条件下，必须借助凌驾于市场之上的力量—政府这只“看得见的手”来纠补市场失灵。

二、政府应对市场失灵的宏观调控与微观规制

在应对市场失灵时，政府通常采用的手段包括宏观调控和微观规制。

(一) 宏观调控

1. 宏观调控的概念

宏观调控是指政府运用各种经济手段、法律手段和必要的行政手段对国民经济发展进行调节和控制，以保持经济总量的基本平衡，促进国民经济持续、稳定和协调发展，实现政府的政策目标，推动社会全面进步的经济措施。所谓的宏观调控是与市场经济相对应的。

我国改革开放以来的实践证明，宏观调控是社会主义市场经济发展的稳定器和促进力量。因为市场经济也存在不少缺陷，这些缺陷的存在会使经济无法保持其运行的效率和有序竞争，在客观上需要政府进行有效的宏观调控加以弥补和纠正。

2. 宏观调控的特征

在社会主义市场经济条件下，宏观调控具有如下几个特征：

(1) 具有“公共物品”属性

作为一项国家与社会调节经济的手段，其主要内容包括税收、金融、价格、产业政策与外贸管制等，其目的是为了创造一种稳定的宏观经济环境。保证社会生产者与消费者从中获益，避免因时而经济过热与通货膨胀，时而整顿治理、全面紧缩和市场疲软，社会生产者与消费者无法从中获得确定的预期。② 由此，我们可以看出：宏观经济环境的“公共物品”属性，决定了宏观调控的“公共物品”性质。世界银行 1991 年《世界发展报告》在评价政府与市场相互协作过程中的作用时认为，稳定的宏观经济环境是各国政府应该向社会提供的最重要的公共物品。

---

① 具体可见曼昆著，梁小民译：《经济学原理》，北京：北京大学出版社，1999 年版；及梁小民：《经济学是什么》，北京：北京大学出版社，2001 年版相关内容。

② 刘文华、丁亮华：《公共物品、市场自由与宏观调控》，载《宏观经济法制文集》，北京市法学会经济法学研究会编，2002 年。

（2）以“间接性”为主

宏观调控措施的落实，须借助市场机制。也就是说：当出现市场失灵—经济总量不平衡、经济外部性等因素时，宏观调控措施才发挥作用，并且要依靠市场机制发挥作用。所谓“宏观调控政策刺激市场，市场引导企业”。根据宏观调控的这个特点，在社会主义市场经济条件下，宏观调控措施不能直接管制市场主体。

（3）以“经济性”为主

按照通常的理解，宏观调控是政府为了实现社会总需求与社会总供给之间的平衡，保证国民经济持续、稳定、协调增长，运用经济的、法律的和行政的手段对社会经济实行的调节与控制。① 但我们必须明了在市场经济条件下，宏观调控措施（手段）主要是以经济性手段为主，所谓的经济性手段是指运用金融、财政、税收、产业政策等刺激或限制市场机制的措施，而“行政性”手段则指政府处罚、警告、劝告市场主体的措施，“法律性”手段是指通过诉讼措施等，在社会主义市场经济条件下，“行政性”手段与“法律性”手段作为宏观调控措施是对经济性手段的有利补充，而不能成为主要手段。原因在于：“行政性”手段太具刚性，有侵害市场主体自由与财产安全之余，而“法律性”手段则因时间较长，程序较烦琐，不利于宏观调控措施的及时落实。

3. 宏观调控的基本手段

（1）货币政策

货币政策是指通过货币的供给量以及货币的价格，即利率的调整来影响经济的宏观发展。货币政策是中央政府的宏观调控工具，而非一般城市政府所能左右，所以此处就不加详述。

（2）财政政策

财政宏观调控手段是指财政收支领域中能够被政府用来作用于国民经济运行过程，以求实现财政宏观调控目标的各种财政行为。财政分配的复杂性，决定了财政宏观调控手段的多样性。各种宏观调控的财政手段，以各自所具有的不同特征和作用方式，互相影响、互相配合，而组成一个完整的调控体系。

2007 年，我国为应对国际金融危机采取了积极的财政政策予以应对，2008 年制订的 4 万亿投资计划作为政府宏观调控手段极大地拉动了国民经济的发展。在国家财政政策运行的同时，一些城市的地方财政政策也在积极筹备和配套运行，很多城市通过加快基础设施建设，加大基本公共服务投资等方式进行城市经济的调控，对金融危机严重冲击下城市经济的稳定和发展起到了巨大的推动作用。

（二）微观规制

1. 微观规制的概念

在货币政策和财政政策之外，政府同时还有其他一些用于调节经济的手段，其中包

---

① 潘静成、刘文华主编：《经济法》，中国人民大学出版社，2000 年版，第 291-292 页。

括法律手段、土地政策和城市规划政策，以及行业发展政策等。这些调控手段已经不限于宏观层面，而涉及很多具体的经济运行的微观层面，也就是我们所说的微观规制。

规制又称管制（Regulation 或 Regulation Constraint）或政府管制（Government Regulation），对于规制的概念在众多文献中多有论及，但都大同小异。一般认为，规制是具有法律地位的、相对独立的政府管制者，依照一定的法规对被管制者所采取的一系列行政管理与监督行为。简而言之就是政府在微观层次上对经济的干预。与宏观调控的理由相同，微观规制也起源于市场失灵。

2. 微观规制的类别

微观规制可以分为间接规制和直接规制。

（1）间接规制主要是指以形成并维持市场竞争秩序的基础，即以有效地发挥市场机制职能、建立完善的制度为目的，不直接介入经济主体的决策而仅仅制约那些阻碍市场机制发挥作用的行为的政策。间接规制由司法部门通过司法程序来实施，其法律基础通常包括反垄断法、商法和民法等。

（2）直接规制直接介入经济主体的决策，又包括经济性规制（Economic Regulation）和社会性规制（Social Regulation）两类。经济性规制是指“在存在着垄断和信息偏在（不对称）问题的部门，以防止无效率的资源配置的发生和确保需要者的公平利用为主要目的，政府通过被认可和许可的各种手段，对企业的进入、退出、价格、服务的质量以及投资、财务、会计等方面的活动所进行的规制”。经济性规制主要针对自然垄断与信息不对称问题，其对象产业包括电力、城市燃气、自来水、交通运输和金融等产业。社会性规制则主要针对外部不经济和非价值物问题，“是以保障劳动者和消费者的安全、健康、卫生以及保护环境和防止灾害为目的，对物品和服务的质量以及伴随着提供它们而产生的各种活动制定一定标准，并禁止、限制特定行为的规制。”① 社会性规制不区分产业类别，主要包括安全性规制、健康规制和环境规制等。

3. 微观规制的手段

除利用法律进行间接规制之外，结合历史上各国规制发展的经验，政府的直接规制手段和方法主要包括以下一些内容：

经济性规制的主要方法：（1）进入规制。其主要手段有特别许可、特别注册制度和申报制。（2）数量规制。其主要手段有投资规制和产量规制。（3）质量规制。其主要手段有质量标准和规范、质量达标许可证、专门的检查监督制度等。（4）价格规制。其主要方法有边际成本定价、平均成本定价、历史最高水平限价②以及投资回报率（Rate of Return）定价。例如，各城市就居民生活用水价格调整举行听证会，听证会参加人的意见和建议，将成为政府部门定价的重要依据，进而确定最终价格，这属于经济性规制。

---

① ［日］植草益，《微观规制经济学（中译本）》，朱绍文等译，北京：中国发展出版社，1992年版，第22页。

② 这个曾经在战争时期的配给制期间所采用过的制度，现已被用来管制石油产品价格，而且人们还建议将它用于控制医院治疗费（参见卡尔特，1981年；乔斯柯，1981年）。

又如，城市政府对出租车牌照的发放进行审核与管理，属于进入规制；对城市出租车的数量进行控制管理，属于数量规制；对出租车安全性能的定期检查要求，属于质量规制；对出租车服务的计费标准进行严格规定，属于价格规制。

社会性规制的方式主要有五种：（1）禁止特定行为；（2）对营业活动进行限制；（3）确立资格制度；（4）检查、鉴定制度；（5）基准、认证制度。例如，文化部、工商总局、公安部、工业与信息化部《关于加强执法监督、完善管理政策、促进互联网上网服务行业健康有序发展的通知》中明确规定了，“上网服务场所距中学、小学校园出入口最低交通行走距离不低于200米”，以防范上网服务场所对青少年学生可能造成的不良影响。

近年来，在规制的方式和手段上，一些国家针对政府规制所存在的问题，采取了较为温和的改革措施，即实行特许投标制（Franchise Bidding）和区域间竞争制度（Yardstick Competition）①，都是一些非常有益的尝试。

三、政府失灵的含义及其原因

虽然政府能够在一定程度上抑制和调控市场失灵，但是政府干预也非万能，同样存在着“政府失灵”（Government Failure）的可能性。在城市管理过程中，有可能出现政府干预不当，即非但未能有效地克服市场缺陷，甚至阻碍和限制了市场功能的正常发挥，引起经济关系的扭曲，扩大市场缺陷和加剧市场紊乱，致使城市资源无法实现优化配置。特别是在政府集中分配的资源过多、计划性过强的城市，一旦干预失败，其损失之大远远超过市场失灵本身。

（一）政府失灵的含义

政府失灵包括四个层面的内容：（1）未能实现预期的社会公共目标；（2）政府干预的成本太高，效率低下，造成了资源的大量浪费；（3）政府干预活动往往带来损害市场效率的副作用②；（4）过强的干预给了投机者准确的预期，造成地方经济大幅振荡。

政府失灵一方面表现为政府的无效干预，即政府宏观调控的范围和力度不足或方式选择失当，不能够弥补“市场失灵”和维持市场机制正常运行的合理需要，比如对生态环境的保护不力，缺乏保护公平竞争的法律法规和措施，对基础设施、公共产品投资不足，政策工具选择上失当，不能正确运用行政指令性手段等，结果也就不能弥补和纠正市场失灵；另一方面，则表现为政府的过度干预，即政府干预的范围和力度，超过了弥补“市场失灵”和维持市场机制正常运行的合理需要，或干预的方向不对路，形式选择

① 参见夏大尉、史东辉：《市场经济条件下的政府规制：理论、经验与改革》，上海：上海社会科学院学术季刊，2001（4），第87页。

② 参见谢罗奇：《市场失灵与政府治理——政府经济职能与行为研究》，长沙：湖南人民出版社，2005年版，第32-34页。

失当，比如不合理的限制性规章制度过多过细，公共产品生产的比重过大，公共设施超前过度，对各种政策工具选择及搭配不适当，过多地运用行政指令性手段干预市场内部运行秩序，结果非但不能纠正市场失灵，反而抑制了市场机制的正常运作。

（二）政府失灵的原因

根据公共经济学界的研究，导致政府失灵的主要原因包括以下四个方面：

1. 政府自身的行为动机

政府是由政治家和公务员组成的，他们都是理性的人，也会追求自身利益。另外，这些政府工作人员也是普通人，他们也会有人性的弱点和认知上的局限。所以政府犯错误也是正常的现象。在公共选择理论出现之前，对政府行为有三种假设：（1）慈善模式，认为政府是一个仁慈的专制者，无私地追求社会利益，把最大化社会利益作为自身的目标，因而政府没有必要受到任何限制。（2）巨物模式，认为政府拥有自己独立利益，是一个特殊的"人"，与经纪人一样，追求自身利益的最大化，例如财政收入的最大化。（3）民主模式，认为政府行为对于民主决策规则和程序有着很大的依赖性，政府的行为要受到民主投票行为的约束。在经济学公共选择理论者看来，政府行为介于"巨物模式"和"民主模式"之间。从选民对政治家的制约（例如政治家如果不为选民说话，就不能连任）来看，民主模式是合理的。又因为政治家也会追求个人利益，巨物模式也有一定道理。在我国，从政府行为动机本身来看，政府序列更具三种模式合一的特征。

2. 政府的低效率

无论是由计划经济体制向市场体制转轨的国家，还是美国这样的发达市场经济国家，大家都会经常抱怨政府的低效率。理论家认为政府工作效率低下主要有三个原因：第一，缺乏竞争导致低效率。由选民直接选举的政治家在政府工作人员中只占很少一部分，大部分政府工作人员都是职业的公务员，这些人是由民选的政治家任命的。但是他们和这些政治家没有明显的利益冲突，不会因为工作效率低下而被解雇。另外，政府各个部分的职责是独立唯一的，一个部门不会面临来自其他部门的竞争，所以也使政府公务员没必要高效的工作。第二，政府没有激励提高效率。客观上，政府活动不计成本，即使计算成本，也很难精确化，这就使政府有形无形的扩大公共产品的供给，超出社会最优需求数量，造成资源的浪费。主观上政府官员也没有积极性降低政府运作的成本，反而千方百计扩大政府规模，以增大自己的权力。第三，监督信息不完备。在理论上，政府要受到民选代表的监督，如果政府工作效率低下，民选代表可以惩罚政府领导人，从而保证政府的运作效率，但是由于信息不对称，这种制度安排不能发挥效力。而且，监督部门的工作人员也是有"偷懒"的天性，我们也不能指望他们就一定会努力地为民工作。

3. 政府的自我扩张倾向

政府的自我扩张行为主要表现为政府权力的膨胀、机构的庞大及其组成人员的增加、支出水平的增长等。不只是我国存在这种现象，世界各国政府都在不同程度上存在着扩张的冲动。政府的过度自我扩张对社会经济发展具有一定的负面影响：首先，政府支出水平的增长要靠政府收入尤其是公共税收的增长来支持，无形中增加了企业与个人的负担；其次，政府行为不可避免对市场经济运行产生影响，这种影响可能是正面的，例如纠正市场失灵，也有可能是负面的；最后，政府职能的过度膨胀对民主政治与法治建设也会产生制约和阻碍。

4. 政府赤字

按照凯恩斯的理论，增大政府赤字，可以扩大就业量，促进经济增长，因而赤字增加并不是一件可怕的事情。但从目前的学术界和实践检验的结果来看，很多学者得出了相反的结论：（1）政府投资的效果不一定比私人投资好，只是对私人投资的一种挤出。政府投资的增加会导致私人投资的不足，而一般说来私人投资的效率明显高于政府的投资效率，因此政府应当作为调控人而不是直接参与人；（2）政府增加赤字，早晚有一天要还，这无形中加重了后代人的负担，因此政府财政赤字应该在一定的合理空间之内，而不是无序放大；（3）财政赤字的增加容易造成严重的通货膨胀，必须未雨绸缪调控好通胀与通缩，实现价格水平的相对稳定。

四、政府失灵的解决渠道

对于市场失灵和政府失灵，必须加以同样的关注。在最大化发挥市场的经济调配作用和政府的调控作用的过程中，要特别注重提高政府部门的业务素质水平和综合判断能力。应注重通过多部门、多区域的衔接避免不必要的政府行政干预。在对市场失灵问题的判断上，政府部门要积极考量到政策出台的时间效力。同时，政府部门要积极演练内功，推动政府的敏捷性，形成学习型政府。

在发达的市场经济条件下，政府失灵主要表现为政府干预不能有效地克服市场的内在缺陷和不足，并导致了经济体系效率下降、社会资源浪费严重等一系列问题。市场不发达条件下的政府失灵，不仅表现为政府不能有效地克服市场的内在缺陷和不足，不能有效地发挥部分替代市场和培育市场的作用，而且表现为政府在干预经济生活的进程中带来了价格严重扭曲、资源配置低效和经济增长受阻等一系列问题。这种政府失灵，很大程度上是由于政府在干预经济的过程中没有处理好市场的内在缺陷、部分替代市场和培育市场这三个方面的关系，特别是没有处理好替代市场和培育市场两者的关系①。应该看到，在我国目前的市场条件下，很多问题并非由于市场失灵造成，而恰恰是由于政府失灵的缘故，因此，从十八届三中全会以来，我国确立了“让市场在资源配置中起决定性作用”的发展方针，这是非常及时和必要的。

---

① 张海如：《论市场失灵与政府失灵》，《山西财政税务专科学校学报》，2000（5），第34-39页。

当然，正如政府干预不是解决市场失灵的唯一途径，单纯引入市场机制也不是解决政府失灵的唯一手段。以科斯为代表的西方经济学家，通过交易成本大小划分政府与市场各自职责的法则值得参考。这个法则认为，凡是个人、企业和市场能够解决的经济问题，或是他们能以高于政府的效率来解决的经济问题，原则上应由他们自己来解决，政府只应从事那些个人、企业与市场所不能或不愿意从事的经济活动，以及那些效率比个人、企业与市场要高的活动。市场信息瞬息万变，政府作用有限，因此，政府对市场的管理调节，在干预范围、内容、方式和手段方面要注重改革创新，强调实效，要遵循有所为和有所不为的原则。一般来说，在微观领域，应发挥市场机制的调节作用，同时注意发挥政府资助机构和非政府组织提供的分散化帮助作用，并鼓励政策选择、制定和实施过程的社会参与。政府不应进入私人物品市场去竞争生产，即使在公共产品领域，政府也可选择两种提供方式：一种是直接进行生产，如交通基础设施、港口、机场等；另一种是以政府采购方式从私人部门购进。国有企业在经营目标选择上也应服从这一原则要求。宏观领域，应保证市场机制在微观经济领域中发挥基础性作用的基础上进行调控。政府干预的范围主要是：经济政策、基础教育、基础设施、能源交通、卫生、环保等领域。在方式上应提高效能，在实现形式上体现市场化趋势，如借助或通过签订合同、授权经营、经济资助、法律保护等手段和途径委托私人部门，在私人部门不能实现政府政策目标时提供帮助。应当明确，政府干预市场，应有所选择，有些市场缺陷，政府不必干预，干预也无济于事。

政府不是单一实体，而是由许多不同职能部门及众多的政府职员构成，每一个特定的部门和政府官员本身都有其特定的利益倾向。这就要求中国目前的改革急需设计一种适当的规则和制度来约束、限制政府部门机构快速膨胀、人员剧增、职权滥用的机制，进一步规范政府行为。防范“政府失灵”，在现阶段应从提高政府官员的素质和加快政府职能转变入手。提高政府官员素质的方法是，吐故纳新，加强教育培训，完善公务员制度。转变政府职能的方法是，凡是市场能解决的政府就应当退出，凡是法律能解决的政府也应该退出。政府重点工作是提供公共产品。要对政府调控的主体、资格认定、调控的范围、层次、方式、程度和力度，做出明确的法律、法规或政策规定。在具体措施方面，加强对政府调控行为的监督，特别是建立和完善对政府的内外监督体系和机制，增加政府调控过程的透明度，保证政府调控行为和经济政策、法规的公正性；提高政府决策的科学化程度，建立科学的经济决策程序以及与其相一致的决策系统，特别是建立经济的可行性研究和协调制度，以及相对独立的信息、调研、咨询三位一体的决策服务体系，密切跟踪市场经济运行的态势，以保证政府决策的科学性和可行性。①

⊙本章小结

本章从城市经济管理的基本内容出发，就城市经济管理的相关内容展开讨论。在基

---

① 韦正球：《市场、政府“失灵”与中国宏观经济调控新机制的构建》，发布时间：2003-4-25http：//www.xslx.com/htm/jjlc/lljj/2003-4-25-13691.htm。

本内容部分，介绍了城市经济的含义与特征；阐述了城市经济管理领域的核心任务并特别对我国新时期城市经济管理的重点工作—城市房地产市场调控进行了梳理和总结。更进一步的，本章对于城市经济管理中的财政管理问题进行了较为详细的论述，包括城市财政的组织架构、城市财政管理的内容以及最新的改革与发展方向。最后，本章从理论的角度探讨了市场经济条件下政府在城市经济管理中应扮演的角色，即在市场失灵的条件下进行针对具体经济活动的微观经济规制和宏观经济调控，以及在这一过程中如何避免政府自身的失灵给城市经济管理带来的负面影响。

⊙本章习题

一、基本概念

城市经济管理　产业结构升级　结构性失业　城市财政　地方政府债券　PPP 模式　市场失灵　政府失灵　宏观调控　微观规制

二、复习题

1. 现代城市经济管理的方法和主要特征有哪些?
2. 引导城市劳动力实现充分就业的措施有哪些?
3. 简述我国城市财政的组织架构。
4. 简述我国城市财政收入的主要来源和支出的主要方面。
5. 简述市场失灵的含义及其原因。
6. 宏观调控的特征和基本手段有哪些?
7. 微观规制的类别和手段有哪些?
8. 政府失灵的主要原因有哪些?

三、思考题

1. 如何评价 2005 年以来我国实行的房地产市场调控政策?
2. PPP 模式在今后的城市建设与项目开发中有哪些应用前景?
3. 城市政府在经济管理中到底应该充当什么样的角色?如何界定微观规制和宏观调控的边界?

第六章

城市社会管理

⊙学习目的与要求

通过本章的学习，能够对城市社会管理的基本内容、城市人口管理的主要内容、城市社区的分类和管理原则进行描述。能够对城市人口的特征指标、城市人口运动趋势、我国城市人口管理制度的主要内容和特点、城市公共住房供给与经营管理的主要内容、城市社区管理改革等进行分析评价。能够结合城市社区的内涵和城市社区管理的内容分析解决实际问题。

城市社会管理是城市管理相关专业领域中范畴最宽泛、内容最庞杂的领域，是城市政府职能的重要组成部分，也是城市多元主体共治的关键领域。良好的城市社会管理对城市社会稳定和城市的有序发展具有重要意义。城市社会管理在内容上包括城市人口管理、民政事务管理、公共住房管理、社会治安管理、社区管理以及教育、医疗等多个相关领域。在本章中，将主要介绍城市人口管理、城市公共住房管理和城市社区管理的相关内容。

第一节　城市人口管理

一、城市人口管理的概念与内涵

（一）城市人口的概念

对于城市人口（Urban Population），世界各国有着不同的划分标准。在我国，从狭义上讲，城市人口又称城镇人口或城镇居民，通常是指居住在城市市区或城镇范围内并持有城市户籍的人口。从广义上讲，城市人口是指所有居住在城市或城镇范围内的从事第二、三产业的非农业人口，户籍不是其必要条件。城市人口管理意义上的“城市人口”概念是广义的。从城市规划、管理和建设角度考察，城市人口应包括居住在城市规划区内的一切人口，包括一切从事城市的经济、社会和文化等活动，享受着城市公共设施的人口。城市的一切设施和物质供应、活动场所必须考虑容纳这些人口，并为他们提供各种各样的服务。因此，有些学者又将城市人口总称为“城市人群”。城市的内涵和外延在不断的发展变化，因此，城市人口也是一个不断发展变化的动态概念。

（二）城市人口的特征指标[①]

城市人口的特征指标首先包括城市人口的数量、密度、分布特征等统计指标。此外，城市人口结构（Urban Population Structure）也常被用来描述城市人口的一些基本特征。城市人口结构就是按一定的属性表现出来的城市人口的比例构成，如城市人口性别比例、城市人口年龄比例、城市人口职业结构等。

1. 城市人口数量

城市人口数量是指城市区域内人口的总数，包括常住人口数量和流动人口数量。以北京市为例，2013 年城市人口总和已达到 2 115 万人[②]，人口压力凸显。

城市人口数量是不断变化的，造成城市人口数量变化的原因是多方面的，从个体数量的变动来看，则表现为人口的出生率、死亡率、迁入率和流出率四个基本参数。城市合理的人口数量规模是每个城市经济、社会健康发展的基础。

2. 城市人口密度

城市人口密度是指城市用地范围内或城市区域内单位面积上居住的人口数，常用人/平方千米或人/公顷等来表示。例如北京市西城区的人口密度已超过 2 万人/平方千米，而西北地区很多城市市区的人口密度仅为 2 千人/平方千米。城市人口密度通常是反映一个城市乃至城市内某一区域居住人口的疏密程度的重要指标，常作为城市规划、建设、管理和人口迁徙等计划的参考依据。城市人口密度是反映城市发展的重要指标。一般情况下，城市中心区的人口密度高，越向外围延伸人口密度越低。人口密度从中心向外围呈现出中间高、周边低的分布格局。

3. 城市人口分布

城市人口分布是指人口在城市空间的分布状况，它涉及城市人口集聚、城市人口迁移、人口城市化等要素。城市人口的分布由于受到不同的自然、经济、社会和政治等多种因素的相互制约，形成不同分布类型和不同的分布区。城市人口分布与人口的特征、社会特征和城市综合环境条件密切相关，是人口对城市环境和社会发展状态的长期选择。城市人口的分布格局主要是指人口在城市规划等作用下呈现的集群分布格局。

---

① 参见张觉文编著：《市政管理新论（公共管理与社会学·MPA 系列）》，成都：四川人民出版社，2003 年版，第 381-383 页。

② 远远超过《北京市城市总体规划（2004—2020 年）》中，2020 年人口规模控制在 1800 万人左右的人口调控目标。

4. 城市人口性别比例

城市人口性别比例是指城市中人口总数或某个年龄段中男性与女性的人口比例。城市人口性别比例不仅与恋爱、婚姻、家庭和人口再生产有直接关系，而且与城市经济结构、产业结构的调整、城市建设、规划和管理有密切关系。城市中总体性别比例，以及各年龄段内性别比例应大体保持平衡，这是避免一些潜在城市社会问题的关键。

5. 城市人口年龄比例

城市人口年龄比例是指在城市中不同年龄的个体数量的分布情况，或指各年龄段人口分别占城市总人口的比例。城市人口年龄比例可以根据不同的研究需要做不同的划分。一般情况下，把城市人口划分为托幼年龄、中小学年龄、劳动年龄、老龄。依据一座城市的人口年龄比例将城市划分为增长型、稳定型和衰退型三种类型。增长型城市的人口年龄结构中，老年人的比例小，幼年人口比例大；稳定型城市的人口年龄结构中，各年龄段比例关系较为适中，人口总数处于相对稳定的状态；衰退型城市的人口年龄比例中，幼年比例小，老年人口多。城市人口年龄构成也对城市的社会、经济和文化等活动有很大影响。人口学研究中，通常用“人口金字塔”图来展现人口年龄结构及人口性别结构（如图 6—1 所示，北京市性别结构较为合理但老龄化格局显著）。

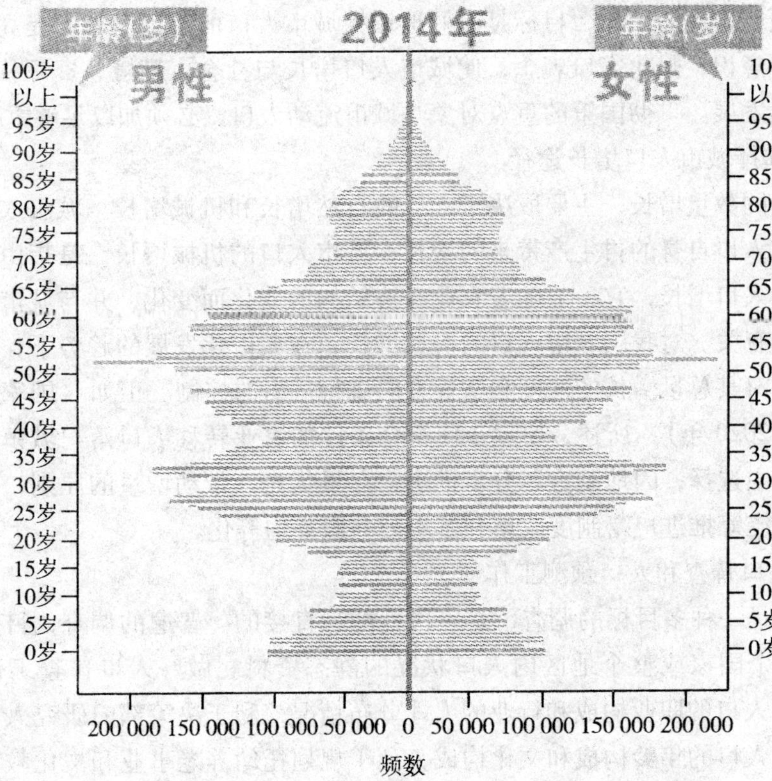

图 6—1　北京市人口金字塔（2014）

资料来源：北京市卫计委：北京市卫生与人群健康状况报告（2015）

6. 城市人口职业结构

城市人口职业结构是指城市劳动人口在各社会部门所占的比例，即各部门的职工或劳动人员占城市在职人口总数的比例。城市的人口职业结构反映出一座城市的性质和职能特点，与该城市的功能定位和产业结构密切相关。如在工业中心城市，工业职工所占比重较大；在商业中心城市，从事商贸的人口占绝对比重。

（三）城市人口管理的内容

所谓城市人口管理，就是指城市政府对城市居民户籍和人口变动、人口流动的行政管理工作。城市人口管理在我国占有重要地位，我国的人口城市化程度依旧低于世界发达国家，城市人口的发展有相当大的弹性空间，搞好城市人口管理，是更好地发挥我国城市功能的重要措施，且任重道远。城市人口管理一般有如下内容①：

1. 树立人口意识，贯彻基本国策

控制人口数量、提高人口素质是我国的一项基本国策。正如习近平总书记指出的“人口问题始终是我国面临的全局性、长期性、战略性问题。在未来相当长时期内，我国人口众多的基本国情不会根本改变，人口对经济社会发展的压力不会根本改变，人口与资源环境的紧张关系不会根本改变，计划生育基本国策必须长期坚持②。”落实计划生育政策是一项经常性的工作，目标是有效地调控城市人口的总量增长，提高城市人口质量，树立人口意识，强化人口观念，使城市人口增长与社会、环境、资源相协调，保证城市的可持续发展。贯彻国策的重点对象是城市流动人口，必须加以足够重视。

2. 正确选择城市人口增长途径

城市人口的数量增长，主要取决于人口的自然增长和机械增长。城市人口的自然增长，是由城市人口自身的再生产带来的增长；城市人口的机械增长，是指由于人口迁移而引起的城市人口增长，它一般随着农业经济结构的变化而变化，并与城市自身的功能和吸引力大小有关。对我国城市人口的机械增长，在城市化发展的趋势下，其控制应适度放松，但要对其总量增长的速度和增长方向进行适当的控制。正如《国家新型城镇化规划（2014—2020年）》所述，要逐步使符合条件的农业转移人口落户城镇，同时按照尊重意愿、自主选择，因地制宜、分步推进，存量优先、带动增量的原则，以农业转移人口为重点，统筹推进户籍制度改革和基本公共服务均等化。

3. 做好人口普查和人口预测工作

人口普查是一种多目标的调查，是一次性的、直接的、普遍的调查，目的在于了解一个时点内一个国家或整个地区内人口状况的静态资料。做好人口普查工作的作用在于：（1）掌握人口的职业构成和行业的人才分布情况，利于决策部门研究人口的经济结构。（2）掌握人口的年龄构成和文化构成，利于规划托幼养老事业和文化教育事业，也

① 此部分内容参见王雅莉主编：《市政管理学（21世纪高等院校公共管理类统编教材）》，北京：中国财政经济出版社，2002年版，第270-273页。

② 习近平：计划生育基本国策必须长期坚持，http：//money.163.com/16/0518/19/BNCD3HON00253B0H.html。

为研究提高劳动力素质提供科学依据。(3) 掌握民族人口构成及分布情况，利于制定符合实际的民族政策，特别是少数民族的生育政策。(4) 掌握城乡各户平均人口情况，利于分析家庭人口变动的一般规律。(5) 为研究城乡人口结构、地区人口布局和人口迁移提供资料。(6) 为制订人口生育计划，预测人口发展趋势，以及制定切实可行的人口政策提供数据。

城市人口预测，就是根据城镇人口的现状和发展特点，运用科学方法，推测若干年后城市人口的状况。人口预测包括人口数量预测与人口质量预测两个方面。做好城市人口预测工作是制定经济与社会发展计划的需要。制订一定时期内国民经济和社会发展计划，必须了解计划期内全国城乡人口变动情况。城市人口预测既为制定国民经济计划提供依据，也是计划期内人口指标的重要内容。人口规模决定城市规模，城市人口数量是城市规划的重要依据。因此，搞好城市人口预测对制定城市发展规划，研判未来城市经济和社会发展趋势有重要意义。

4. 加强城市流动人口管理

城市流动人口指没有城市本地户籍或居住证，暂时逗留于城市的人口。流动人口问题，是直接关系城市经济发展和社会稳定的重大问题。从积极方面看，流动人口的社会经济活动促进了城镇的生产发展，扩大了对社会商品的需求，繁荣了各地城镇市场，补充了城市劳动力的不足，传播了科学技术文化，促进了经验交流、信息沟通等。比如，农村剩余劳动力的合理、有序流动，对经济发展、社会进步具有重要促进作用。从消极方面看，流动人口也加重了城市基础设施的负担及其与城市经济、社会发展不相适应的矛盾；加重了城市粮食、蔬菜及其他农副产品的供应压力以及由此引起的各项财政补贴负担；加剧了城市交通拥堵和社会治安管理的难度。因此，加强对流动人口的控制与管理，是城市政府的一项经常性工作。

5. 制定城市人口发展战略和规划

这是城市人口宏观管理的基本工作。其主要程序是：(1) 定期统计本市人口，正确反映城市的人口数量、人口质量和人口结构，这是预测城市人口变动趋势和制定人口发展战略的基础。(2) 搞好城市人口预测。加强本市人口自然变动率和机械变动率的预测研究。(3) 制定适度人口发展规划。即将城市人口与城市生态环境承载力、城市人口与基础设施、城市人口与经济、城市人口与城市社会等相互之间的影响，作为一个整体的系统工程来考虑，使城市人口与城市物质资源达到最佳的配置状态。由于城市人口、经济系统是一个时空统一、多变量、多角度、多层次的复杂结构体，因而，城市适度人口规划的制定，应该根据城市人口系统中各种内在变量的因果关系（具有一定发展方向、性质和职能的城市发展的压力等），并利用“全息系统分析法”（如综合分析法、回归分析法、人口发展 CGE 方程等先进的分析方法）和计算机模拟各种模型，使城市人口发展规划尽可能与现实发展相接近，提高人口发展规划的科学性。

二、中国城市人口发展趋势

（一）城市人口存量不断增大

中国是目前世界上人口最多的国家。根据全国第六次人口普查（普查时点2010年11月1日）的结果，我国人口已增加到13.7亿人（含港澳台地区在内）。从统计指标来看，1978—2014年，城镇常住人口从1.7亿人增加到7.5亿人，城镇化率从17.9%提高到54.77%，城市人口存量不断增大，城市化率不断提升。

当前，我国城市化进程仍处于城市化中期阶段，城市化仍在以较高速度进行。在此过程中，城市人口的增加是经济发展，生产商品化、社会化、现代化的必然产物。在我国步入现代化的进程中，加强城市人口管理，必须对城市化和城市人口运动的趋势有充分的估计，并采取相应的对策。

（二）城市人口流量不断增大

城市人口流量也是不断增大的，它表现为城市流动人口数量不断增加。城市流动人口的存在是一种客观现象，它是伴随着改革开放和建立社会主义市场经济体制而出现的一种必然现象，是生产力合理配置的一种必然需要。1982年我国城市流动人口近3 000万，1991年达7 000万，1995年达8 000万，2005年达1.47亿人（另据国家统计局2008年2月公布的第二次全国农业普查数据显示，2006年全国农村总劳动力资源为5.31亿人，其中外出从业劳动力1.32亿人①，与前述数据基本一致。）2010年接近2.6亿人，2015年仍维持在2.6亿人的高位。我国现阶段的国情决定了今后城市流动人口还会高位运行。

（三）城市人口结构变化

根据我国近年来的情况，城市人口结构变化主要表现为下面几种情况：

1. 老龄化趋势凸显

第六次人口普查反映出我国人口年龄结构发生了较大变化。0~14岁人口占总人口的比重为16.6%，比2000年人口普查下降了6.29个百分点；65岁及以上人口占总人口的比重为8.87%，比2000年人口普查上升了1.91个百分点。随着经济社会迅速发展，人民生活水平和医疗卫生保健事业的改善和发展，我国人口的平均期望寿命已超过72.88岁，而全国离退休职工主要集中在城市。

按国际标准，60岁以上老人占城市人口10%或者65岁以上的老人占总人口的7%，便被认为步入老龄社会；2010年我国60岁以上的人口已达到1.78亿，占总人口的13.26%，而城市老龄人口的比重要高于这一平均水平。中国的许多城市早已达到或超过人口老龄化的国际标准：如1979年，上海65岁以上的老人已占到7.2%，成为中国最早步入老龄社会的城市；1990年时达9.38%；截至2010年11月，上海常住人口中65岁

---

① 此数据较前述2005年1.47亿数量偏少的原因是由于此数据仅统计外出农业人口，对城镇间的人口流动未作统计。—编者注。

及以上的老年人口为 232.98 万人，占总人口的 10.12%；截至 2014 年年底，上海户籍人口中 65 岁及以上的老年人口为 270.1 万人，占总人口的 28.8%①。

2. 文化结构的高层化趋势

义务教育的实施，加上城市各级各类大中专职业教育的发达，使得我国城市人口文化素质正在不断提高。全国每万人大学生人数由 2000 年的 361 人发展到 2010 年的 893 人，增长率接近 150%，而这些大学生大都在经济较为发达的城市中集聚。高学历人口的集中一方面为促进“大众创业、万众创新”提供了人才基础，但另一方面也给经济欠发达的落后地区造成了人才困境。

3. 就业结构的服务化趋势

城市劳动力就业结构自改革开放以来发生了两次重大变化：第一次是劳动力从第一产业向第二、三产业转移，第二次是劳动力从第二产业向第三产业转移。随着市场经济的进一步发展，国家经济体制改革和行政体制改革导致传统的“铁饭碗”被打破，劳动就业体制也发生很大变化，第二产业劳动生产率提高了，出现了富余人员，加之国有企业的普遍改制、精减人员，又出现了大量下岗工人，这些人大多流向第三产业。另外，大学生毕业也多数进入第三产业，如金融、保险业、房地产以及文教科研部门，原先从农村进城从事第二产业的进城务工人员也有不少人进入了第三产业。人口就业结构的服务化趋势与我国城市产业结构的演进基本趋同。

4. 城市人口红利效应消除化

从当前中国人口结构的变化趋势来看，城市人口红利效应正逐渐减低，甚至有学者认为中国的人口红利窗口将在 2015—2020 年全面关闭。这主要体现在两个方面：一方面，年龄结构的人口红利效应在减少。上文数据已提到，我国的人口老龄化趋势日益严重，劳动年龄人口比重下降，老年抚养比提高，社会的抚养负担越来越重。另一方面，城乡结构的人口红利效应也在减少。我国有着数量庞大的流动人口群体，流动人口的增长势头在今后依然会很强劲。越来越多的农村进城务工人员都选择携带眷属，这又进一步降低了劳动人口比重，相对提高了社会的总抚养比，减低了人口红利效应。

三、城市人口管理制度

我国是一个发展中的人口大国，由于人口基数大，城市人口众多，再加上改革开放以来，人口正式迁移和非正式迁移的数量剧增，给城市造成了空前的人口压力。从控制城市人口规模、维护城市健康正常的生产与生活秩序、有效配置人力资源、提高城市经济效益的角度出发，城市人口管理在城市社会管理中占有重要地位，可以保证城市劳动力充分就业和合理使用，从而提高城市的经济效益。

---

① 此处统计口径为户籍人口，故较 2010 年数据有较大变动。—编者注。

中国是拥有将近14亿人口的大国，有着自身特殊的国情条件，自新中国成立以来，我国城市人口管理就形成了区别于其他国家的管理模式和特点，主要体现为居民户口和居民身份证管理、计划生育管理的特殊控制政策，这些具有中国特色的城市人口管理制度也在随着时代的发展而变化。

（一）城市户籍制度

1. 我国早期户籍制度①

户籍管理的实质是一个国家政府对其所辖人力资源所进行的控制和规划。我国早期户籍制度是新中国成立后随着计划经济体制的确立而逐步建立起来的。其特征主要体现在两个方面：一是户口性质方面，将户口登记为“农业户口”与“非农业户口”，形成城乡户口的二元结构；二是户口迁移方面，制定多项“农转非”政策和计划控制指标，实行政策与指标双重控制的管理体制；对农村人口进城、小城市人口迁往大城市进行严格控制。这种户籍制度适应了计划经济条件下大规模经济建设对全国人力资源统一管理和调配的需要。但随着经济的发展，特别是经济由计划型向市场型的转化，这一体制所产生的问题也日益明显，主要表现为经济系统的效率低下及人力资源的潜能不能充分发挥。

2. 户籍制度的改革

20世纪80年代中期以来，大量的农村剩余劳动力进入城镇寻找工作，或跨地区从事经商活动，国家原有的经济体系已经发生了很大变化。为了解决日益严重的流动人口问题，也为了更好地发展本地经济，更好地开发和管理好本地区的人力资源，各地根据自身的情况对原有的户籍管理体制进行了调整和改革。上海、厦门等地相继推出了“蓝印户口”制度，北京市也通过允许部分在京人员申办“临时居民证”而对原有的户籍制度进行了部分调整和补充。20世纪90年代开始部分城市为了适应新的人口流动形势而推出的“暂住证制度”成为大城市移民文化的标志性符号，它赋予城市中的外来人口暂时居住的权利和一个行政管理上的“身份”，在一定程度上便于社会公共事务的管理，但同时也存在着一些法理和制度上的缺陷。推动和深化户籍制度改革是近年来国家层面立法与政策关注的焦点。

从2016年1月1日起，我国全面取消暂住证制度，推行居住证制度，公民离开常住户口所在地，到其他城市居住半年以上，符合有合法稳定就业、合法稳定住所、连续就读条件之一的，即可以申领居住证。居住证制度的实施是我国户籍制度改革向前迈出的重要一步，赋予外来人口以城市居民的正式身份，推进了城镇基本公共服务和便利向常住人口的全覆盖，并且为未来居住证持有人通过积分等方式落户预留了通道和改革的空间。

户籍制度改革的目标，是建立一个城乡和地区之间劳动力自由流动的动态户籍管理系统，这是全方位、高效率配置劳动力资源的内在要求，也是社会主义市场经济深入发展的必然结果。在市场经济条件下，产品在流动，资本在流动，劳动力也在流动，要素

① 以下内容参见王雅莉主编：《市政管理学（21世纪高等院校公共管理类统编教材）》，北京：中国财政经济出版社，2002年版，第278-287页。

流动是市场经济的灵魂，也是市场经济能够实现高效率的原因。市场经济的发展无疑对户籍制度建设提出了新的要求，即户籍制度如何成为适应及推动劳动力要素和其他要素的不断流动、促进经济系统的高效、有效配置人力资源、发挥人的潜能的社会模式①。但是考虑到我国庞大的人口规模，城乡和区域之间经济、社会等条件的巨大差异，以及"大城市病"可能带来的诸多问题，户籍制度改革应该循序渐进，不应急于求成。

根据《国家新型城镇化规划（2014—2020年）》的要求，要实施基于人口规模的差别化落户政策，以合法稳定就业和合法稳定住所（含租赁）等为前置条件，全面放开建制镇和小城市落户限制，有序放开城区人口50万~100万的城市落户限制，合理放开城区人口100万~300万的大城市落户限制，合理确定城区人口300万~500万的大城市落户条件，严格控制城区人口500万以上的特大城市人口规模。

（二）居民身份证管理

居民身份证制度是为了便利公民进行社会活动，维护社会秩序，保障公民合法权益的一种管理制度。其基本内容包括六个方面：领取；登记；效力和期限；换领和补领；交回、收缴和收回；查验和扣留。

2003年6月第十届全国人大常委会第三次会议通过了《居民身份证法》，于2004年1月1日起施行。这标志着居民身份证制度的进一步完善，同时也是对户籍管理制度的改革、补充和完善。2005年以来，我国开始推行第二代身份证，这极大地扭转了一代证存续期间出现的错证多、废证多、无证多、假证多、一人多证等现象，二代证的实施推广已为开展下一步的改革奠定了基础。2011年通过、2012年1月1日开始施行的《中华人民共和国居民身份证法（最新修正本）》更是特别明确，公民申请领取、换领、补领居民身份证，应当登记指纹信息。这进一步提高了身份证识别的准确性，提升了身份证件的法定效力。

未来，进一步加强居民身份证管理，可以采取以下对策：

1. 从完善法律法规着手，规范居民身份证的管理

一是进一步缩短居民身份证的办证期限；二是进一步完善有关法律、法规，加大依法对居民身份证的管理力度。

2. 加强对派出所户籍员工作的管理

目前，基层派出所是颁发居民身份证的第一道关口，而基层派出所的户籍员是第一道关口的责任人，强化户籍员的工作责任教育并对其工作及时检查督导，使他们在采集居民信息、颁发居民身份证、户籍管理中严格依法办事，充分发挥他们在颁发居民身份证工作中的积极作用。

---

① 正如中国社会科学院财经战略研究院、中国社会科学出版社、城市与竞争力研究中心等机构2016年5月联合发布的《中国城市竞争力报告 No. 14》中指出的，"没有户籍的那部分常住人口实际上成为城市的'二等公民'，很难融入当地社会，这给我国的新型城镇化战略的实施带来很大挑战。"资料来源：http://www.huanqiu.com/www/mobilenews/hot/2016-05/8991865.html。

3. 加强对居民身份证的日常管理

强化对居民身份证的管理意识，公安机关要在各类执法活动中把对居民身份证的查验，作为基层民警的一项日常工作；对违反居民身份证管理规定的要依法查处。除自身加大查验力度外，公安机关还要依靠城建、工商、民政、卫计、社保、民航、铁路、客运等各个部门协助，在城市建设、办理营业执照、婚姻登记等各种民事活动中，要求公民出示居民身份证，形成查验合力，逐渐形成和提高公民的居民身份证意识。此外，要严格对废证的收缴、回收工作，真正做到发现一个、收缴一个，决不让废证、假证留在社会上。

4. 加强对群众使用居民身份证的宣传教育

要提高公民自觉遵守居民身份证法规的自觉性，不变卖、转借、伪造居民身份证，认真保管好自己的居民身份证及相关信息，减低身份信息泄露对居民个人的相关影响，防止不法人员利用其实施违法犯罪。同时，对社会中涉及需要配合公安机关查验居民身份证的单位和部门，公安机关要主持工作联系会，加大协管力度，逐步形成全社会管理居民身份证的格局。

5. 采用高科技手段完善身份证管理

从 2005 年起，我国已启动第二代居民身份证换发工作。换证工作结合全国人口信息资料库的整合和新字库等技术手段，最大限度地减少重号、错号，减低生僻字影响。到 2020 年，将在全国实行以公民身份证号码为唯一标识，依法记录、查询和评估人口的相关信息制度，为人口服务和管理提供支撑。

（三）城市计划生育管理

计划生育是指为了贯彻“控制人口数量，提高人口质量”这一基本国策，宣传晚婚、晚育、少生、优生，从而有计划地控制人口。随着我国低生育率的保持和人口老龄化加速，强约束的“一胎”政策在 21 世纪以来得到逐步放开，继实行“单独二胎”政策之后，自 2016 年 1 月 1 日起，新的计划生育政策提倡一对夫妇可以生育两个孩子，即所谓“全面二胎”政策。

计划生育管理对我国经济和社会发展具有重大战略意义。由于计划生育涉及千家万户、各行各业，工作难度很大。从多年的经验看，除了在宣传教育、生育指标控制、计划生育保健等方面对城市户籍人口进行计划生育管理之外，对于暂住流动人口的计划生育管理成为目前城市人口管理中的难点。同时，随着人口形势的不断改变，从管理向服务的转型也成为下一阶段人口计生工作的重点。

（四）城市流动人口管理

与我国城市化水平和进程现状相联系，城市流动人口已经成为在城市中生存的不可忽视的群体，对于城市流动人口的管理，必须纳入城市人口管理的工作范围，否则不可能实现有效的城市人口管理工作。

流动人口的管理涉及方方面面，既有户口管理、治安管理、劳动管理、工商管理，也有卫生管理、计划生育管理、生产安全管理等。因此，管理好流动人口，并不是某个单一部门的事，需要城市各部门共同参与、齐抓共管。当前，流动人口较多的地方，普遍都设有流动人口管理办公室；流动人口较少的，一般由公安机关单独从维护社会治安角度进行管理。机构设置健全、合理是管好流动人口的组织保障。

流动人口管理，是一个复杂的动态管理工程，它与公安机关原有户籍相对静止状态的管理有很大区别。因而必须要采取相应的管理机制，才能有效地发挥流动人口在城市中的作用，克服流动人口所带来的负效应。

1. 城市流入人口管理

改革开放之前，由于实行严格的户籍制度和计划经济体制，人口流动性很低。改革开放后，人口流动性增大，城市流入人口增多。流动人口的成分参差不齐，对城市管理冲击较大。不仅可能造成治安、交通、居住、公共卫生等问题，大量人口的快速进出甚至会影响一个城市的经济稳定。为促进经济的发展，同时遏制流动人口给社会带来的负效应，城市政府必须对流入本市的人口抓好以下工作：

（1）加强流入人口的登记和查验工作，以便准确地了解流动人口情况；

（2）依靠社会力量，加强对流入人口的治安管理；

（3）推进流动人口享有城镇基本公共服务；

（4）加强流动人口计划生育服务与管理。

特别的，针对流动人口中复杂多变的实际情况，对流动人口管理采取灵活措施。由于城市经济发展情况不同，流动人口的自身特点不同，使得流动人口管理没有通用模式，城市管理部门必须针对实际情况采取相应灵活的管理措施，才能获得理想的管理效果。从一些城市现有经验来看，对于流动人口，特别是流入人口建立严格的、及时更新的数据资料库对城市人口及其他方面的管理意义重大。

2. 城市流出人口管理

目前，我国流出人口绝大多数是在农村，农村要对流出人口实行流动人口就业登记卡（含婚姻、计划生育、兵役、犯罪情况、专长职业等）制度，以方便流入地管理部门能够有效地了解流动人口的各方面情况。而城市对流出人口的管理，可能还存在大量空白。然而改革开放以来，城市人口流出数量也与日俱增，他们流动到环境更好、就业机会更多、发展预期更好的城市。对此，城市管理部门应有相应的管理制度，以充分利用城市人力资源，并保护流动人口的有序性和减少盲目性。从当前的实际情况来看，城市流出人口管理的主要内容是：

（1）建立流出人口登记制度

城市管理部门根据流出人员的需要，制作统一规范的流动人口就业登记卡，载明流动者的年龄、学历、专长、职业、婚姻、计划生育、健康、兵役、犯罪等情况，或者在身份证信息的基础上，增添有关内容，以方便流动者的流动性就业和居住的需要。

（2）建立流出人员培训制度

城市的发展状况与外出人员往往有密切的关系。城市若能从长远发展的需要出发，对本市流出人员，根据其流出就业的需要，进行职业就业技能、市场活动常识、流入地风土人情、法律自保和求助等方面知识的培训和教育，从而增强本市流动人口在异地的工作和生活能力，将是现代城市管理一项十分有意义的工作。它在事实上构成开发城市竞争力的一项内容，也是城市发展战略中应当予以足够关注的领域。

（3）建立流出人员信息系统

城市管理部门在流动人口就业登记卡的基础上，建立流出人口的反馈信息登记、归档、整合制度。把这些信息转变成城市发展的有用信息资源，并基于大数据运算用于开发城市的资源，发展城市经济。为此，要建立与全国乃至世界联网的人力资源信息网络，掌握流动人口的就业情况及动态趋势，例如与俄罗斯阿穆尔州一江之隔的黑龙江省黑河市，在其政府网站上长期关注俄方发展动态，为该市与对岸布拉戈维申斯克市的区域协作提供了有效的信息支撑（如图6—2）；建立人才市场的信息网络，掌握城市人力资源状况；建立社会治安的信息网络，掌握流动人口的社会治安状况，等等。

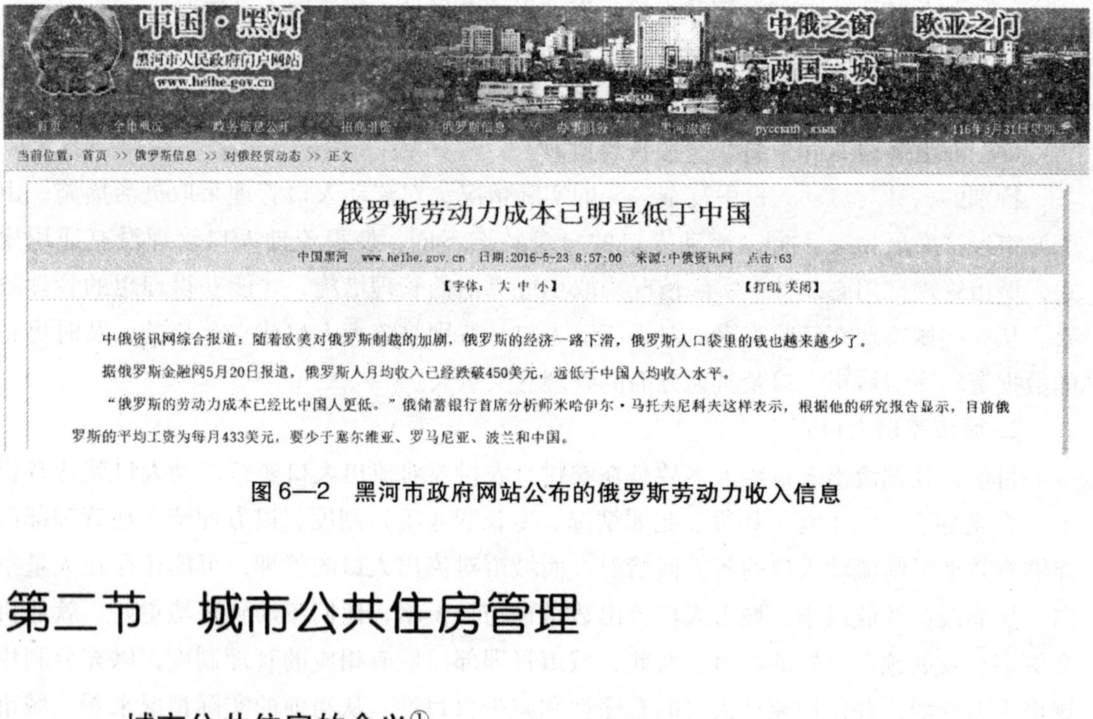
中国·黑河
黑河市人民政府门户网站
www.heihe.gov.cn
中俄之窗　欧亚之门
两国一城

当前位置：首页 >> 俄罗斯信息 >> 对俄经贸动态 >> 正文

俄罗斯劳动力成本已明显低于中国

中国黑河　www.heihe.gov.cn　日期:2016-5-23 8:57:00　来源:中俄资讯网　点击:63

【字体：大 中 小】　【打印 关闭】

中俄资讯网综合报道：随着欧美对俄罗斯制裁的加剧，俄罗斯的经济一路下滑，俄罗斯人口袋里的钱也越来越少了。

据俄罗斯金融网5月20日报道，俄罗斯人月均收入已经跌破450美元，远低于中国人均收入水平。

“俄罗斯的劳动力成本已经比中国人更低。”俄储蓄银行首席分析师米哈伊尔·马托夫尼科夫这样表示，根据他的研究报告显示，目前俄罗斯的平均工资为每月433美元，要少于塞尔维亚、罗马尼亚、波兰和中国。

图6—2　黑河市政府网站公布的俄罗斯劳动力收入信息

第二节　城市公共住房管理

一、城市公共住房的含义①

（一）公共住房的概念

公共住房是由政府出资建造、国家给予补贴、并符合一定住宅质量标准（符合本国/本市政府规定的相关住宅水准）的廉价住房，在国外又称为“公屋”。它一般具有社会

---

① 此部分内容参见王雅莉主编：《市政管理学（21世纪高等院校公共管理类统编教材）》，北京：中国财政经济出版社，2002年版，第201-205页。

商品和社会福利的双重性质。

（二）公共住房的种类

结合我国的具体实践，公共住房的种类主要包括经济适用房、廉租房、公租房、定向安置房、两限商品房、安居商品房等。不同种类的公共住房在申请条件、权利完整性方面存在差别，但通常都不具有完整产权，并且享有一定程度的价格减免和保障性政策优惠。

（三）公共住房的作用

城市政府的公共住房目标是“解急”“解困”，重点解决住房困难户以及无房户的住房问题。在西方国家，除了少数福利国家如瑞典的公共住房是向全体国民提供外，大多数公共住房都是面向中低收入家庭，特别是低收入家庭。在美国，公共住房的建设始于1937年，其房租低于私人住宅市场同类住房租金的20%；在英国，城市政府也以低于市场租金水平的租金向低收入家庭出租公房。公共住房在缓解城市住房矛盾、保证低收入者居住条件、发展城市经济、提高城市社会生活水平，促进城市社会和谐等方面都有重要的现实意义。

二、城市公共住房的供给与经营管理

城市公共住房管理的范围包括：住房事务和服务的管理，即城市政府对公共住房建设活动的开展、管理和评价；公共住房标准的建立和管理以及公共资助的住房租金和标准的管理；公共住房准入和退出标准的建立和管理；为一般公众或有特殊需要的人员提供专门住房；与提供住房有关的低收入社区管理；用以增加、改善或维护住房的津贴、补助或贷款的管理；提供和传播有关住房公共信息的机关以及与住房标准和设计有关的应用科研和试验开发等。在这里，我们重点讨论城市公共住房的供给与经营管理。

（一）城市公共住房的供给管理

对城市公共住房的需求量进行预测是进行公共住房供给管理的首要环节。需要考虑的因素主要包括①：（1）城市中低收入人口数量及其构成和特征；（2）城市中低收入家庭及其构成和特征；（3）城市中低收入家庭的住房需求倾向和需求结构。通过对这些因素进行分析，确定公共住房的供给规模和数量结构，进而制定为符合享受公共住房条件的每户中低收入者提供公共住房的标准面积。一个需要注意的问题是，划定中低收入家庭的标准不能使用一个城市的平均收入水平。由于收入不均等情况的存在，平均收入往往显著高于一个城市的中位收入水平，以更高的“被”平均的标准划定中低收入，实质上是减低了真正中低收入的购买可能。

供应公共住房，关键问题是其建设资金的筹集，即建立稳定的公共住房建设资金渠

---

① 此部分内容参见王雅莉主编：《市政管理学（21世纪高等院校公共管理类统编教材）》，北京：中国财政经济出版社，2002年版，第201-205页。

道。在目前情况下，应本着如下原则进行筹资：坚持公共住房再生产的良性循环；坚持调动各方面建房的积极性；坚持统筹兼顾、合理安排。

在发挥社会各界积极性的情况下，公共住房的资金主要来源于以下渠道：(1) 国家投资。即在城市财政基本建设预算中安排一定的住房投资。(2) 房产开发商投资。包括国有房产开发商和享受国家政策优惠承担政府公益责任的非国有房产开发商两种来源。这部分住房开发活动应享受市政优惠政策，其投资应能够通过公共住房使用后的运营收回其成本。(3) 出售城市原有公房。即根据国家房改政策，陆续出售城市原有公房，所获资金用于新的公共住房的建设。(4) 鼓励城市中低收入者对公共住房进行投资。主要是按照中低收入市民的投资数量，相应地确定其对公共住房的部分产权，即通过产权界定来吸引更广泛的投资。(5) 建立和完善城市房产税制度，以房产税（物业税）等财产保有税种作为住房建设资金的部分来源。(6) 建立城市住房信用，通过城市银行的住房建设专项贷款，或发行建房公债以及城市集中的退休与保险基金等作为住房建设资金来源。

公共住房供给的主要管理内容是：(1) 住房建设的资金概算。城市公共住房计划的资金概算，重点是估算基本住房所需的资金。基本住房是指能满足低收入阶层中最贫困的家庭基本居住需要的住房。(2) 住房建设的适当规模。即与城市发展能力和居民消费水平相当的适当规模。(3) 公共住房区位选择。即公共住房建设的位置和模式，在城市边缘还是中心，与其他住宅混合分布还是独立布局。(4) 公共住房建设政策。主要表现为减免税费和补贴。补贴主要有两方面：一是给住户的补贴。具体的形式包括给予住户价格补贴、租金补贴或抵押贷款利息的补贴；政府以低息或无息的方式向金融机构或住宅发展总部提供资金；豁免改建私房的财产税，等等。二是给住房建设及经营者的补贴。主要形式有：建房期间借款利息的补贴；降低宅基的地价，或直接由政府划拨土地；给建房者以建材补贴；按低于成本或低于市价的价格提供有关的基础设施。(5) 住房建设的可行性分析。其主要内容是对住房建设进行财务分析、经济分析等。

（二）城市公共住房的经营管理

城市公共住房的经营管理是指住房建设完成和交付使用后的经营、管理工作。城市公共住房的经营管理主要包括以下内容：

1. 城市公共住房的分配与交换管理

城市公共住房的分配与交换管理是指房管部门如何分配公共住房以及使用中需要发生调换时重新分配的管理。市房管局在公共住房交付使用后的一定的时期内，依据有关标准或规定，将房源提供给有关申请住房的居民的房管部门，作为执行政府基本住房计划的代理机构，及时把房源交付使用，投入营运。由城市政府投资新建的住房，一般有两种分配方式：一种是将住房出售，出售的住房多是属于福利性质的商品住房，在价格上要低于市场价格，但对于申请的购买者有一定的条件限制，主要目的是要解决和改善低收入居民和特殊阶层的居住状况，如我国许多城市的安居工程、限价房、经济适用房等。另一种是将新建的住房交由一定的房管机构如市房管部门、物业管理机构代为出租，许多西方国家大都采用这一方式，目前我国公共住房领域的廉租房、公租房也都采用这一方式，这种模式的管理重点是申请人资格的审验和排序工作，力争做到公平合理。

案 例

北京的廉租房与公租房：不同的定价和租金标准

目前，北京市向城市低收入群体主要提供两种形式的公共住房租赁：廉租房与公租房。廉租房是政府以租金补贴或实物配租的方式，向符合城镇居民生活保障标准且住房困难的家庭提供社会保障性质的住房，主要面向本市城镇低收入家庭、住房困难家庭、低保户和一些特定保障对象。廉租房的分配形式以租金补贴为主，实物配租和租金减免为辅，总体租金水平一般仅相当于当地平均市场租金的10%~30%。

而公租房是政府投资或政府提供政策支持的其他投资主体，通过限定户型面积、供应对象和租金标准，面向无房的大学毕业生、引进人才和其他住房困难群体出租的住房，是解决新就业职工等夹心层群体住房困难的保障措施。公租房产权不归个人所有，而是由政府或公共机构所有，用低于市场价或者承租者承受起的价格（目前一般为当地市场平均租金价格水平的70%~80%）向目标群体出租。同时，公租房的平均使用周期较短，一般2~3年后，租金水平将逐步恢复到市场租金，以促进公租房的快速流动。

2. 租赁租金管理

对于没有能力购买住房的低收入者，要以低租金的方式提供公共住房，于是就产生了公共住房的租赁和租金管理问题。世界许多国家特别是发展中国家，政府每年都要拨出专款兴建一大批公有住房以供出租之用，我国公有住房的出租也占有相当大比例且近年来有增长的趋势，所以对公有住房的出租管理具有特殊意义。公共住房租赁，一般是由房管部门将房屋的使用权交予有特定资格的承租人，承租人按照承租合同的规定，向国家交纳租金。承租合同明确规定了承租人与国家房管部门的权利和义务关系，在合同到期时，承租人要将房屋退还房管部门。此外，我国公共住房经营管理的另一个重要问题是正确确定租金水平，做好租金收缴、合理安排租金支出。

3. 构建经济适用住房退出体系①

在公共住房体系中，廉租房和经济租赁房都是采用无产权租赁的形式，而经济适用房的不同之处在于购房主体是以购买的形式获得了房屋一定的产权。因此一旦原来购买经济适用房的中低收入阶层在收入水平上有所提高，具备了购买商品住房的能力，就应

① 参见张波、刘江涛：《经济适用住房退出机制的构建》，《经济理论与经济管理》，2008（07），第34-40页。

该退出政策性保障住房的供给范围，将有限的社会住房资源留给真正需要扶助的人。

然而，当前我国关于经济适用房的制度仅仅在准入门槛上执行较严格的资格审核和限制监管，例如对户籍的本地限制，对收入（家庭收入）的限制，对年龄、婚姻状况和家庭结构设定差异性门槛，对现状住房水平进行严格判定等，并且遵循的大都是静态和刚性的政策。但对退出政策和机制却少有关注和规定。

针对经济适用房这类政策性住房的退出而言，实际使用的退出只是形式上的退出，而资源获利的退出，即真实的社会福利和收益权利的退出，才是真正意义上的退出。并且，从法理层面来看，购买得来的权利不宜被动退出，因为经济适用房的购买主体已经通过购买形式获得了部分产权，强制令其退出和剥夺其应得的增值收益都是缺乏依据且不合理的。特别的，因为原来的经济适用住房在购买时并未签订带有经济适用住房不得转为商品住房并且政府在某种条件之下有强制统一回购权的这类附加条款的合同。所以，理论上回购的经济适用住房政策只适用于今后政策健全之后的新增部分，即我们通常所说的“老房老办法，新房新办法”。

第三节 城市社区管理

一、城市社区的含义与类型

（一）城市社区的含义

1. 社区的定义

社区是区域性社会或社会区域共同体的简称，是社会学的一个基本概念。早在 1881 年，德国社会学家弗·腾尼斯（F. Tonnies）最先提出和使用了“社区”（Gemeinschaft）这一概念。他认为社区是指那些由具有共同价值趋向的同质人口组成的、关系亲密、守望相助、疾病相抚、富有人情味的社会团体。之后美国学者查尔斯·罗密斯把腾尼斯的“社区”从德文 Gemeinschaft 译成了英文 Community，是公社、团体、共同体的意思，并不强调地域性。随着美国经验社会学研究的兴起，许多社会学家在研究社会共同体时发现，要具体研究各类居民共同体，必须从地域共同体着手，因而更多地注重关系、社会组织同地域的相关性，也赋予社区更多的地域含义。20 世纪 30 年代，以费孝通为首的一批学者，首先将英文 Community 一词译为中文“社区”。从那以后，这个译名在我国社会学界被一直沿用下来①。

根据前人的研究成果和我国社会生活的实际情况，社区可定义为：一定区域内有特定生活方式并且具有成员归属感的人群所组成的相对独立的社会共同体。需要说明的

① 引自张永桃主编：《市政学（全国高自考指定教材）》，北京：高等教育出版社，2000 年版，第 385-387 页。

是，社区目前所指多具有实体空间指向，当前社会发展过程中微信群、贴吧等“虚拟组织”虽具有某些社区的属性，但仍与传统意义的社区具有显著区别。

2. 社区的构成要素

社区作为一种具有空间指向的区域性社会系统，主要由以下几种要素构成：（1）稳定的自然环境和生活居住地域；（2）具有相对稳定的社会关系和生活方式的人群；（3）相对稳定的生活环境和生活设施；（4）具有本地特征的文化积淀；（5）居住人群对居住地的情感沟通和一定的心理认同。

3. 城市社区的定义与特点

城市社区在社会学领域是与农村社区相对应的一种社区类型。城市社区是城市中的社区，是指城市中被城市道路环绕的城市建设用地上，由有特定生活方式并且有成员归属感的人群所组成的相对独立的社会共同体。

城市社区主要有以下特点：第一，城市中被道路所环绕的建设用地特别是居住用地为其地域，这一地域边界较为确定，范围较小；第二，社区的人群规模大、密度高、异质性较强；第三，公共设施较齐全，能够承担相对完整的社会功能，满足社区居民基本的物质、文化生活需要；第四，社区内社会组织结构复杂，经济、文化发达，人们之间的联系较密切，有一定的归属感。

（二）城市社区的类型

1. 从地域特征和管理角度分类①

（1）法定社区。指具有法定地位，其界限可明确标定在地图上的社区，尤其是指街道办事处、居民委员会两级辖区。根据2004年通过的《中华人民共和国地方各级人民代表大会和地方各级人民政府组织法》，街道办事处是市辖区人民政府或不设区的市人民政府的派出机关，受市辖区人民政府或不设区的市人民政府领导，行使市辖区或不设区的市人民政府赋予的职权，街道办事处是基本城市化的行政区划，下辖若干社区居民委员会。居民委员会则是居民自我管理、自我教育、自我服务的基层群众性自治组织。从法理上讲，街道办事处和居民委员会是指导与被指导的关系，不是领导与被领导的关系。

（2）自然社区。指人们长期共同生产生活或按照自己的意愿选择而形成的聚集区，如各种住房小区、居民小区和新村以及城市化了的村落等。这种类型的社区或大或小，规模不定，界限也是或明确或模糊，划定标准不一。

（3）功能社区。这种类型是指由于人们从事某些专门的活动而在一定地域上形成的聚集区。一所大学或一片高校密集区、一座军营、一个单位大院等都可以是一种功能社区。这种社区一般都具有自己独特的文化和生活方式，社区成员职业结构简单，同质性较高，对社区具有较为明显的归属感和认同感。

① 参见张永桃主编：《市政学（全国高自考指定教材）》，北京：高等教育出版社，2000年版，第387页。

三种类型社区的界限并非总是鲜明固定的，它们的边界有时是重合的，有时则是交错的。由于社区之间的联系日益密切，各种活动愈发频繁。人口流动日渐增强，社区的边界也变动不定。因而，对社区的管理也不断发生变化。

2. 从城市社区起源基础、产业和功能角度分类①

（1）居住型社区

主要特点是以常住居民的住宅楼宇为物质载体，集居住、休憩、娱乐、托幼、养老等休闲性功能于一体的居民聚集区。这类社区是城市居民工作之余最主要的活动空间。居住型社区要求居民委员会改革其原有的行政模式，随着居住型社区的变化，调整居委会管理范围和职能。居住型社区集中了市民的绝大多数，是我国城市发展建设、基层民主政治建设、街区经济发展、文明城市建设的核心区域。居住型社区能否满足市民生活需要，是实现城市政治社会化和社会稳定繁荣的关键。

（2）职业型社区

主要特点是以某种专业作为人群聚集的条件，在这一区域内可能有常住居民，但更多的是作为生产或工作的区域而存在。这种社区包括行政型社区（政府官员聚居在政府大院而组成的社区）、科技文化型社区（高等院校、高新技术产业园区等）、企业型社区（工矿企业或商业、办工场所聚集而组成的社区）、艺术性社区（特定艺术类型的艺术家及关联行业部门集聚而成的社区，如北京宋庄画家村）等。职业型社区是城市发展的动力所在。

在职业型社区，首要的生活空间是生产与办公空间。但在多数情况下，职业型社区也包括一定的居住功能。所以，在一定程度上它又具有居住型社区的特点，但这种居民住宅区的许多工作与服务是由居民所在单位提供的，又不同于单纯的居住型社区。

这两类城市社区并不是彼此完全独立的，而是互相关联甚至是嵌套的。空间上可能重合、重叠或相互包含，人员属性上往往也存在属性叠加（即是居民，也是业者）的情况。

二、城市社区管理的内容和典型模式

（一）城市社区管理的内容

城市社区管理处在城市管理的第一线，管理内容纷繁复杂，在当前的城市管理体制下，社区管理承担了大量市、区人民政府职能部门职责范围内的工作，甚至连“三废”处理设备改造、建设工程对环境影响的审核及区人大代表提名的落实与联络等工作，也需要社区协办，与此同时，社区管理还须完成大量的与社区居民生活密切相关的事务。根据2000年民政部《关于在全国推进城市社区建设的意见》，我国的城市社区管理包括

① 引自王雅莉主编：《市政管理学（21世纪高等院校公共管理类统编教材）》，北京：中国财政经济出版社，2002年版，第368-369页。

以下主要内容：

1. 拓展社区服务。社区服务主要是开展面向老年人、儿童、残疾人、社会贫困户、优抚对象的社会救助和福利服务，面向社区居民的便民利民服务，面向社区单位的社会化服务，面向下岗职工的再就业服务和社会保障社会化服务。

2. 发展社区卫生。加强社区服务站点的建设，积极开展以疾病预防、医疗、保健、康复、健康教育和计划生育技术服务等为主要内容的社区卫生服务，方便群众就医，不断改善社区居民的卫生条件和健康状况。

3. 繁荣社区文化。发展社区文化事业，加强思想文化阵地建设，不断完善公益性群众文化设施。利用街道文化站、社区文化活动室、社区广场等现有文化活动设施，组织开展丰富多彩、健康有益的文化、体育、科普、教育、娱乐等活动；利用社区的各种专栏、板报宣传社会主义精神文明，倡导科学文明健康的生活方式；加强对社区成员的社会主义教育、政治思想和科学文化教育，形成健康向上、文明和谐的社区文化氛围。

4. 美化社区环境。大力整治社区环境，净化、绿化、美化社区。提高社区居民的环境保护意识，赋予社区居民对社区环境的知情权。搞好社区环境卫生，建设干净、整洁的美好社区。

5. 加强社区治安。建立社区治安综合治理网络，健全社会治安防范体系，实行群防群治；组织开展经常性、群众性的法制教育和法律咨询、民事调解工作，加强对刑满释放、解除劳教人员的安置帮教工作和流动人口的管理，消除各种社会不稳定因素。

（二）城市社区管理的典型模式

西方国家的社区管理已有100多年的历史，特别是在英、美等发达国家，社区管理发展到了相当高的水平，已成为城市管理工作中重要的一部分。由于各国的历史背景、国情不同，社区治理模式也各具特色。根据政府与社会结合的紧密程度的不同，可以将社区管理分为自治型、政府主导型和混合型三种模式，如图6—3所示①。

1. 自治型社区管理模式

自治型模式是社区主导、居民主动参与、由下而上实施的社区管理模式。政府以间接介入为原则，通过制定各种法律法规来规范协调社区内的各种利益关系，为社区居民的参与活动提供制度规范。社区层面的组织及居民按照自主自治的原则处理社区具体事务。美国是这种模式的典型代表。

2. 政府主导型社区管理模式

政府主导型模式是政府主导、居民响应参与、自上而下推行的社区治理模式。政府与社区行为紧密结合，对社区的干预较为直接和具体，并在社区中设立各种形式的派出机构，社区治理表现出浓厚的行政色彩。新加坡是这种模式的典型代表。

---

① 参考黎熙元、童晓频：《社区建设——理念、实践与模式比较》，北京：商务印书馆，2006年版，第二章部分内容；谢守红、谢双喜：《国外城市社区管理模式的比较与借鉴》，《社会科学家》，2004（1），第47-50页；攸娟：《美国社区管理管窥》，《城市管理》，2004（5），第51-52页。

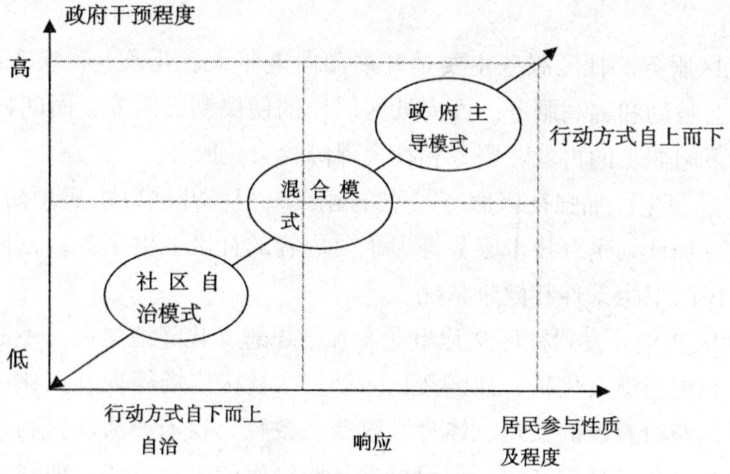

图 6—3　社区管理的三种模式

3. 混合型社区管理模式

混合型模式是政府—居民处于双重主导地位、自上而下及自下而上两种实施方式并行的社区治理模式。政府对社区发展的干预较为宽松，政府的主要职能是规划、指导并提供经费支持，官方色彩与民间自治特点在社区发展的许多方面交织在一起。日本是这种模式的典型代表。国外三种典型社区管理模式的比较如表 6—1 所示。

表 6—1　　国外三种典型社区管理模式比较

	自治型	政府主导型	混合型
代表国家	美国	新加坡	日本
产生背景	具有法制和民主传统，市场经济健全，经济社会发展水平较高	经济社会发展中行政力量比较强大	经济社会发展过程中有明显的政府主导特点，同时民主化进程也在加快
政府角色	政府和社区相对分离，以间接介入为原则	政府社区不分，政府对社区的干预较为直接和具体	政府与社区相结合，政府对社区的干预较为间接
社区治理主体	政府、社区委员会、非营利组织各司其职	政府设置专门的社区管理机构，社区组织由政府自上而下管理，居民在政府指导下自治	"地域中心"与"住区协议会"相互制衡
运行机制	社区主导、居民主动参与、由下而上实施	政府主导、居民响应参与、自上而下推行	政府—居民双重主导、自上而下及自下而上两种实施方式并行

三、我国城市社区管理现状及对策

随着我国城市经济社会的发展演进，我国的社会管理体制和社会整体结构也在发生变迁，过去“单位办社会”的状况开始显著改变，“单位体制”已逐步瓦解，“单位”的社会管理和服务职能已经开始弱化，大量的社会职能向社区回归和转移，人们由过去隶属单位、依赖单位变为走进社区、依托社区，社区成为人们安居乐业的重要场所和实现社会整合功能的基础单元。

这种从“单位人”向“社区人”的转变，使得“社区居民”的角色定位凸显，这带来了城市居民个人和群体角色的转变①：(1) 政治角色的转变。随着社区民主化进程的推进，保证社区管理的民主性、参与性、群众性，已成为“社区人”政治角色的根本要求。(2) 社会角色的转变。随着居民购房的自主化，原有的“大院”经济已逐步淡出历史舞台，市民在自由选择居住社区的同时，对社区的要求也越来越高。社区开始成为哺育文明、创建和谐人际关系、激励居民奋发向上和安居乐业的摇篮，居民的社会角色在社区中得以体现。(3) 文化角色的转变。社区成为市民生活的主要场所，同时也成为思想道德、科学文化、精神文明传播和建设的主要阵地。居民对社区的归属感，推动“社区人”的文化角色得以确立。

除了“社区居民”的角色定位发生变化外，另一方面，经济的转型给社区管理带来了许多新的挑战。这种挑战表现为诸多问题：(1) 外来人口越来越多。在此条件下社区的工作对象就不仅仅是本社区的正式居民，也包括一部分非正式居民；社区的管理内容就不仅仅包括对本地区的正式成员进行管理和提供服务，还包括对外来人口进行管理和提供服务。(2)“自由行为人”日益增多。改革开放以来，随着个体、私营经济发展和计划经济向市场经济的过渡，“自由行为人”中除以前极少数未就业的家庭妇女和极个别的社会闲散人员外，又增加了一定数量的下岗、离岗人员、个体工商户、私营企业主、待业和失业人员，以及自由职业者等。对这些居民的行为监督、思想教育、社会保障和行政管理只能依靠基层社区组织。也就是说，“自由行为人”的增多，客观上要求社区组织更要发挥基层社会管理和社会整合的作用。(3) 随着城市管理体制的权力着力点的下移，许多繁重的市场管理、市容保洁、园林绿化、民政福利、计划生育、社会秩序、道路畅通、居民动迁安置等管理任务需要在街道一层展开工作，这给城市社区管理提出了更高的整合能力的要求。

我国城市社区管理的现状及面临的问题充分说明，众多的社会管理职能单纯依靠政府管理部门已难以完成，继续维持政府包揽一切的城市管理模式也很难取得理想的效果，唯一的出路是进行城市管理体制的变革，把繁重而细化的社会管理落实到社区。城市社区管理本身也必须进行与时俱进的改革，在党和政府的领导下，培育社区意识，健全社区组织体制，完善社区功能，使社区政府组织、社会团体、企事业单位和社区居民都成为城市管理的共同参与者。

---

① 此部分内容参见张觉文编著：《市政管理新论（公共管理与社会学·MPA系列）》，成都：四川人民出版社，2003年版，第429-431页。有修改。

四、社区自治与社区职业经理人

社区自治的发展是最近几年来中国城市基层所出现的最大变化之一，是一种与城市经济的发展所带来的社会变化相适应的社会基层组织形式。这种社会基层组织的形式和功能，能够让人们更加自由地表达各自的利益诉求，更加自由地组织并参与社会活动。随着社区自治的发展，社区运行的专业化需求也日益提高，由此，城市经理人这一新的管理“模块”也逐渐生成。

（一）社区自治的含义和原则

1. 社区自治的含义

社区自治是社区自组织治理的简称，是指不需要外部具体指令的强制，社区成员通过面对面协商，取得共识，消除分歧，解决冲突，增进信任，合作治理社区公共事务的过程，并使社区逐步进入“自我维系”状态。① 社区自治是政府管理之外的社会自治，包括社区外部事物和内部事物两类相关事物的管理和服务工作。

2. 社区自治的原则

从社区自治的原则来看，一般包括如下四个方面：

（1）具有权威性的社区组织。社区组织对外代表社区形象和利益，反映、落实社区呼声，对内维护社区团结，落实社区“管理、服务、教育”的自我功能。从社区组织的组织形态上看，一种是社区居委会的自治发展以及在居委会内部出现的各种居民自治活动；另一种是以业主为主要成员的业主委员会的发展。无论哪种形式，具有权威的社区组织才能更好地集中民意，表达民意，为社区居民服务。

（2）形成有约束的集体选择。社区自治的基础是社区居民形成具有广泛代表性和一定约束力的集体选择。只有社区居民意愿形成了集体选择，同时政府或其他主体尊重该社区的集体选择，这一集体选择才能得以实施。社区集体选择需要合理、有序的民主程序，这样才能规避“绑架社区意愿”“搭便车”后拒绝执行等问题。

（3）保证各环节有效监督。必须建立有效监督机制来确保社区自治事务公开、公平、公正实施。而实现有效监督，又需要建立分级制裁机制，明晰管理、作业、监督等责任主体，促进分工协作，这样才能确保社区自治事务逐级落实，而不是少数人营私的工具。

（4）具备健全的冲突协调机制。社区居民组成复杂，各种矛盾、冲突在所难免，因此需要建立健全的、基于调解的、低成本的冲突协调机制，促进邻里和睦，社区和谐。

3. 我国社区自治的典型模式

目前在城市社区自治的实施层面上，我国已形成了很多极具特色的模式，其中比较具有代表性的主要有侧重居民自治的沈阳模式、侧重行政主导的上海卢湾模式、行政和

---

① 陈伟东、李雪萍：《“社区自治”概念的缺陷与修正》，《广东社会科学》，2004（2），第127-128页。

自治组织并行发展的深圳盐田模式等。

沈阳模式通过社区建立“议行分离、相互制约”的机制，改革社区基层自治组织体系，强化基层民主自治功能；上海卢湾模式强化了街道办事处的权力、地位和作用，并通过街居联动发展社区各项事业，行政力量在社区建设与管理中居绝对主导地位；盐田模式按照“议行分设”的原则，分离社区行政执行职能，形成社区工作站和社区居委会两个相互独立的机构，分别承担行政执行和自治职能。这三种社区管理模式是在我国社区建设中涌现出的典型经验总结，对今后其他地区社区管理的建设和改革具有一定的参考和借鉴价值。

（二）社区自治组织与政府关系

在推行社区自治，加快城市民主化建设的进程中，并不是要否定和弱化城市各级政府组织在城市社区工作中的领导，而是将政府在社区管理中的精神和意志通过社区自治组织的形式灌输下去，同时，提高社区管理的效率和水平。在处理社区自治组织和城市政府各级相关机构的关系中，要注意遵循以下的原则：

1. 面向社区，重心下移的原则

社区工作的核心是管理与服务。各级组织都要正确处理管理与服务的关系，寓管理于服务之中，把贴近群众、服务社区、服务群众作为强化管理的着眼点，将工作重心下移，利用各自的职能指导和配合社区居委会为社区群众排忧解难；支持街道办事处履行综合管理和协调职能，积极为社区实现“资源共享、责任共担、共住共建”创造条件，并提供必要的人力、物力、财力上的支持。

2. 事权下移，责、权、利配套的原则

要加快城市基层工作社区化、社区工作社会化的进程，各级组织要在事权下移、责任下移的同时，将财力、技术信息资源和利益也随之下移，真正做到责、权、利相统一。属政府职能部门的工作若确需社区配合的，须与所在街道协商，经区街政府同意后，再实行部门指导。通过责、权、利的配套统一，加大社区工作力度，调动社区组织工作的积极性。

3. 以人为本，资源整合的原则

各级组织要始终坚持全心全意为人民服务的宗旨，坚持以人为本的原则，以改善社区人居环境、便利社区居民生活、丰富社区文化、提高社区居民素质、保障社区居民安居乐业为己任，把社区居民是否满意作为评价各级组织工作的根本标准。各级组织要充分发挥社区居民的积极性、创造性，善于整合社区内的各类资源，与社区单位和社区居委会共同建好社区。

4. 有利于扩大民主，依法自治的原则

各职能部门、街道办事处及其他组织应尊重居委会（或业主委员会）自我教育、自我管理、自我服务的法律地位，支持、帮助社区组织从实际出发，利用社区资源、环境和条件，找准工作切入点，大胆探索和创造符合自身实际的新型社区工作特色和管理模式，切实增强社区依法自治功能，避免社区组织成为政府的一级准行政组织。同时，要注重现代技术手段和通信工具的作用，利用多种方式传达社区内的决策过程和决策信息，加强舆论监督和过程管理。

（三）社区职业经理人制度

城市经理制是20世纪初形成于美国弗吉尼亚州斯汤顿市的一种市政体制。它是先由市民在无党派前提下普选或按城市区域选举产生一个小型市议会，通常为5人、7人或9人，负责制定城市有关政策和法令，批准市政年度预算等事宜。再由该议会聘用一位受过专门训练并有较丰富经验与才干的专家担任市经理，全权负责城市行政管理事务。他负责起草市政年度预算，有权任命与奖惩市政各行政部门职员，对市议会负责，任期不限，由市议会视其政绩而定。① 经理制的优点是有利于引入市场竞争机制，在更大范围招聘专业的城市管理人才；有利于对市政府和城市实行专业化管理，提高城市管理的效益。

我国的国情与西方国家有很大的不同，城市一级政府直接采信城市经理人制度过度超前。但是，从社区自治的角度来看，社区管理过程中也有大量的专业事务需要处理，而不具备专业知识的居委会成员或业主委员会成员往往对此捉襟见肘。借鉴城市经理人制度的优势，发展具有中国特色的社区经理人管理模式对我国社区管理具有重大意义。

依托职业经理人，打理各类社区公共事务，可以促进管理绩效的提升，使得各类管理更为有序、缜密，也可以最大限度规避换届等工作对社区相关工作的影响。因此，借鉴城市经理人制度，在社区自治的过程中，依托社区组织聘请或任命社区职业经理人，是未来社区自治发展中的重要趋势。

⊙本章小结

本章主要从城市人口、公共住房和社区管理三个方面介绍了城市社会管理的主要方面。第一节介绍了城市人口的概念，城市人口管理的内涵，重点介绍了户籍制度、身份证制度、计划生育管理制度等城市人口管理的主要制度，以及在城市化迅速发展的过程中流动人口管理的相关内容。第二节介绍了城市公共住房这一概念，以及城市政府对公共住房的供给和经营管理。第三节对城市的社会基本单元—社区的管理进行介绍，阐述了社区的含义和类别，结合我国社区管理现状总结了城市社区管理的内容，提出逐步提高城市社区自治服务能力。

⊙本章习题

一、基本概念

城市人口　人口密度　城市流动人口　老龄社会　城市公共住房　城市社区　职业

① 王旭：《富有生机的美国城市经理制》，《历史研究》，1989（3），第179-183页。

型社区　社区自治　城市经理人

二、复习题

1. 描述城市人口的特征指标有哪些?

2. 简述我国城市流动人口管理的主要内容。

3. 我国城市人口的发展趋势有哪些?

4. 我国城市人口的管理制度有哪些?

5. 简述城市公共住房的含义与管理内容。

6. 简述城市社区的含义及分类。

7. 简述城市社区管理的主要内容与典型模式。

9、简述社区自治的主要内容。

10. 社区自治组织与政府关系的处理原则是什么?

三、思考题

1. 目前我国统计数据中的城市人口同实际意义上的城市人口是否吻合?怎样进一步提高吻合度?

2. 户籍管理在城市社会管理中的历史意义和作用是什么,有没有完全放开的可能?

3. 廉租房相对于经济适用房在城镇住房体系中有哪些优势,其管理的要点是什么?

4. 居住型社区管理在职住逐渐分离的现代城市面临怎样的挑战?

5. 推行社区经理人制度在我国是否具有可行性?需要注意哪些问题?

第七章

城市空间管理

⊙学习目的与要求

通过本章的学习，能够对城市规划的发展脉络进行简要复述。能够对城市规划的任务、原则以及编制过程，土地使用制度改革，城市交通和物流组织管理的内容进行分析评价。能够根据城市规划的审批、实施与控制，城市土地要素市场的整合，城市基础设施建设的供给途径和运行管理模式等内容，分析和解决实际问题。

第一节　城市规划管理

2008 年之前，我国的城乡规划法律制度可以用“一法一条例”来概括：除 1989 年通过的《城市规划法》外，还有 1993 年 6 月国务院发布的《村庄和集镇规划建设管理条例》。然而，传统的就城市论城市、就乡村论乡村的规划制定与实施模式，使城市和乡村规划之间缺乏统筹协调、衔接不充分，已经无法适应我国经济社会迅速发展的新形势。2007 年 10 月 28 日，第十届全国人民代表大会常务委员会第三十次会议通过了《中华人民共和国城乡规划法》，自 2008 年 1 月 1 日起施行。从原来的《城市规划法》到新的《城乡规划法》，中国正在打破建立在城乡二元结构上的规划管理制度，进入城乡一体规划时代。

在城市管理的过程中，规划的目标由城市到城乡统一具有重大意义，目的是为了加强城乡规划管理，协调城乡空间布局，改善人居环境，促进城乡经济社会全面协调可持续发展。但从我国国情和城市管理的核心客体（城市地区）出发，本节内容仍将主要探讨城乡规划体系中的城市规划部分①。

---

① 《城乡规划法》第二条指出，制定和实施城乡规划，在规划区内进行建设活动，必须遵守本法。本法所称城乡规划，包括城镇体系规划、城市规划、镇规划、乡规划和村庄规划。城市规划、镇规划分为总体规划和详细规划。详细规划分为控制性详细规划和修建性详细规划。

一、城市规划的发展脉络

（一）城市规划的定义

城市规划是为了实现一定时期内城市的经济和社会发展目标，确定城市性质、规模和发展方向，合理利用城市土地，协调城市空间布局和进行各项建设的综合部署和全面安排。城市规划是人类为了在城市的发展中维持公共生活的空间秩序而作的未来空间安排的意志表达，是人们对所处空间的理想预期。城市规划作为建设城市和管理城市的基本依据，是保证城市合理地进行建设和城市土地合理开发利用及正常经营活动的前提和基础，是实现城市社会经济发展目标的综合性手段。

（二）城市规划的发展演进

1. 第一代城市规划的理念—城市规划脱胎于建筑学①

城市规划是伴随着城市的产生而出现的，它是人们把自然环境改造为以人工环境为主体的城市环境的一种有效手段。早期的城市规划源于人类对自然环境的改造，是在大量的城市物质形体建设规划基础上发展演变而来的。

早在奴隶制社会，很多城市的布点及其建设和发展就具有一定的规划意图，如古埃及的卡洪城，西亚的巴比伦城，希腊的米列都城，古罗马城，中国的商、周都城等。其中，中国商代先后形成的两个都城和周王城，都有整齐的道路系统和经规划的城市布局②。

在封建社会，以我国为典型代表，京城和一些地方的封建统治中心（省会、府、州、县等），都是在一定规划设计下发展起来的。如唐长安城，人口最多时达到100万人左右，城市布局严谨、浑然一体，皇城居中偏北，东、南、西为居住坊里，由南北、东西向道路组成整齐的方格式道路系统，如图7—1所示。在这一时期，从建筑角度以注重城市物质形体特征的城市规划思想逐步成型。17世纪的法国，国王路易十四在巴黎城郊采用轴线对称放射式的布局建造了凡尔赛宫，使城市形象发生了根本的改变，使人们普遍认识到了物质形体规划在改造城市形象与面貌方面的重要作用。

这一时期是现代城市规划的萌芽阶段，源于建筑学的物质形体规划等同于早期的城市规划，形成了古典主义的形体规划思想。

2. 第二代城市规划的理念—城市规划体现整体观

18世纪中叶发端于英国的工业革命不仅使工场手工业实现了向机器生产的飞跃，而且改造了各部门经济的活动手段和生产方式，改变了产业结构的传统模式，世界由此进

---

① 参见马彦琳、刘建平主编：《现代城市管理学（现代城市管理丛书）》，北京：科学出版社，2003年版，第104-106页。

② 早在几千年前，古人们就已经建成了成体系的城市下水系统、防御系统等。

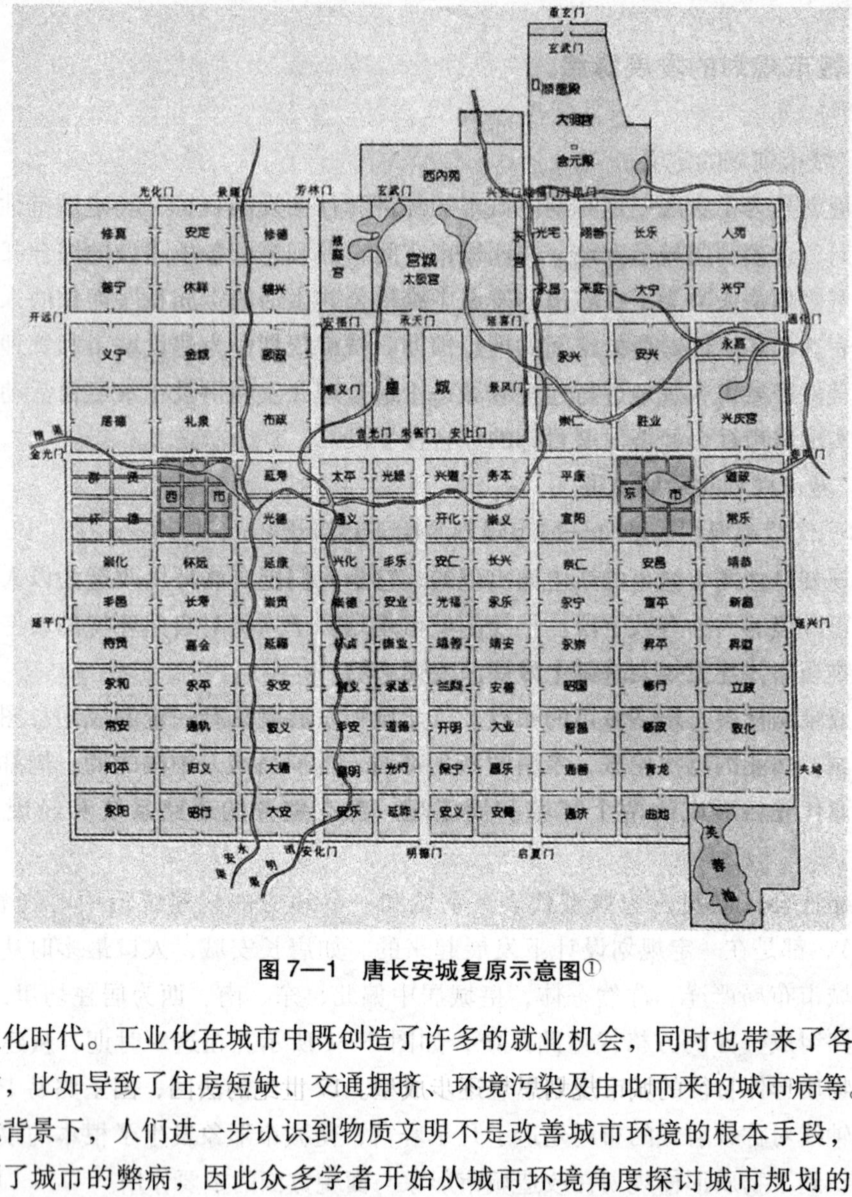

图 7—1 唐长安城复原示意图①

入了工业化时代。工业化在城市中既创造了许多的就业机会，同时也带来了各种复杂的社会矛盾，比如导致了住房短缺、交通拥挤、环境污染及由此而来的城市病等。

在此背景下，人们进一步认识到物质文明不是改善城市环境的根本手段，相反更进一步加剧了城市的弊病，因此众多学者开始从城市环境角度探讨城市规划的本质与内容。现代城市规划从单纯的物质形体规划中脱颖而出，着手解决城市中的种种弊病，产生了诸如埃比尼泽·霍华德的“田园城市”规划思想以及伊尔·沙里宁的“有机疏散”理论，开始把城市看作一个统一的整体，即把包括物质与社会诸要素、人与自然的融合作为规划思想的基本点，首次动摇了物质形体规划建设等同于城市规划建设的基本思想，现代城市规划的整体观形成。

需要指出的是：现代城市规划的创始者本质上是一群社会改革家，虽然他们当时关注的是物质空间环境问题，但其思想的核心却是社会公正。特别是发生在 20 世纪二三

① 资料来源：http：//military. china. com/zh_ cn/history2/06/11027560/20050509/12298908. html。

十年代的以美国大萧条为代表的西方经济危机再次证明了自由放任市场经济的负面影响，说明了政府有必要采取措施来管理、控制缺乏理性的市场力，在这样的思潮下，城市规划被认为是一种防止市场失效、促进经济发展的工具，受到越来越多的重视。

3. 第三代城市规划的理念—城市规划扩展到社会经济等宏观规划领域

城市规划的真正成熟是在第二次世界大战以后。英国 1947 年《城乡规划法》便是在这样的背景下应运而生。它将制定城市规划与建设管理两种职能集中于城市规划部门，强调严格的规划许可制度，并通过财政资助和授权使地方当局拥有强有力的土地征用能力和干预城市建设的能力①。这一法律影响甚广，超出了英国及其殖民地范围，成为西方城市规划发展史上一个重要的里程碑。

与此同时，随着系统分析、政策科学和社会物理等学科的发展，世界城市科学发展呈现综合化趋势，科学规划和技术推理成了进步和发展的同义词，逐步推进了战后第三代城市规划的形成。其中，美国芝加哥大学以罗伯特·帕克（R. E. Park）为代表的学者在综合分析城市社会、经济、环境等一系列弊病的基础上，首次将生态学基本理论应用于城市社会，构建了城市人类生态学理论思想体系，把城市看作为一个社会、经济、文化等构成的综合实体，是自然而且尤其是人类属性的产物。这样的城市不再是简单人工建筑的堆积，而是伴随人类活动脉搏跳动而进行新陈代谢的有机整体，从而城市规划的理念必然要从物质形体规划扩展到社会经济等宏观规划领域。

现代城市规划以城市中的自然、社会、经济、政治和法规等问题为研究对象，从宏观的社会经济角度、整体角度出发，用社会理性干预人类的行为，调配社会资源，构筑城市空间环境，引导城市健康快速发展。它在城市自然资源持续利用、社会资源合理分配、群体利益妥善协调等方面起到了极其重要的作用。②

（三）城市规划的新趋势

进入新世纪以来，城市规划又呈现出一些新的发展趋势：

1. 规划的主体多元化

规划主体由传统的政府主导型日渐向公众参与型转变，企业、学者、社会组织和城市居民在城市规划过程中的观点与意见表达日渐受到重视，甚至可以直接参与城市规划的制定和修改过程。城市规划的自身属性也逐渐由技术方案向城市公共政策转变③。

2. 规划的空间形态多样化

一方面，传统的城市规划形态正在逐渐被基于可持续发展新的规划理念所替代，从空间的规模扩张转向集约利用，如紧凑城市、精明增长理念等。另一方面，伴随着工业

---

① 需要说明的是，英国的土地制度与很多国家不同，特别是其土地用途改变产生的增值收益，也就是从农地到城市建设用地的征用过程中发生的增值完全由“国家”占有。由于法理和制度的不同，中国的城市规划和土地制度决不能照抄照搬任何一个单一国家，必须建立具有中国特色的社会主义规划和土地管理体制。

② 谭少华、倪绍详：《城市规划应作为一级学科建设的构想》，《城市规划汇刊》，2002（1），第53-55页。

③ 在部分城市化进程进入后期阶段的发达国家，城市规划已经成为牵引城市管理的主体，因此，大家可以看到城市规划中的相关思路变化与我们提出的城市管理的思路演进具有高度的一致性。

社会向信息社会的转变，技术进步尤其是信息技术和网络技术，正在对全球的城市网络体系建立、城市空间结构、城市生活方式、城市经济模式和城市景观带来深刻的影响，城市生活可以局部“脱离”传统的市区，城市空间可以渗透到广域的空间。集聚和分散两种力量在同时影响城市的空间。

从对未来更长时期的判断来看，现实世界与虚拟世界的交互作用也将导致未来的城市规划与以往有所不同。

3. 规划的价值取向人本化

城市规划由传统的强调经济效益和城市布局，到越来越重视“以人为本”，在城市设计中充分考虑人的现实需求和未来的潜在需求。在全球化的今天，城市规划更应为城市中所有的居民，不分种族、性别、年龄、职业以及收入状况，不分其文化背景、宗教信仰等，创造健康的城市社会生活。坚持为全体城市居民服务，并且为弱势群体提供优先权，这是城市规划的根本立场。

二、城市规划的任务与原则

（一）城市规划的任务

城市规划是人类为了在城市的发展中维持公共生活空间秩序而作的对于未来空间安排的意志。这种对未来空间发展的安排意图，在更大的范围内，可以扩展到区域规划和国土规划，而在更小的空间范围内，可以延伸到建筑群体之间的空间设计。因此，从更本质的意义上，城市规划是人居环境各层面上的、以城市层次为主导工作对象的空间规划。城市规划作为建设城市和管理城市的基本依据，是保证城市合理地进行建设和城市土地合理开发利用及正常经营活动的前提和基础，是实现城市社会经济发展目标的综合性手段①。

在市场经济体制下，城市规划的本质任务是合理、有效和公正地创造有序的城市生活空间环境。这项任务包括实现社会政治经济的决策意志及实现这种意志的法律法规和管理体制，同时也包括实现这种意志的工程技术、生态保护、文化传统保护和空间美学设计，以指导城市空间的和谐发展，满足社会经济文化发展和生态保护的需要。

现阶段中国城市规划的基本任务是保护和修复人居环境，尤其是城市空间环境的生态系统，为城市经济、社会和文化协调、稳定地持续发展服务，保障和创造城市居民安全、健康、舒适的空间环境和公正的社会环境，加强城市与自然环境的融合，尊重和顺应自然规律、城市发展规律，让城市居民“望得见山，看得见水，记得住乡愁”。

（二）编制城市规划应遵循的原则

1. 人工环境与自然环境相和谐的原则

城市人工环境的建设，必然要对自然环境进行改造，但当前很多城市的这种改造对

---

① 李德华主编：《城市规划原理（第三版）》，北京：建筑工业出版社，2001 年版，第 42 页。

自然环境的破坏已经到了无法持续的程度。在强调经济发展的时候，决不应忘记经济发展目标是要为人类服务，而良好的生态环境是实现这一目标的根本保证。城市规划工作者必须充分认识到城市发展中面临的自然生态环境的压力，[①] 明确保护和修复生态环境是所有城市规划工作者崇高的职责。

我国人口多，土地资源不足，合理使用土地、节约用地是我国的基本国策，也是我国长远利益所在。城市规划对于每项城市用地必须精打细算，在服从城市功能上的合理性、建设运行上的经济性的前提下，各项发展用地的选定要尽量使用荒地、劣地，少占或不占良田沃土。在规划设计城市时，还应注意建设工程中和建成后的城市运行中节约能源及其他资源的问题。

2. 历史环境与未来环境相和谐的原则

保持城市发展过程的历史延续性，保护文化遗产和传统生活方式，加强对城市风貌整体性和文脉延续性方面的管控，留住城市特有的地域特色、文化特色、建筑风格等基因，促进新技术在城市发展中的应用，并使之为大众服务，努力追求城市文化遗产保护和新科学技术运用之间的协调等，都是城市规划工作者的历史责任。

城市规划还必须从实际出发，重视当时当地的客观条件、历史传统，针对不同的规划设计对象提出切实可行的规划方案，让城市成为历史、现在和未来的和谐载体，保护和弘扬传统优秀文化，延续城市历史文脉，避免盲目照搬、“千城一面”。同时要把握城市发展的长期目标与建设重点，规划经过批准后要严格执行，一茬接一茬干下去，保证规划的稳定性与连续性，防止出现“朝令夕改”、“换一届领导改一次规划”的现象。

3. 城市环境中各社会群体之间社会生活和谐的原则

城市规划不仅要考虑城市设施的逐步现代化，同时要满足日益增长的城市居民文化生活的需求，为建设高度的精神文明创造条件。

要关注城市中不同文化背景和不同社会群体之间的社会和谐，重视区域中各城市之间居民生活的和谐，避免城市范围内社会空间的强烈分割（如贫富差距问题）和对抗。城市中的老龄化问题，城市中不同文化背景、不同阶层的居民在城市空间上的分布问题，城市中残疾人和社会弱者的照顾问题，都应成为重要的课题，这些问题必须融入城市规划工作者的设计中，并给予充分的重视。

三、城市规划的编制与基本工作内容[②]

（一）城市规划的编制主体

城市规划工作总体来说是一种政府行为，城市规划的主体即是各级城市的政府，在

---

① 例如，从城市本身的水资源禀赋来看，北京市每年缺水达 15 亿立方米。即便考虑到南水北调的补充，城市的供水压力仍非常大。城市人口规模、产业结构必须进行主动疏解，减低自然-生态压力。

② 本部分（一）至（四）系根据现行的《城乡规划法》，对城乡规划体系中与城市规划有关的内容进行的提炼和整理，上位的城镇体系规划，下位的镇规划、乡规划以及村庄规划不包括在内。

城市规划编制的过程中，城市政府往往会指派城市规划管理部门具体负责城市规划的编制工作，而城市规划管理部门在技术上会求助于专业的城市规划编制单位，比如城市规划院、城市规划设计所，以及具有城市规划资质的设计研究单位等，但这些单位和组织都对城市政府的委派部门负责，或者说实际上对城市政府负责，虽然规划工作的操作主体形式多样，但城市规划的实际主体仍然是城市政府。

我国《城乡规划法》对于城市规划的编制主体确定如下：城市人民政府组织编制城市总体规划。城市人民政府城乡规划主管部门根据城市总体规划的要求，组织编制城市的控制性详细规划。城市、县人民政府城乡规划主管部门可以组织编制重要地块的修建性详细规划，修建性详细规划应当符合控制性详细规划。

（二）城市规划的编制程序

1. 编制依据

我国《城乡规划法》规定，“国务院城乡规划主管部门会同国务院有关部门组织编制全国城镇体系规划，用于指导省域城镇体系规划、城市总体规划的编制。”同时，城市总体规划的编制“应当依据国民经济和社会发展规划，并与土地利用总体规划相衔接。”

2. 编制要点

城市总体规划的编制要点应当包括：城市的发展布局，功能分区，用地布局，综合交通体系，禁止、限制和适宜建设的地域范围，各类专项规划等。规划区范围、规划区内建设用地规模、基础设施和公共服务设施用地、水源地和水系、基本农田和绿化用地、环境保护、自然与历史文化遗产保护以及防灾减灾等内容，应当作为城市总体规划的强制性内容。

3. 规划期限

城市总体规划的规划期限一般为二十年，同时还应当对城市更长远的发展做出预测性安排。

4. 编制阶段

我国的城市规划编制，一般分为总体规划和详细规划两个阶段进行。

（1）第一阶段—编制城市总体规划

编制城市总体规划又细分为以下步骤：勘察、搜集和分析城市的基础资料；编制城市总体规划纲要；起草城市总体规划；评议城市总体规划草案[①]；审议和通过城市总体规划；上级政府审查、批准城市总体规划。

（2）第二阶段—编制城市详细规划

在编制城市详细规划时，可以提出多种方案，从功能、经济、环境、景观等效果和

---

① 为了广泛听取公众意见，《城乡规划法》明确规定，城乡规划报送审批前，组织编制机关应当依法将城乡规划草案予以公告，并采取论证会、听证会或者其他方式征求专家和公众的意见。公告的时间不得少于三十日。组织编制机关应当充分考虑专家和公众的意见，并在报送审批的材料中附具意见采纳情况及理由。

建设次序、周期等方面进行综合的比较和论证，然后选定实施方案。城市详细规划具有作为各项工程设计依据的性质，应当遵守国家和地方政府颁布的各种法规、技术标准和规定。

编制城市总体规划和编制城市详细规划并不截然分开，而往往是同时进行、相互补充的。如在编制城市总体规划阶段研究市中心、车站广场、重要街道或重要地段时，可以通过编制一些详细规划的草案来深入研究其综合功能、规模容量、空间布局等问题，以便使总体规划的有关内容更为切合实际。

控制性详细规划包括规划文本、附件和规划图纸。规划文本应含规划范围内土地使用和建筑管理规定，规划说明和基础资料收入附件。修建性详细规划包括规划设计说明书和规划图纸。

（三）城市规划的审批

根据我国现行《城乡规划法》，城市规划必须坚持严格的分级审批制度，以保障城市规划的严肃性和权威性。

直辖市的城市总体规划由直辖市人民政府报国务院审批。省、自治区人民政府所在地的城市以及国务院确定的城市的总体规划，由省、自治区人民政府审查同意后，报国务院审批。其他城市的总体规划，由城市人民政府报省、自治区人民政府审批。

城市、县人民政府组织编制的总体规划，在报上一级人民政府审批前，应当先经本级人民代表大会常务委员会审议，常务委员会组成人员的审议意见交由本级人民政府研究处理。规划的组织编制机关报送审批城市总体规划时，应当将本级人民代表大会常务委员会组成人员的审议意见和根据审议意见修改规划的情况一并报送。城市总体规划批准前，审批机关应当组织专家和有关部门进行审查。

城市人民政府城乡规划主管部门根据城市总体规划的要求，组织编制城市的控制性详细规划，经本级人民政府批准后，报本级人民代表大会常务委员会和上一级人民政府备案。

（四）城市规划的修改

城市规划本身也不是一成不变的，需要根据社会经济的形势进行调整和修改。但同时，城市规划具有法定效力，一经批准，必须严格实施，要避免无休止的调整和修改。因此，必须出台严格的规划修改程序和权限，对城市规划的修改工作加以约束。我国《城乡规划法》规定，有下列情形之一的，组织编制机关方可按照规定的权限和程序修改城市总体规划：

（1）上级人民政府制定的城乡规划发生变更，提出修改规划要求的；

（2）行政区划调整确需修改规划的；

（3）因国务院批准重大建设工程确需修改规划的；

（4）经评估确需修改规划的；

（5）城乡规划的审批机关认为应当修改规划的其他情形。

修改城市总体规划前，组织编制机关应当对原规划的实施情况进行总结，并向原审批机关报告；修改涉及城市总体规划、镇总体规划强制性内容的，应当先向原审批机关提出专题报告，经同意后，方可编制修改方案。

修改控制性详细规划的，组织编制机关应当对修改的必要性进行论证，征求规划地段内利害关系人的意见，并向原审批机关提出专题报告，经原审批机关同意后，方可编制修改方案。控制性详细规划修改涉及城市总体规划的强制性内容的，应当先修改总体规划。

（五）城市规划的基本工作内容①

城市规划的基本工作内容是依据城市的经济社会发展目标和环境保护的要求，根据区域规划等更高层次的空间规划的要求，在充分研究城市的自然、经济、社会、文化和技术发展条件的基础上，结合城市发展战略，预测城市发展规模，选择城市用地的布局和发展方向，按照工程技术和环境的要求，综合安排城市各项工程设施，并提出近期控制引导措施。

1. 具体工作环节

主要包括以下几个方面：

（1）收集和调查基础资料，研究满足城市经济社会发展目标的条件和措施，计算城市承载能力；

（2）协助制订城市发展战略，预测城市发展规模和速率，拟定城市分期建设的技术经济指标；

（3）确定城市功能的空间布局，合理选择城市各项用地，并考虑城市空间的长远发展方向；

（4）综合考量区域发展关系，提出市域城镇体系规划，确定区域性基础设施的规划原则；

（5）拟定城市新区开发和原有市区利用、改造的原则、步骤和方法；

（6）确定城市各项市政设施和工程措施的原则、建设标准和技术方案；

（7）拟定城市建设艺术布局、城市设计、城市景观的原则和要求；

（8）根据城市基本建设的计划，安排城市各项重要的近期建设项目，为各单项工程设计提供依据；

（9）根据建设的需要和可能，提出实施规划的措施和步骤。

2. 注重因地、因时制宜

由于每个城市的自然条件、现状条件、发展战略、规模和建设速度各不相同，规划工作的内容应随具体情况而变化。新建城市第一期的建设任务较大，同时当地的原有物质建设基础较差，就应在满足工业建设需要的同时妥善解决城市基础设施和生活服务设

---

① 引自李德华主编：《城市规划原理（第三版）》，北京：建筑工业出版社，2001年版，第44-45页。

施的建设。而对于现有城市，在规划时要充分利用城市原有基础，依托老区，发展新区，有计划地改造老区，使新、老城区协调发展。不论新区或老区都在不断地发生着新陈代谢，城市的发展目标和建设条件也不断地发展，所以城市规划的修订、调整是周期性的工作。

3. 注重与城市性质对接

城市性质是城市主要功能的核心表达。性质不同的城市，其规划的内容都有各自的特点和重点。在工业为主的城市（如黑龙江省大庆市）规划中，要着重于原材料、劳动力的来源，能源、交通运输、水文地质、工程地质的情况，工业布局对城市环境的影响，资源的持续利用可能以及生产与生活之间矛盾的分析研究。而在风景旅游城市中（如安徽省黄山市），景区和景点的布局、城市的景观规划、风景资源和文化资源的保护与开发、生态环境的保护、旅游设施的布置及旅游路线的组织等都是规划工作要特别予以注意的。历史文化名城更要充分考虑有价值的建筑、街区的保护和地方特色的体现。尤其应当特别重视影响城市发展的制约性因素的研究。

每个城市由于客观条件的不同，存在着不同的制约城市发展的因素，妥善解决城市发展的主要矛盾是搞好城市规划的关键。社会因素也是城市规划应当考虑的重要问题，少数民族地区的城市要充分考虑并体现少数民族的风俗习惯，而就业岗位的安排、老年人问题的解决以及城市中不同职业、不同收入水平、不同文化背景的社会团体之间的协调等社会发展条件也应在城市规划中予以高度的重视。

总之，城市规划工作必须从实际出发，既要满足城市发展普遍规律的要求，又要针对各种城市不同性质、特点和问题，确定规划主要内容和处理方法。

第二节　土地利用管理

土地是城市发展的重要基础资源，也是稀缺的不可再生资源，因此要珍惜和充分利用每一寸宝贵的土地。城市土地管理与城市规划都是城市空间管理的重要内容。城市土地管理包括地籍管理、土地权属管理、土地用途管制、土地市场管理等内容，本节主要介绍土地用途管制、城市土地使用制度和城乡一体的要素市场三个方面。

一、土地用途管制

（一）土地用途管制的概念

土地用途管制制度，是指国家为保证土地资源的合理利用，以及经济、社会和环境的协调发展，通过编制土地利用总体规划划定土地用途区域，确定土地使用限制条件，土地的所有者、使用者严格按照国家确定的用途利用土地的制度。土地用途管制是一些国家普遍采用的有效管理土地的基本方式，其目的是通过土地利用规划引导合理利用土地，促进区域经济、社会和环境的协调发展，其核心是依据土地利用总体规划对土地用途转变实行严格控制。

在我国土地资源十分有限的情况下，为了从根本上解决土地利用效率最大化的问题，实现耕地总量动态平衡的战略目标，促进我国社会、经济与环境的协调发展，现行的《土地管理法》对于土地利用问题提出了实行土地用途管制制度。我国土地用途管制制度是以实现耕地总量动态平衡为基础，以切实保护耕地为主题，以实现经济、社会与环境的协调发展为最终目标。

（二）土地用途管制的主要任务

土地用途管制的核心目标是实现耕地总量动态平衡。我国耕地减少的主要原因，一是非农建设占用，二是农业结构调整和灾害损毁。因此，从标本兼治的角度看，目前管制的重点是城镇建成区、城郊土地、村庄用地、农业结构调整以及基本农田保护区土地用途管制。通过对前二者的管制，提高城镇土地集约利用率，减缓城镇规模的扩大和郊区城市化的速度，从根本上保护耕地；对后三者的管制是实现耕地总量动态平衡的直接有效措施。当然，土地用途管制的最根本的核心任务是基本农田保护区的用途管制。鉴于本书的主要讨论范围在城市，所以，下文重点介绍城镇建成区土地用途管制和城郊土地用途管制。

1. 城镇建成区用途管制

通过对城镇建成区土地实行用途管制，达到按市场经济客观规律集约利用城镇土地，提高其利用效率的目的。这是抑制城镇规模过度外延扩张的治本之策，是解决发展与保护问题的关键。正如《国家新型城镇化规划（2014—2020）》所指出的，要深化土地管理制度改革，实行最严格的耕地保护制度和集约节约用地制度，按照管住总量、严控增量、盘活存量的原则，创新土地管理制度，优化土地利用结构，提高土地利用效率，合理满足城镇化用地需求。

（1）通过行政、法律、经济、技术等手段，转变传统的外延发展的城市化道路，而代之以内涵挖潜、集约利用的新观念。

（2）调整、完善城镇规划，合理划分城镇功能区，优化城镇土地资源配置，加强规划的后续管理，使城镇土地利用按章行事。

（3）实行土地有偿使用制度，显化城镇土地的真实价格，使地价真正成为城镇土地利用的调节器，促进城镇土地的用途转换和产业升级。

（4）通过城镇土地整理及对各区位上土地的容积率进行管制，充分利用城镇土地的空间。

2. 城郊土地用途管制

城郊土地在土地利用结构、布局、功能等方面具有独特性，是建设与保护的矛盾特别突出的地带，是目前我国城镇扩张、耕地减少的主要地域，也是用途管制的最敏感地带。

(1) 要充分、合理、持续、高效利用城郊有限的土地资源，坚持社会、经济和生态效益三者协调的思想。

(2) 坚持深化征地制度改革，缩小征地范围，规范征地程序，完善对被征地农民合理、规范、多元保障机制。建立兼顾国家、集体、个人的土地增值收益分配机制，合理提高个人收益，保障被征地农民长远发展生计。

(3) 做好城郊土地利用总体规划与城镇规划的衔接工作。城镇发展规划应根据国情、市情，量力而行，科学规划，节约用地，多利用荒地，少占耕地和好地。城市各类建设用地都必须纳入统一指令性管理，合理确定年度用地计划，提高土地利用计划编制的科学性。

(4) 城郊土地与“菜篮子”工程密切相关，其农用地在确立农业第一需要原则下，从严管制，大力推进集约化、规模化和现代化经营，建立高效、高产和优质农副食品生产基地。

(5) 采取生物、工程等技术措施，创造良好的生态环境。

二、城市土地使用制度

中国城市土地使用制度自新中国成立后通过社会主义改造，至1956年年底，已经实现了除祖产房用地之外的全部城市土地的国有化改造，对于私有房产占用的城市土地也在1982年宪法中以法律宣布的形式全部转为社会主义国有①。在所有权国有的前提下，土地使用权的取得显得十分重要，所以城市土地使用制度在城市土地的利用中具有决定性的意义②。

（一）城市土地使用制度改革的进展

1. 改革开放前的城市土地使用制度

在传统的计划经济体制下，由于土地使用的主体除了居民和政府机关之外，都是社会主义全民所有的企业和集体所有的企业，同处在公有制的主体范畴之内，所以对于土地使用权的取得基本上都是通过无偿划拨取得，至改革开放之前，我国建立了“无偿、无限期、无流动（三无）”的城市土地使用制度。

2. 改革开放后城市土地使用制度的渐变

随着改革开放的推进，在外资企业进入中国之后，外资企业不能够无偿使用中国的国有土地成为共识，十一届三中全会“坚决按照经济规律办事，重视价值规律的作用”的精神，对传统无偿使用城市土地的制度提出了挑战，长期的城市基础设施欠账和城市维护资金缺口③，更是成为中国城市土地使用制度改革的直接动因。

---

① 我国《宪法》第十条规定，城市土地归国家所有，农村土地归农民集体所有。

② 参见艾建国：《中国城市土地制度经济问题研究》，武汉：华中师范大学出版社，2001年版。

③ 城市建设和维护所需资金主要来自于提取的5%工商利润和城市维护费，缺口极大。—编者注

1980 年 10 月的全国城市规划工作会议提出了城市建设用地综合开发和征收城镇土地使用费的草案，并报经国务院批准实施。此后，中国城市土地使用制度改革正式拉开帷幕。1982 年，改革前沿的深圳市率先向外资和合资企业征收土地使用费，1984 年抚顺市开始进行向国内企业和个人全面征收土地使用费的试点工作，1984 年 10 月广州开始在国内新建项目、中外合资项目和经济技术开发区中征收土地使用费。1987 年 9 月—12 月，深圳市将土地所有权与使用权分离，以协议、招标和拍卖三种形式完成了对三幅土地的 50 年期使用权的出让，这三幅面积共约 6 公顷的土地出让收入，大致相当于深圳当时全年土地使用费的 1.29 倍，直接效益显著。同期启动的城镇住房商品化制度改革，也在财产权利方面对土地使用制度改革提出了新的要求，成为一种推动力量。

1988 年的宪法修正案和《土地管理法》修正案，明确规定了国有土地和集体所有土地的使用权可以依法转让，国家依法实行土地有偿使用制度。1990 年《中华人民共和国城镇国有土地使用权出让和转让暂行条例》明确了所有权和使用权分离的原则，使“出让”和“转让”成为有特定含义的行为，使得城市土地使用有偿、有限期的改革纳入法制化的轨道，并逐步深入稳定，成为我国现行城市土地制度的核心特征。

1998 年对《土地管理法》的全面修订，进一步明确规定了国家依法实行国有土地有偿使用制度，建设单位使用国有土地，应当以有偿使用方式取得。2004 年的宪法修正案和《土地管理法》修正案又补充了“国家为了公共利益的需要，可以依法对土地实行征收或者征用并给予补偿”的规定。从此，我国城市土地使用制度的完整架构正式建立，形成了“有偿、有限期、可流动（三有）”的土地管理制度体系，并建立了城市土地市场的基本雏形。根据土地使用用途，城市土地出让的使用权年限被设置为不同的最高年限：住宅用地为 70 年[①]，工业用地为 50 年，商业用地为 40 年，综合用地为 50 年。

（二）城市土地市场管理

自城市国有土地的使用逐步从“三无”转向“三有”之后，土地日益成为城市资产的重要组成部分，开展国有土地资本运营，有利于从机制上摆脱计划经济时期城市公共设施、基础设施等只有投入没有产出的困境，形成“投入—产出—再投入”的良性循环。以土地使用权的出让和转让为目的的交易行为变得越来越普遍，土地（使用权）市场建设也就成为我国市场经济建设的重要组成部分。但由于城市土地市场的建立处在逐步摸索的阶段，不可避免地出现了一些问题，这些问题包括：城市存量土地供应失控；政府土地出让程序、方法失当；土地开发低效；土地投放效益失准；土地市场存在暗箱操作；市场机制失灵，等等。

目前，我国城市土地市场逐步发育完善，参与主体众多，交易形式多样，促进了城市土地资源的优化配置。我国城市土地的现状构成可以用表 7—1 来概括。

---

① 2008 年开始实行的《物权法》第 149 条规定，居住用地的土地使用年期届满后自动续期。但遗憾的是，关于自动续期的相关司法解释和具体细则并未出台，使得这一规定成为目前我国城市管理中的一个相对盲区。—编者注

表 7—1　　我国城市土地市场现状构成①

市场类型	市场参与者	交易形式
土地征用市场	国家、农民集体经济组织、土地使用者	征收农地所有权、强制回收土地使用权
土地使用权出让市场	国家（卖方）、使用者（买方）	行政划拨、协议出让、招标出让、拍卖出让
土地使用权转让市场	土地使用者之间	政府拆迁拨用、以地换房、出售房地产、出租房地产、转让已开发土地、以土地使用权入股、企业兼并
城市边缘区集体土地交易市场	农村集体经济组织、土地使用者	土地所有权交易、出租房地产、以土地使用权联营或入股

此外，城市土地市场的探索一直在进行，重庆的“地票”，成都的“还权赋能”等都进行了有益的地方性尝试。2014 年，《国家新型城镇化规划（2014—2020）》在吸收地方改革创新经验和总结城乡发展现况的基础上又进一步指出：

1. 要健全节约集约用地制度。完善各类建设用地标准体系，严格执行土地使用标准，适当提高工业项目容积率、土地产出率门槛，探索实行长期租赁、先租后让、租让结合的工业用地供应制度，加强工程建设项目用地标准控制。建立健全规划统筹、政府引导、市场运作、公众参与、利益共享的城镇低效用地在开发激励约束机制，盘活利用现有城镇存量建设用地，建立存量建设用地退出激励机制，推进老城区、旧厂房、城中村的改造和保护性开发，发挥政府土地储备对盘活城镇低效用地的作用。

2. 深化国有建设用地有偿使用制度改革。扩大国有土地有偿使用范围，逐步对经营性基础设施和社会事业用地实行有偿使用。减少非公益性用地划拨，对以划拨方式取得用于经营性项目的土地，通过征收土地年租金等多种方式纳入有偿使用范围。

3. 在符合规划和用途管制的前提下，允许农村集体经营性建设用地出让、租赁、入股（集体土地入市），实行与国有土地同等入市、同权同价。

由上述几点可以看出，我国城市土地市场的主体将更加多元化，土地投放的方式将更加市场化，土地增值收益的分配将更加均衡化。

三、城乡一体的土地要素市场

（一）城乡土地要素市场的二元制结构

我国现有的城市土地管理制度建立起来以后，城市与乡村之间也相应形成了土地资源管理和使用的二元制结构，即：城市市区的土地归国家所有，土地的使用权可以依法有偿转让（在法律规定范围内划拨土地使用权的除外）；农村和城市郊区的土地，除法

① 赵伟：《城市经济理论与中国城市发展》，武汉：武汉大学出版社，2005 年版，第 279-284 页。

律规定属于国家所有的以外，属于农民集体所有，宅基地和自留地、自留山，属于农民集体所有；征收土地的，国家为了公共利益的需要，可以依法对土地实行征收或者征用，并按照被征收土地的原用途给予补偿。

但是随着城镇化的推进，城市的建设规模不断扩大，大量的农村人口转移到城市居住，我国现有的城乡二元土地制度暴露出越来越多问题：农村出现大量宅基地和耕地的闲置，且分布过于分散，开发利用效率低；土地征收管理不严，一些以“公共利益”为口号的老城区拆迁或征收农村集体土地实则用于商业开发，侵害了相关利益主体的基本权利；征地补偿机制不完善，利益分配不合理，不能保障土地使用权人的合法经济收益；城中村、城郊集体建设用地的隐性非法流转普遍存在，扰乱土地市场管理秩序，且滋生腐败。

（二）城乡土地要素市场的一体化改革

为了使现行土地制度更好地适应社会主义市场经济发展，实现城乡土地资源利用的规范化，保障相关主体的切身利益，同时加快城乡之间土地流转，提高土地利用效率，加速推进农业现代化和新型城镇化，进行土地制度的进一步改革、打破城乡二元体制、建立一体化的土地要素市场成为必要。

然而，土地制度是我国的基本制度之一，其修改可谓“牵一发而动全身”，不仅涉及《宪法》《物权法》和《土地管理法》等主要法律的修改，更涉及重大利益格局的调整、农村集体经济制度的稳定性以及村民民主自治制度等的完善，因此不可盲目草率，只能沿用我国制度改革所常用的“渐进式”路径，守住底线，在条件成熟的局部地区先行试点、积累经验，再由点及面平稳推进。

2013 年 11 月党的第十八届三中全会通过了《中共中央关于全面深化改革若干重大问题的决定》，其中明确提出要建立城乡统一的建设用地市场，“在符合规划和用途管制前提下，允许农村集体经营性建设用地出让、租赁、入股，实行与国有土地同等入市、同权同价。缩小征地范围，规范征地程序，完善对被征地农民合理、规范、多元保障机制。扩大国有土地有偿使用范围，减少非公益性用地划拨。建立兼顾国家、集体、个人的土地增值收益分配机制，合理提高个人收益。完善土地租赁、转让、抵押二级市场。”①

2015 年 1 月，中央印发了《关于农村土地征收、集体经营性建设用地入市、宅基地制度改革试点工作的意见》，指出了农村土地制度改革、建立城乡一体化建设用地市场的原则、任务、手段和基本方向，标志着我国农村土地制度改革正式进入了试点阶段。《意见》指出改革试点的主要内容在于：完善土地征收制度，缩小土地征收范围，规范土地征收程序，完善对被征地农民合理、规范、多元的保障机制；建立农村集体经营性建设用地入市制度；改革完善农村宅基地制度；建立兼顾国家、集体、个人的土地增值收益分配机制，合理提高个人收益。并且改革工作以试点的形式严格限制在部分县

---

① 资料来源：新华网：《中共中央关于全面深化改革若干重大问题的决定》，http：//news. xinhuanet. com/politics/2013-11/15/c_ 118164235. htm。

（市）范围内封闭运行，到2017年年底完成。

可以预见的是，随着农村土地制度改革的推广实施，最终土地要素流转将打破城乡藩篱，成为一个有效、有序、有利于城乡经济发展的一体化市场。

第三节　城市基础设施建设与管理

基础设施是城市运行的骨架，其建设与管理直接影响到城市运行的稳定，影响到各主体的行为模式，影响到产业生长和城市的空间重构。

一、城市基础设施的含义与分类

（一）城市基础设施的含义

基础设施（Infrastructure）一词源自拉丁文 infra（下面、底部）和 structure（结构、构筑物）的合成词，原是一个工程术语，指建筑物基础承重部分的构造和设施。20世纪40年代末，经济学家们将其引入社会经济结构和经济发展理论中，以概括那些为经济活动服务的不可或缺的物质载体与基础条件。由此，城市基础设施就是城市中各种活动的有形和无形的载体，是城市现代化的重要体现。

城市基础设施，或称城市公共设施（部分学者称为城市公用事业工程、市政工程设施）等。其含义可以从两个角度来理解：从城市生态系统平衡的角度看，是直接为维持城市生产与生活正常秩序和保证城市发展的必不可少的物质条件；从城市社会再生产角度看，是为在城市进行物质、精神和人本身再生产而创造的一般的、共同的、社会化的物质条件。综合而论，城市基础设施就是为城市生产和生活提供的一般公共设施，是城市赖以生存和发展的基础。

在我国，城市基础设施一般定义为：城市物质生产及人民生活赖以使用和发展的“技术性基础设施”，包括：（1）城市能源及能源生产，如城市电源和输变电线路；（2）城市水源及供水、排水和污水处理；（3）煤气厂和输配管网、集中供热；（4）城市交通设施；（5）城市邮电通讯；（6）城市园林绿化；（7）环境保护及监测和环境卫生；（8）城市防灾（防洪、防火、防震、防地基下沉）等设施。

（二）城市基础设施的分类

按不同的标准，城市基础设施可以有多种分类①。

1. 按城市基础设施的性质，可分为社会性基础设施和技术性基础设施两大类。前者包括住房、医疗卫生、文化、体育、托幼保健、商业服务、教育科研和旅游等设施；后

---

① 引自王雅莉主编：《市政管理学（21世纪高等院校公共管理类统编教材）》，北京：中国财政经济出版社，2002年版，第143-144页。有补充。

者包括供水、排水、道路、煤气、热力、公共交通、电力、通信和城市防灾等设施。如前所述，我国城市基础设施主要是技术性基础设施，但欧美部分国家由于城市化进程进入稳定发展期，其关注重点是社会性基础设施。

2. 按城市基础设施的内容分类，可分为城市能源动力（供电、供热、供气等）系统，供水排水系统，交通道路系统，邮政通信系统，环境卫生排渣系统，防灾战备系统，治安报警系统等方面的物质载体与社会组织条件，这一分类系统是城市空间管理的过程中与城市规划对接最为密切的。

3. 按城市基础设施的市场结构，可分为垄断性和竞争性两类。垄断性城市基础设施是由于政治、社会或技术规模经济等因素必须由城市政府或委托企业垄断经营的城市基础部门，城市管理要对其进行规制，即对其产权、产品、服务和标准等进行必要的干预，如城市供电、供水（其基础价格、梯级价格的划定）等；竞争性城市基础设施是对某些准公共物品的城市基础设施，可以通过私人部门多元化经营和竞争来降低成本，实现资源合理配置的城市公益性设施，如城市电信、园林、环境卫生等。

4. 按城市基础设施的资金运行状态，可分为自我平衡收支和国家补贴两类。前者主要是一些经济性设施，其服务的产权、投资、融资、建设、经营及定价等方面可以不同程度的市场化，根据发达国家经验，这类基础设施主要包括城市供水、供电、通信、能源等；后者是一些公益性较强的社会性设施，如主要实现社会和环境效益目的的污水、垃圾、粪便处理、防灾、绿地以及环保等设施，它们必须由政府财政投资和补贴来协助维持经营。

5. 按城市基础设施的空间位置和技术性能，可分为地下和地上两部分。地下部分指形成城市运转网络的各种管、道、线及其布局；地上部分指机器设备、道路等固定设施与地下部分的延伸部分。它们需要按照其技术要求实施优质管理。

二、城市基础设施的供给

（一）城市基础设施建设的传统资金筹集渠道

城市基础设施的投资具有数额大、建设周期长、资金回收慢、利润率和折旧率低等特点。一方面，城市的基础设施建设需要大量的投资；另一方面，这种投资直接的经济效益比较低，影响了市场经济条件下多元投资主体的积极性，这一直是制约城市基础设施建设和管理的主要矛盾。解决这个主要矛盾的首要环节是扩大资金筹集渠道，实现城市基础设施建设资金来源的多样化。由于城市基础设施具有公益性，绝大多数的基础设施由市场和财政复合补偿或完全由财政补偿，因此，国家和城市的财政拨款始终是城市基础设施建设资金的主要来源。

城市财政用于基础设施建设的支出，主要来源于下列城市财政收入：（1）城市维护建设税；（2）城镇土地使用税；（3）城市公用事业附加；（4）其他税收以及若干种收费。如：城市排污费，向单位和居民普遍征收城市排污费，对超过规定排放标准的污水，按超过倍数累进征收超标排污费；过桥费、过隧道费；住宅建设配套费。

（二）完善城市基础设施投融资机制的总思路

传统的城市基础设施筹资渠道较窄，在市场经济条件下，需要不断探索，不断创新，完善城市基础设施投融资机制的总思路是：积极探索城市基础设施建设的非政府融资渠道，推进市场化进程；明确界定各类资金在城市基础设施投资中的功能和地位，政府资金发挥主导作用，广泛启动和引导社会资金投入城市基础设施的建设①。

1. 重新界定城市基础设施的可市场化与不可市场化的界限

基础设施能否市场化的经济技术标准一般有两个：一是公共性的强弱，二是可分割性的难易。从这两个标准来看，技术性基础设施中，防洪、环境保护等可能是难以市场化的；而铁路、公路、电信、电厂、城市轨道交通、供水、燃气、供电、供热、停车场、道路和桥梁、污水和垃圾处理等则是可以部分或全部市场化的。在可以市场化的基础设施建设中，要正确处理城市基础设施的社会效益与经济效益的关系，适当维持基础设施的产品和服务价格，依靠科学管理降低成本，提升基础设施的运营收入，用于城市基础设施建设。一般说来，国家和城市的财政拨款主要用于基础设施的扩大再生产（新建、扩建、改建），而城市基础设施的运营收入主要用于基础设施的简单再生产，包括设备的维修、日常经营管理的开支和员工的工资、奖金及福利费用等。

2. 充分发挥政府在基础设施投资中的主导和引导作用

当前各级城市政府应着力加强对基础设施建设的统筹规划和投资针对性，完善政府投资和融资体系，在投资规模和信贷计划上向基础设施建设适度倾斜，集中财力保证基础设施重点建设项目的投资需要。

城市政府或经过城市政府批准的法人可以作为发行某个基础设施建设项目债券的债务人，一定的单位和个人可以成为该债券的债权人。如重庆市在1987年就向社会发行了5 000万元的城市道路桥梁建设债券，用于嘉陵江石门大桥的建设；天津市20世纪80年代末的外环线道路工程也是通过发行外环线道路建设债券来筹集资金的；2014年，国务院批准上海、浙江、广东、深圳、江苏、山东、北京、江西、宁夏、青岛10个省市试点地方政府债券自发自还。城市基础设施中一些科技含量高、市场潜力大、政府难以拿出足够资金给予支持的新兴产业，还可以通过向社会发行股票来筹集资金。债券的特点是要还本付息，股票的吸引力在于股息收入，所以，通过发行债券和股票向社会集资，只适用城市基础设施建设中少数能够依靠有偿使用产生一定利润的项目。

3. 利用项目的营利性吸引非财政投资

这是国际上通行的做法，也是城市基础设施建设资金的主体来源。营利性是吸引非财政投资的关键因素。为此，需要依据基础设施的技术特点和盈利能力进行科学分类，并采取不同的投融资政策。对一些由于其高度的自然垄断性特点而可获取超额利润的基

① 此部分内容参见王雅莉主编：《市政管理学（21世纪高等院校公共管理类统编教材）》，北京：中国财政经济出版社，2002年版，第161-164页。

础设施项目，政府应通过价格管制和税收，使经营者得到合理利润（如 BOT 模式兴建的高速公路）；对大体可获得社会平均利润的项目，宜采取中性的投融资政策；而对虽有盈利但低于社会平均利润水平和“政策性亏损”的项目（如垃圾焚烧电站等），则可通过财政补贴、盈利水平不同的项目的组合等方式，使投资者有投资和经营的积极性。

总之，政府的职责是借助财税政策等杠杆，给非财政性投资主体创造出有吸引力的、公正平等的参与环境。其中统一的可操作的基础设施分类方法，水准和信誉较高、真正独立于有关当事者的评估机构，尽可能多的竞争机制等，都是城市基础设施市场化融资至关重要的环节。目前，应把投融资重点放在发展和完善与现阶段我国资本市场发育相适应的市场经济融资机制上。可以考虑在严格上市条件的前提下，给基础设施领域企业以更多的上市机会，包括境外上市的机会；随着社会保障体制改革的深入和资本市场的发育，可以将投资周期长、安全性强、回报稳定的基础设施产业投资基金逐步引入养老保险基金，也可作为吸引外资，特别是境外养老保险基金的方式之一；还要扩大基础设施建设的 BOT 模式的实行范围，以缓解建设资金不足；在保证还本付息能力的前提下，可适当发行基础设施专项企业债券，等等。

（三）城市基础设施建设的投融资机制创新

城市政府可以通过多种投融资方式的选择和组合创新，来实现有效的基础设施建设资金融通。换句话说，当今政府不一定要以直接投资者或直接借款人的身份介入城市公共建设项目，而可以通过为项目提供市场优惠政策、特许经营权或管理权等方式来组织投融资的机制。

1. 城市基础设施建设领域投融资的新特点

（1）在投融资中政府不再以负债人身份出现；

（2）投资将与项目产权交接相结合，如 BOT 模式、PPP 模式等；

（3）力图有效分散各种风险；

（4）融资结构中的信用支持形式愈发多样。如根据受益者负担原则，以项目使用费作为投融资信用支持；以提供固定价格、固定工期合同或“交钥匙”工程合同等方式从工程承包公司获得信用支持；以项目竣工后的特许经营权或管理权来获得信用支持；

（5）技术较为复杂，融资时间较长，前期成本往往有所增加。

2. 相关投融资机制创新的具体模式

（1）投资者共同组建项目公司

以该共同组建项目公司的名义拥有和经营项目，安排投融资，其主要的信用保证来自于项目完成后的资产价值和投资收益、投资者所提供的担保和项目公司的现金流量。这种方式的操作思路是：项目投资者按照一定协议组建项目公司，并注入股本金，项目公司自主安排项目的投融资、建设及建成后的经营管理，投资者为公司提供完工担保。其他信用支持由项目公司自行解决。该方式较适用于有投资回报的市政公共建设项目，如收取通行费的高速公路、桥梁、隧道等。

(2) 以“设施使用协议”为载体的投融资方式

该方式的特点是：在某一城市公共建设项目启动后，用事先同使用者签署的使用协议作为融资载体来安排投融资。其信用保证主要来自于“设施使用协议”中使用者无条件付费承诺和投资者的完工担保。其操作过程为：投资者与使用者事先签署“设施使用协议”，投资者组建项目公司，由其具体负责项目的开发和经营，项目公司利用“设施使用协议”、工程公司的承建合同及银行提供的工程履约担保作为信用支持进行融资活动，包括以债券吸引社会游资和机构投资者的资金。该方式一般适用于城市管道、空港、海港、火车站等公共建设项目。

(3) 以“有偿供给”为基础的投融资方式

该方式是以让渡公共产品与服务的未来有偿供给收入权益为信用基础的，未来项目收益中的一部分将作为偿还债务的主要资金来源。其操作程序为：组建投资中介机构（如信托基金），并从项目公司购买准公共产品或服务的有偿供给量作为投融资基础，投资中介机构安排融资，同时按照协议将资金注入项目公司，项目完成后，其有偿供给收入除成本外将直接进入投资中介机构用于偿还债务。这种方式主要适用于煤气、天然气、自来水等项目。

(4) BOT 投融资方式

BOT（Build-Operate-Transfer，建设—经营—移交）是指建设项目由企业投资建设，企业同时获得该项目一定期限的经营权，期满后再将设施转让给政府的一种投资建设方式，是国际通用的投资运营模式。它以城市政府为公共建设项目的开发经营者提供一种特许经营权作为项目的投融资基础。该方式以引进外资为主，主要适用于发电站、高速公路、轨道交通和其他有投资回报的大型城市公共建设项目。但是，该方式结算期较长，外汇风险极大，要广泛采取这一方式，城市政府必须创造一个相对稳定的社会经济环境，给予一定的抗风险支持，如建立外汇风险基金，提供外汇风险保险。

(5) 捆绑式组合型投融资方式

通过两个或两个以上无投资回报项目和有投资回报项目的捆绑和组合，将投资负担和投资回报相结合，从而形成一个项目成为另外一个项目信用保证的投融资方式。如：城市道路建设与周边土地开发项目捆绑组合；绿化建设与绿化建设基金的市场运作相结合；污水处理设施建设与排污收费项目捆绑组合；另外一些小型公共建设项目可以采取民建公助或公建民助的形式。该方式适用于无投资回报但能产生较好社会和生态环境效益的城市公共建设项目，如城市道路、公园、垃圾和污水处理设施、防灾设施等。

此外，PPP 模式（见本书第五章，第三节）也是一种重要的基础设施投融资创新。

三、城市基础设施的运行

（一）城市基础设施的管理机构

城市政府是基础设施的最高主管机构，其下属的工作部门或附属机关为具体主管机构，按其职能特征，可分为以下几种类型①：

1. 综合机构

城市（乡）建设委员会，是市政府的工作部门，是市政府的全面负责城市基础设施管理的综合职能机构。对大中城市而言，它主要进行宏观上的管理决策，指导、监督下属专业机构的工作，组织和协调基础设施的重大工程建设等。对于小城市而言，它负责全面的工作。

2. 专业机构

即从事专门系统的管理机构。它们有的是市政府的工作部门，如环境保护局；有的是市政府工作部门下属的机构，如公用事业管理局、市政工程管理局、环境卫生管理局、园林管理局等。

3. 协调机构

它是横向的跨部门、跨行业的从事部门、行业之间协调管理的机构，如市政管理委员会、交通管理委员会等。

4. 临时机构

根据需要，市政府或它的职能部门为了筹建重大的基础设施工程，或综合解决城市建设和管理中的重要问题，可以设置临时机构，前者如某项工程建设指挥部，后者如某种治理整顿领导小组。这种临时机构由市政府或它的职能部门授予有关权力；市政府有关的职能部门派负责人参加，具有协调有关部门工作的职能；工作人员从有关部门借调；工程完成或问题解决后，机构即被解散。

我国城市基础设施的管理机构，除了上述市政府的工作部门和附属机关外，还有一部分是中央政府的部门设在城市的下级机构，如民航、铁总、电力和邮政等部门，它们与市政府及其有关部门在工作上有协作关系。

（二）城市基础设施的管理体制

城市基础设施管理体制，是在市政府及其职能部门的统一领导下，在市政府其他工作部门的配合和区、县政府职能部门的分工协作下，改革和依靠城市基础设施的企事业单位的经营和管理，提高城市基础设施综合效益的组织体制②。

1. 市政府及其职能部门的统一领导，是健全城市基础设施管理体制的根本保证

目前，我国市政府对基础设施管理体制的统一领导，有两种模式：第一种模式是在绝大多数城市，由市政府的城市建设委员会对城市基础设施管理体制实行统一领导。在这种模式下，住房和城乡规划局是城市建设委员会的下级机构；城市建设委员会协调解决制定和执行城市规划中发生的市政府各部门及其下级单位之间的矛盾；城市建设委员

---

① 参见张觉文编著：《市政管理新论（公共管理与社会学·MPA 系列）》，成都：四川人民出版社，2003 年版，第 318 页。

② 此部分内容引自张永桃主编：《市政学（全国高自考指定教材）》，北京：高等教育出版社，2000 年版，第 278-280 页。

会统一领导城市规划和城市基础设施的管理工作。这种模式的优点是有利于对城市基础设施管理体制的统一领导，弱点是协调解决执行城市规划中矛盾的权威性不够。第二种模式是在一部分大城市，市政府分别设置城市规划委员会和城市建设委员会（如北京市），各自领导城市规划管理和城市基础设施管理。在这种模式下，住房和城乡规划局是城市规划委员会的下级机关；城市规划委员会协调解决制订和执行城市规划中发生的市政府各部门及其下级单位之间的矛盾；城市规划委员会规划和监督城市基础设施的建设；城市建设委员会领导基础设施的经营和管理。这种模式的优点是协调解决执行城市规划中矛盾的权威性得到加强；弱点是对城市基础设施的管理体制，可能产生多头领导。

2. 市政府其他有关部门的配合，以及区、县政府城市建设管理部门的分工协作，是健全城市基础设施管理体制的组织保障

城市基础设施的管理，需要市政府的发展改革委员会、经贸委员会、农业委员会、科学技术委员会、国有资产管理委员会、财政局、审计局和公安局等部门的配合，应该用地方行政规章或其他行政规范，规定它们配合的职责和权限。城市基础设施可以分为市级和区、县级两种规模，区、县级基础设施的建设和管理，应该调动区、县政府城市建设管理部门的积极性，让他们根据法律和权限自主管理。

3. 改革和依靠基础设施的企、事业单位的经营和管理，是健全城市基础设施管理体制的关键

检验城市基础设施管理体制改革成功与否的标准，只能是看基础设施的企、事业单位的经营和管理是否得到改善，能否为生产和生活提供优质的产品和服务。应该做到政企分开、政事分开，并根据基础设施市场化的不同程度，分别以合理利润、微利、保本或适度亏损等为考核标准，确定基础设施的部门和单位实行企业化经营、事业性管理或其他的经营管理形式。

4. 吸收多种所有制经济投资和经营基础设施，是搞活城市基础设施管理体制的新途径

基础设施是资本密集型产业，也是国民经济的重要命脉。无论从生产力还是从生产关系的角度，都应该坚持国有经济在基础设施中的主导地位。但是，基础设施的有些部门，或在发展的某些阶段，也适合集体经济，甚至个体和私营经济。例如，民间集资修建道路和桥梁，个体和私营经济经营出租汽车客、货运，集体经济或个体经济提供环境卫生服务。鼓励多种所有制经济投资和经营基础设施，既有利于发展基础设施产业，适应生产和生活的需要，也有利于在竞争中促进国有基础设施企、事业单位的生产和服务。

（三）城市基础设施的经营管理

城市基础设施在很大程度上属于公共产品，或者说是一种由政府提供的准公共产品，基础设施的经营与一般企业的经营管理有很大的差别，这也正是基础设施经营管理

的难点。由于城市基础设施具有公益性，它的部门和单位不能像一般的企业那样，以盈利为主要目标，而只能以社会效益为首要的目标，在此前提下，兼顾经济效益；虽然它们有生产性，受投入产出的经济规律制约，但其中多数的部门和单位通过市场与财政的复合补偿，来实现投入产出的资金循环。这种区别决定了城市基础设施的经营与管理，不同于一般企业的经营与管理①。

1. 根据公益性与市场化程度上的区别，实行不同类型的经营管理模式

少数完全靠市场补偿实现投入产出循环的部门和单位，如集体所有制、个体所有制和私人所有制的出租汽车公司，实行与一般企业一样的企业化经营管理。少数完全靠财政补偿实现投入产出循环的部门和单位，如路灯养护部门，实行全额拨款的事业单位管理。一部分主要靠市场补偿、其次靠财政补偿实现投入产出循环的部门和单位，如供电、电信、公共交通等，基本上实行企业化的经营管理，同时财政给予适当的补贴。一部分主要靠财政补偿、其次靠市场补偿实现投入产出循环的部门和单位，如公园、消防站和广播电视等，实行差额拨款的事业单位管理。

2. 根据城市基础设施经营管理模式的不同，实行不同的定价制度

实行完全的企业化经营管理的部门和单位，所提供的产品和服务的价格，在市场竞争中形成，但受城市政府的物价管理部门的监督。全额拨款的事业单位所提供的产品和服务的价格，由上级部门确定，并经物价部门批准。基本上实行企业化经营管理的部门和单位，所提供的产品和服务的价格，主要在市场竞争中形成，但受物价部门的指导。差额拨款的事业单位所提供的产品和服务的价格，主要由上级部门在参考市场竞争行情后确定，并经物价部门批准。如果扩大再生产的任务较重，价格可含微利；如果主要是维持再生产，价格可含成本；如果公益性较强，市场化程度较低，价格可允许适当的亏损。

例如在北京市水资源日益短缺的条件下，2004 年北京市水务局、北京市自来水集团和北京市排水集团提出了调整水资源费、污水处理费标准的申请以及阶梯水价的初步方案，根据调整方案，本市居民用水的综合价格将由原来的每吨 2.9 元调整到每吨 3.7 元。其中，自来水水费和污水处理费每吨分别增加 0.5 元和 0.3 元，并实行阶梯式递增水价（即较少的用水量对应较低的单位立方米水费，超过一定限额后单位立方米水费提高，至下一限额后单位立方米水费再次提高）。根据《北京市政府价格决策听证办法实施细则》，这次调价之前一共进行了七次听证会，由消费者代表、经营者代表和政府部门及有关专家学者组成的代表出席了听证会，若干名市民参加了旁听，达成了最终的既保证市政企业必要的收益，又有利于节约水资源的调价方案。

① 此部分内容参见马彦琳、刘建平主编：《现代城市管理学（现代城市管理丛书）》，北京：科学出版社，2003 年版，第 129-130 页。

第四节　城市交通与物流组织管理

一、城市交通管理

（一）城市交通的含义

交通（Transportation）是指人和物以某种确定的目标，在一定的设施条件下，采用一定的方式，通过一定的空间进行流动，包括航空、水运、铁路和道路上的交通[①]。城市交通是指城区范围内的交通，或称城市各种用地之间人和物的流动。城市交通是一个独具特色、由多种类型交通组合而成的交通系统。

城市交通系统主要由三部分组成：城市交通基础设施系统，包括城市道路、桥梁、轨道系统、站点等；城市客货运输系统，包括公共汽车、电车、出租汽车、地铁、轻轨、轮渡等公共客运系统[②]，人力三轮车、自行车、摩托车、私人汽车等个体客运系统，以及城市内部的货物运输系统；城市交通控制系统，包括交通标志、信号系统，交通信息采集、传输、控制等交通管制系统[③]。

在城市中，由各种相对独立而又相互配合、互为补充的交通类型组合成城市综合交通。从形式上看，城市综合交通可分为地上交通、地下交通、路面交通、轨道交通、水上交通等；从地域关系上看，城市综合交通可分为城市对外交通和城市内部交通两大部分。进一步细分如图 7—2 所示。

- 城市综合交通
  - 城市对外交通
    - 对外货运交通
    - 对外客运交通
  - 城市内部交通
    - 市内客运交通
      - 步行交通
      - 自行车交通
      - 公共交通
      - 其他客运机动交通
    - 市内货运交通
      - 专业货运交通
      - 单位货运交通
      - 出租货运交通

图 7—2　城市综合交通构成示意图

① 此部分内容参见马彦琳、孙春霞、刘建平主编：《现代城市管理学（普通高等教育“十一五”国家级规划教材）》，北京：科学出版社，2012 年版，第 125-136 页。

② 当前，以移动终端为平台的共享经济条件下出现的“优步”“滴滴”等新的交通方式，其性质和地位仍有待进一步明确。

③ 当前网络技术条件下，交通实时信息的采集与 GIS/GPS 技术的结合是的智能交通管制和引导成为可能。

（二）城市交通问题的典型表现

城市交通问题的类型和表现因城市而异，但一般而言，当前我国城市所面临的共同交通问题是道路拥挤阻塞、交通污染严重等。并且随着私家车保有量的提高，如果不进行控制和治理，这些问题还会更加严重。具体来说，城市交通问题主要表现在以下几个方面①：

1. 人行不便。所有正常的交通活动均是以步行开始和结束的，人行安全、便利是交通的基础。在我国城市的居民出行中，近距离步行占据较高的比例，然而由于城市道路设计多以机动车出行为导向，缺少相对隔离的、安全人性化的人行道路系统设置，导致步行者的出行不便，也存在着一定的安全隐患。此外，人行道上的各种线杆、图窗广告、宣传标语等，占用了大量行走空间，也给步行者造成了通行障碍。

2. 交通拥堵。随着城市经济的发展，机动车保有量持续增多，居民出行频次增加，交通量增加，道路变得拥挤。交通拥挤和堵塞会带来巨大的经济损失、时间损失、燃料费用损失和环境污染。例如，北京市每年由于交通拥堵所造成的各类损失高达全市 GDP 比重的 7%~15%。交通拥堵已经成为众多城市共有的“城市病”。

3. 停车困难。城市机动车数量的快速增长使得停车成了大问题，社区甬道停满了车辆，周边道路车辆违规停放影响正常通行，公共停车场的预留空间不足妨碍了正常社会活动，老旧城区的建设发展也受到了严重的冲击，等等。

4. 交通污染。交通给城市造成的污染包括废气排放、噪声和振动，其中尤以废气排放对空气的污染为甚。城市交通是城市空气污染的主要来源，而城市交通拥堵和行驶速度下降又进一步加剧了污染程度②。

5. 交通事故增多。中国大城市的交通事故，虽然相对数量下降，但绝对数量却逐年增加，对人民的生命安全威胁不断上升。此外，由于城市交通管理上的一些空白，例如局部路段人车混行、电动车的上路标准和交通规范缺少明确规定等，又进一步增加了交通事故隐患。

6. 公共交通分担出行比例不足。一般来说，人口密集现代城市应优先发展公共交通，因为公共交通不仅人均占用的时空资源少，造成的环境污染也较小。然而，各城市的现实情况是，公共交通分担的居民出行比例不足，这一点在中小城市尤为严重。在北京、上海、深圳等特大城市，虽然公共交通系统发达，但由于城市人口规模巨大、通勤任务繁重（尤其是早晚高峰和假日），也普遍存在着公共交通运力不足、人满为患、供不应求的现象。

（三）城市交通问题产生的原因

上述城市交通问题产生的原因，可以归纳为如下几个方面：

---

① 此部分内容参见马彦琳、孙春霞、刘建平主编：《现代城市管理学（普通高等教育“十一五”国家级规划教材）》，北京：科学出版社，2012 年版，第 125-136 页。

② 有研究表明，我国近年来大部分城市所出现的雾霾天气，也与城市交通拥堵和汽车尾气排放存在一定因果关系。—编者注。

1. 发展理念失准。长久以来，我国的城市发展与管理理念多重视经济增长、产业更新和空间规模的扩大，对城市中的各种“细节”关注不足，对城市中“人”这一最关键要素重视不够，缺少对人的行为规律的了解和把握，更缺少城市的发展建设必须为人（城市居民）提供关怀和便利的重要意识。因此，对城市交通的设计不安全、不方便、不实用等情况时有发生。

2. 规划不合理。在传统的城市规划思想中，虽然城市交通规划、城市道路系统规划也是城市规划的重要内容之一，但城市规划是以土地使用规则为核心的，城市交通与道路系统规划往往作为一种配套性的规划依附于土地使用规划，规划没有完全理顺城市道路系统规划与城市土地使用规划和城市交通规划之间的关系。单纯的土地使用规划难以保证交通的合理性，而城市交通与道路系统规划又难以理解规划布局的意图，致使土地使用与交通组织和道路系统脱节。

3. 城市交通基础设施存在设计缺陷。很多城市的交通线路组织、出入口设计先天不足，人车接驳不利，违背各类交通方式的特征需求。多数城市的道路系统不完整，或者说未成系统，交通流过于集中于少数干道上，城市的迂回运输现象比较普遍，又加大了这些干道上的交通压力，城市的交通结构也因之不合理。同时，城市中缺少各种车辆的停车场地、人流集散场地，甚至缺少人行道，而城市道路被“马路市场”、摊贩、车辆的停放及其他堆放物占用的状况十分严重，这些是造成城市交通拥挤和堵塞的原因之一。此外，一些城市中心城区的土地开发强度之高、功能性基础设施布局的随意无序，也无形中加剧了城市交通的矛盾。

4. 城市公共交通发展滞后。公共交通的发展是城市交通发展的重要内容。但是，城市公共交通发展缺乏系统完善的法规保障和政策支撑体系，作为龙头的公交规划的重要性被忽视，规划内容不完善，导致城市公共交通中轨道交通、公共汽电车、出租车等组成部分难以发挥系统的整体性。另外，城市公共交通设施建设严重不足，公交换乘枢纽设施建设滞后，线网密度、场站覆盖率低，公交专用道建设步伐缓慢，大运量交通系统建设缓慢，公交运力结构失衡，没有真正发挥大运量城市公共交通方式在大城市交通出行中的主力军作用。

5. 城市交通管理水平低。管理理念、管理人员、管理手段等都还有很大的提升空间。城市交通管理中的智能管理、网络化思维还停留在初级阶段。城市的空间使用创新（如左转弯待转线、潮汐车道）等还没有在全国城市普遍展开。

（四）城市交通管理的基本理念①

城市交通管理的基本理念包括以人为本、关注步行者，公共交通导向，可持续发展等。

① 其中1~2参见张波、刘江涛：《城市管理学》，北京：北京大学出版社，2007年版，第295-296页。

1. 以人为本、关注步行者

在城市交通中所谓的“以人为本”中的“人”是相对“车”而言的，特别是指在城市交通环境中处于弱势的群体。我们在制定交通规划，进行交通设计或制定交通政策、进行交通管理时，都应当充分考虑以步行、自行车、公共交通工具等为主要出行方式的交通弱势群体的因素，把弱势群体的利益放到优先的地位，加强对这些弱势人群的保护。

交通领域的“以人为本”还包括改善城市环境，提高交通安全，摒弃过去以车为主体的传统观念，将人的需求满足放在首位，其中，营造步行空间是“人本”交通的重要表现形式。步行是人们最基本的重要交通方式，人们出行不管采用什么交通工具都或多或少伴有步行交通，而步行是一种健康和最有利于环境保护的交通方式。过去“以车为本”的交通规划往往忽略步行系统，人行道也常常被看成是车行道的附属设施，使用中还时常会被挤占；步行环境是“以人为本”规划思想的重要内容，步行（包括自行车、残障交通）体系规划建设是现代化城市综合交通体系的重点之一。

2. 公共交通导向

在能源和环境危机的压力下，许多发达国家的城市对其无序蔓延的发展模式进行检讨，降低能源消耗、改善生态环境、有效利用资源等成为新的城市发展理念。与此相应的一项重要战略就是通过公交导向开发策略进行系统的、协调的土地开发和公共交通建设。国外流行的公共交通导向开发 TOD（Transit Oriented Development）正是城市公共交通与土地开发模式相结合的产物。其表现为：中高密度的住宅，搭配合适的公共设施、工作机会、零售与服务性空间，重点集中于区域性公共交通运输系统上的重要地点的多用途开发。其特征和目标是将住宅、零售、办公、开放空间和公共空间等，集合到一个适于步行的环境中，使当地居民及上班族可以更多地使用公共交通运输系统或骑自行车。公共交通导向的土地开发模式在解决城区交通拥堵、扩充基础设施容量、充分利用城市空间的资源以及保持和提高城市活力方面都发挥了重要作用。

3. 交通可持续发展

城市交通可持续发展的含义是交通系统、社会经济系统和环境系统的协调发展，即交通—社会—经济—环境构成的复合系统的多维协调发展。经济可持续发展是交通可持续发展的资金条件，资源是交通可持续发展的物质条件，环境和资源是交通可持续发展的基础和约束条件。城市交通可持续发展的目标是实现城市交通与社会、经济、资源环境的协调发展。在满足城市社会经济发展对交通需求的同时，重视城市生态环境保护和资源合理利用，符合城市的社会—经济—生态复合系统长期可持续发展的整体需求，并要求现阶段的发展不能损害未来的城市交通发展能力。

城市交通可持续发展的内涵可以概括为以下三点：

第一，满足社会日益增长的交通需求。城市交通系统可持续发展的根本目的不是自身的发展，而是保证社会经济的可持续发展，满足人们对交通活动数量上和质量上的需求，提高人们交通活动的效率。交通以人为本，交通为人服务。

第二，提高环境资源的效率。资源环境体系的基本承载力是决定城市社会经济活动规模与范围的基础。城市交通发展受到承载力水平的制约，对环境资源的索取一旦超过了允许阈值，便会受到自然的惩罚。通过改善交通结构、改进交通工具和有效的交通管理措施提高交通系统的效率，降低单位交通量的资源消耗量，可以提高城市交通的环境承载力。

第三，保护环境。交通工具的污染物排放和噪声污染是城市交通系统环境影响的两大方面。如何协调交通系统与环境的关系是城市交通系统可持续发展的重要方面。

（五）城市交通管理的主要内容

城市交通管理是一项非常复杂的系统工程，涉及社会经济发展、人民生活等许多方面，管理的本质特征不仅仅有其技术的内涵，而且在实施的过程中更赋予了其政府行为的属性。因此城市交通管理不仅仅是一个技术问题，而且是在一定的宏观和微观政策框架下，与城市社会、经济和国家产业政策等发展密切相关的综合性问题。

城市交通管理的内容可以分为交通系统管理（traffic system management）和交通需求管理（traffic demand management）两个方面①。交通系统管理是对交通流的管理，是指交通管理部门通过对交通流的管制及合理引导，使交通流在道路网络上重新分布，均匀交通负荷，提高道路网络系统的运输效率，从技术上缓解交通压力，是一种技术性管理。交通需求管理是对交通源的管理，是指政府从宏观的角度利用行政手段干预城市交通的发展规划，影响城市交通结构，通过削减不必要的交通需求，减少道路交通流量，从根源上缓解交通紧张局面，是一种政策性管理。

就管理手段而言，又可以分为数量管理和价格管理两种。数量管理是对交通的数量或流量进行控制，例如北京市现行的小客车指标调控，对一定时期内新增小客车的总量进行严格控制，或者在规定日期对一部分车辆要求限行，以减少路上车辆总数，进而达到减缓交通压力的目的。价格管理是对交通行为的付费进行管理，以价格为杠杆调节交通行为，例如对高峰时段的出行车辆收取拥堵费、市中心拥挤地段收取较高停车费、公共交通的价格优惠等。在我国现行的城市交通管理活动中，两种手段都得到了较为广泛的应用。

二、城市物流组织管理

在当代城市的发展过程中，除了一般意义上的城市交通之外，由于现代物流、快递产业的快速发展，物流效率对城市的影响也愈加深远。因此，对城市物流领域的关注显得尤为必要。

---

① 此部分内容参见马彦琳、孙春霞、刘建平主编：《现代城市管理学（普通高等教育“十一五”国家级规划教材）》，北京：科学出版社，2012 年版，第 125-136 页。

（一）城市物流的含义

根据国家标准《物流术语》（GB/T 18354—2006），物流（Logistics）是指物品从供应地向接收地的实体流动过程。根据实际需要，将运输、储存、装卸、搬运、包装、流通加工、配送、回收、信息处理等基本功能实施有机结合①。

城市物流又具有一些不同于一般物流活动的意义，例如城市物流的功能首先是解决城市所特有的物流问题，如交通堵塞、废气污染、能源消耗及城市废弃物流处理等；其次，城市物流还扮演着满足城市经济发展要求和提高城市竞争力的角色；第三，城市物流的活动不仅仅局限于城市内部，还应当包括城市与外部地区的物流活动。因此，结合城市物流的功能，可以将其含义界定为：城市物流是为了满足城市以及以城市为中心的周围经济区域内人们生活及经济活动的需要而进行的城市内及城市与外界之间的物流活动，同时也是为了降低这一物流活动所带来的城市交通堵塞、环境污染等负面印象而进行的物流优化活动②。

（二）我国城市物流存在的问题

城市化和现代商业的繁荣推动了城市物流的迅速发展，特别是电子商务、连锁经营等新型商业模式和业态的变革，更加促进了对物流产业的需求。然而，与迅速增长的规模相比，我国的城市物流仍然停留在比较初级的发展阶段，暴露出一些明显的问题③。

1. 城市物流配送管理缺少配合，政策法规不完善。城市物流的各项工作分属于交通、工商、税务等不同部门，而这些部门现有的政策法规已经逐渐不适应现代物流业的发展需要，我国有关物流业的法律法规尚不完善，物流市场的竞争规则缺少统一标准和有效的约束监督。

2. 物流基础设施分布分散，且信息化程度低。城市物流的基础设施水平目前还处于粗放经营的格局，分布分散，技术力量相对缺乏，服务网络和信息系统不完善，管理手段落后，物流配送市场化程度低，影响了城市物流配送的准确性和时效性。

3. 城市配送车辆存在“三难”问题。随着城市机动车保有量的急速增加，城市交通资源约束日益明显，城市配送车辆也相应出现“通行难、停靠难、装卸难”的问题④，这些问题在大中型城市的表现尤为突出，严重影响了城市配送效率，增加了物流成本，制约了物流业的发展。因此需要切实加强和改进城市配送管理工作，有效解决城市物流发展过程中的矛盾和冲突。

4. 城市物流配送管理人才缺失。我国大部分城市目前缺少高层次的现代物流管理人才参与城市的规划设计与物流产业发展管理，从业者大部分为一线操作人员，导致城市

---

① 高俊：《城市物流规划初探》，《物流科技》，2003（4），第7-9页。

② 陈森：《城市物流对区域经济的影响及其规划研究》，武汉科技大学硕士学位论文，2005年。

③ 参见刘茜：《我国城市物流配送管理存在问题及对策探讨》，《科技视界》，2014（7），第257页。

④ 也出现了超标电动车引发的道路安全问题，快递车辆和快递物品的安全问题等一系列问题。

物流的发展缺少长远性、战略性的发展规划与目标，也不能与城市管理活动的其他方面进行很好的协调与配合，制约着城市物流的进一步发展。

（三）城市物流规划①

改进我国城市物流的发展与管理现状，从根本上来讲，需要城市政府的有效干预，将城市物流的发展作为城市发展的重要内容之一，对城市物流系统进行更高层次上的整体规划，以实现城市物流与其他部门乃至整个城市经济的协调发展。

1. 城市物流规划的含义

城市物流规划是指为促进以城市为中心的区域内物流业在一定时期的发展，综合考虑城市物流与区域经济的相互关系及物流活动所带来的影响，而做出的对物流政策、措施及物流基础平台的整体设计。通过城市物流规划可以从根本上解决城市物流与区域经济间的不适应性，并且人为控制其对公众和外界（如交通、环境污染、土地资源、空间布局等）的影响，其最终目标是通过建立物流软硬件平台以实现物流资源的整合与集聚，从而建立起适应城市居民生活需要并且与区域经济发展相匹配和协调的城市物流体系。

2. 城市物流规划的原则

城市物流规划是一项复杂的工作，需要考虑的因素较多，不同城市有不同的客观情况。但由于物流系统的运作有其共同的规律，因此可以遵循共同的规划原则：

（1）整体性原则。城市物流规划属于城市规划的一部分。城市物流规划不能仅仅局限于物流系统内，还应该考虑城市的整个产业结构、空间布局要求等因素，从更宏观的角度来看待城市物流规划，要在城市规划的前提下进行，必须与城市的总体规划保持一致，避免盲目的重复建设以及与城市规划的不协调。

（2）系统性原则。物流本身是一个复杂的系统，城市物流规划时既要充分考虑系统外部因素，如城市区域资源、经济发展水平、城市定位等，又要考虑物流系统内部各要素，如交通运输、物流设施等，不能顾此失彼。同时，城市物流规划时要把物流活动的每一环节看作是物流系统的一个必不可少的要素对待，不可只考虑局部环节，而使整个物流系统的效率受到影响。

（3）前瞻性原则。城市物流规划不能仅局限于过去和当前的物流现状，还要根据城市未来的发展方向、产业特点及经济趋势对物流发展方向做出科学预测，使物流规划具有适当超前性与连贯性，避免出现刚建好的物流设施已不适应当前经济发展需要的情况。

（4）匹配性原则。当城市物流的发展水平与区域经济的发展水平相匹配时，城市物流才能发挥其最大功效。因此，城市物流规划不能太过于滞后，也不能太过于超前，应

---

① 陈森：《城市物流对区域经济的影响及其规划研究》，武汉科技大学硕士学位论文，2005年。

与区域经济的发展相匹配。

3. 城市物流规划的内容

基于以上原则，城市物流规划的内容主要应当包括质和量两个方面。从量的方面来讲，包括城市物流整体规模及基础设施规模等；从质的方面来讲，包含城市物流信息平台、标准化平台、配送体系、物流政策、法规、城市物流的发展战略、物流模式选择、物流企业的培育等。囿于本书篇幅，这部分内容不作详细展开。

⊙本章小结

本章首先介绍了城市规划的定义以及城市规划的发展历程，明确了现代城市规划的基本任务和原则，结合我国的城乡规划体系，介绍了城市规划的主要内容和编制办法。同时，介绍了在城市空间范畴内的城市土地用途管制和土地使用制度的相关内容，对土地有偿使用制度及管理、政府的土地供给和土地要素市场城乡一体化等城市土地利用中的重点内容进行了分析。城市基础设施的建设和管理是城市政府肩负的重要任务，所以本章特别对城市基础设施的含义、特性、分类做了介绍，并结合国外经验，介绍了市场化条件下，城市基础设施的建设筹资及运营模式，提出了我国各项城市基础设施建设、管理、经营模式转型的总体思路。最后，对城市空间管理的一个重要方面—城市交通和物流组织管理，进行了相关介绍。

⊙本章习题

一、基本概念

城市规划　城市总体规划　城市详细规划　土地用途管制　城市基础设施　BOT 模式　PPP 模式　城市交通　城市物流

二、复习题

1. 编制城市规划应遵循的原则有哪些？

2. 简述城市规划的编制、审批和调整程序？

3. 城市规划的核心内容是什么？

4. 土地用途管制的主要任务是什么？

5. 简述我国的城市土地使用制度改革的方向是什么？

6. 我国城市基础设施的分类有哪些？

7. 我国城市基础设施建设可能的融资渠道有哪些？

8. 我国城市基础设施管理的内容有哪些？

9. 常见的城市交通问题有哪些？其产生原因是什么？

10. 如何理解城市交通管理的三项基本理念？

11. 我国城市物流存在的问题有哪些？

三、思考题

1. 结合金融业的发展，谈谈我国城市基础设施建设的融资渠道，未来还有哪些潜在的创新空间？

2. 我国的土地要素市场城乡一体化在具体实施过程中可能存在哪些障碍？如何破除这些障碍？

第八章

城市环境管理

⊙学习目的与要求

通过本章的学习，能够对城市环境管理的基本内容、城市生态环境保护的含义和内容进行描述，能够对城市环境管理的原则、城市环境管理中的循环经济理念进行分析评价，能够根据城市环境管理的一般手段和相关新思路解决实际问题。

第一节　城市环境的含义和特征

一、城市环境的含义与特征

（一）城市环境的概念

环境通常指作用于人类所有外界影响因素的总和，是人类赖以生存的空间的总称。环境是由各种性质不同、运动状态不一的物质所组成的有机统一体，是经过从无机环境到生物协调与智能社会三个发展阶段，由岩石圈、水圈、大气圈、生物圈以及技术经济圈组成的复杂体系。它既受自然发展规律所控制，也为人类社会经济活动所约束，是人类从事生产活动的物质基础，也是人类赖以生存的基本条件。所谓城市环境，是指影响城市人类活动的各种自然的或人工的外部条件的总和①。

（二）城市环境的组成

城市环境包括两大部分，一是城市的自然环境，是由城市空间范围内的地质、地貌、土壤、大气、地表水以及城市生物系统等自然因素构成的自然环境的总体；二是城

① 此部分内容参见王雅莉主编：《市政管理学（21 世纪高等院校公共管理类统编教材）》，北京：中国财政经济出版社，2002 年版，第 344-346 页；马彦琳、刘建平主编：《现代城市管理学（现代城市管理丛书）》，北京：科学出版社，2003 年版，第 135 页。

市的人工环境，它是在前者基础上建造的社会环境、经济环境、文化环境和建设设施环境等。人工环境是人类利用自然、改造自然的结果，包括人类在改造自然过程中人工创造出来的环境空间，如各种建筑、工矿企业、文化古迹、历史遗存、人工园林等。城市环境既是一种客观存在，又是一种主观创造。它是城市活动的基础、生产对象和成果的体现，同样也是各种人类活动的最终承受者。由此可见，城市环境是城市自然因素、城市生态系统与城市人工活动的综合体。

（三）城市环境的内涵

由自然环境和人工环境组成的城市环境在内涵上包括以下三个方面的关系：（1）人与环境的关系。人是推动社会经济发展的动力，城市系统中人的集聚，改变着自然环境。从城市生态学的观点看，城市人口的增长如果与自然环境相匹配，可以实现城市社会生产系统和自然生态系统的平衡；如果超出了自然环境的承受范围，则将导致自然生态系统的失衡和一系列的环境问题。（2）经济与环境的关系。环境是人类生存发展的客观条件，城市的发展造成污染物的排放，进而有可能导致城市环境恶化。有效控制污染物的排放，并对其进行综合治理，需要经济的发展为其提供资金和技术。（3）资源与环境的关系。资源是经济发展的物质基础，对自然资源的开发利用，是人类与环境之间进行物质转换的一个主要方面。人类对自然资源的不合理开发和低效利用，是造成城市环境恶化的主要原因。而经济发展和科技进步可以提高资源的利用效率，合理利用资源，维护城市生态环境的平衡。

（四）城市环境涉及的相关概念

在研究城市环境问题时，有几个十分重要的相关概念，这里阐释如下：

1. 环境容量：指在人类健康与自然生态不致受害的前提下，某一环境所能容纳污染物的最大负荷量，是考察污染是否发生的重要标志。

2. 环境污染：指自然环境要素中，混入对人体有害、破坏自然生态的物质或非物质形式，并达到一定的程度，超出环境自我净化能力的现象。或者说，环境污染是由于有害物质或非物质形式的积累超过了环境容量的结果。

3. 环境质量：指自然环境构成的诸要素（大气、水体、土壤、生物等）之一，或环境整体受到污染的程度。

案 例

我国的空气质量监测

2016 年 2 月，我国环境保护部发布了 2015 年全国城市空气质量状况报告，检测指标包括细颗粒物（PM2.5）、可吸入颗粒物（PM10）、二氧化硫（SO_2）、二氧化氮（NO_2）、一氧化碳（CO）和臭氧（O_3）等 6 项。在全国 338 个地级及以上城市中，平均达标天数的比例为 76.7%。全部城市中空气质量达标的仅有 73 个，占 21.6%，达标城市主要分布在福建、广东、云南、贵州、西藏等省区。

按照环境空气质量综合指数评价，2015 年 74 个城市中空气质量相对较差的后 10 个城市（从第 74 名到第 65 名）依次是保定、邢台、衡水、唐山、郑州、济南、邯郸、石家庄、廊坊和沈阳；空气质量相对较好的前 10 个城市（从第 1 名到第 10 名）依次是海口、厦门、惠州、舟山、拉萨、福州、深圳、昆明、珠海和丽水。

（资料来源：环境保护部网站，http：//www. zhb. gov. cn/gkml/hbb/qt/201602/t20160204_ 329886. htm)

4. 环境保护：指采取各种方法保护环境，使之适合于人类的生存发展和自然生态平衡的实现。它包括两部分的工作，一是防止污染的发生和过度积累；二是对已经受到污染的环境进行综合整治，以恢复或重建城市环境。

（五）城市环境的特征

1. 复合性

城市环境是一种高度人工化的自然—人工复合环境。城市环境既不是单纯的自然环境，也不是单纯的人工环境。自然环境与人工环境的高度融合是城市环境最显著、最基本的特征。因此，城市环境的发展和演化，既遵循自然规律，也遵循人类社会的规律。城市是人类对自然环境施加影响最强烈的地方，城市的各种自然要素都带有明显的人工痕迹，甚至已经被人工改造得面目全非。但即使如此，城市环境仍然受到自然规律的制约，城市的自然环境仍然遵循着自然演化规律。例如，城市的“热岛效应”是城市的“小气候”，但这种小气候仍然处于城市所在的经纬度所决定的气候区中。

案例

天安门广场上的草坪

1999 年为了迎接新中国成立五十周年及澳门回归，天安门广场进行了新中国成立以来最大的一次工程改造，换水泥方砖为大理石铺装，并且配合广场改造，在广场中轴线两侧新增绿化面积 9 600 平方米，全部铺设草坪，象征着我国的 960 万平方千米国土面积。

天安门广场的两块草坪不仅用于广场的日常绿化和节庆装饰，更重要的生态作用在于缓解周围地区的热岛效应，降低气温、增加湿度、增加氧气含量，进而营造宜人舒适的环境。

2. 人文性

城市环境是以人为主体和中心的环境。人是城市环境的主体，人不但创造了城市的人工环境，而且剧烈地改变了城市的自然环境，因此人是城市环境的创造者。人创造城市环境的目的是为了人本身，因此“以人为本”是城市环境的根本宗旨。但是，“以人为本”并不是狭隘的、传统的“人类中心论”，不是追求人对自然的绝对主宰和控制，而只是强调城市环境的"人文关怀"。

3. 开放性

城市环境是一个高度开放性的环境系统。每一个城市都在不断地与周边地区和其他城市进行着大量的物质、能量和信息交换，输入原材料、能源，输出产品和废弃物。因此，城市环境的状况，不仅仅是自身原有基础的演化，而且深受周边地区和其他城市的影响，城市的自然环境与周边地区的自然环境本来就是一个无法分割的统一的自然生态系统。城市环境的这种开放性，既是其显著的特征之一，也是保证城市的社会经济活动持续进行的必不可少的条件。

4. 脆弱性

由于城市环境是高度人工化的环境，受到人类活动的强烈影响，自然调节能力弱，主要靠人工活动进行调节，而人类活动具有很多的不确定因素；而且影响城市环境的因素众多，各因素间具有很强的联动性，一个因素的变动会引起其他因素的连锁反应，因此城市环境的结构和功能表现出相当的脆弱性。城市环境的脆弱性，主要表现在城市的环境问题种类繁多，而且日益严重。与乡村地区相比，城市是人类生产和生活活动集中之地，污染源众多，污染物数量大，污染现象严重，尤其是大气污染。城市的环境污染不仅影响到城市本身，而且往往扩散到城市的周边地区。城市环境对外部资源的依存性以及城市环境本身的易变性决定着城市环境系统的脆弱性，也意味着城市对于环境污染的承受力不强。治理污染是现阶段保持良好环境、提高城市竞争水平的重中之重。

二、城市环境面临的突出问题

随着城市化的迅速发展，人口不断向城市聚集，经济水平的提高不可避免伴随着对资源的消耗和对城市环境的影响，加之原有城市环境卫生基础设施建设的滞后，近年来城市环境问题突显。我国目前的城市环境污染主要表现为以下几方面。

（一）大气污染

大气污染是我国大部分城市所面临的首要污染问题。城市的生产和生活向自然界排放各种空气污染物，超过了自然环境的自净能力，改变了大气的成分结构，也给人类的身体和正常生产生活造成危害。

近年来在我国大多数城市频频出现的"雾霾"天气，就是大气污染的典型表现，而PM2.5是目前已知造成雾霾天气的元凶。在环境科学研究领域里，PM2.5表示空气动力学等效直径等于和小于2.5微米的可吸入颗粒物，它的英文全称是Particulate Matter2.5，简称PM2.5。1971年美国制定以TSP为基准的颗粒物环境空气质量标准，1987年正式取消TSP环境质量标准，全面采用PM10环境空气质量标准。到1997年，经过10年的对PM2.5的深入研究后，美国环保局提出并制定发布颗粒物PM2.5环境空气质量标准，同时保持颗粒物 PM10 环境空气质量标准不变。中国国家环境保护部已于 2012 年将 PM2.5、臭氧（8 小时浓度）纳入常规空气质量评价。① 对 PM2.5 的治理控制是一项非常艰巨而长期的任务，一方面它是城市里工业生产过程不可避免的产物，另一方面也与城市机动车保有量的不断上升和交通拥堵程度不断提高密切相关，而其源头都关系到城市经济发展和居民日常生活，因此只能循序渐进，在经济发展和环境保护之间找到一个平衡，不可盲目偏废。目前对城市雾霾的治理已经引起中央和地方政府的高度重视，空气质量指数（Air Quality Index，AQI）也成为气象观测部门定期对外公布的一项重要指标，各城市在雾霾红色警报条件下纷纷采取车辆限行、工厂限产、放假停课、提醒市民减少外出活动等措施，并逐渐在实践中积累了相应的管理经验。但需要注意的是，治理雾霾是一项系统工程，要从根本上解决这一问题，还需要较长时间。

（二）水污染②

城市水污染的一个重要来源是工业用水污染。经过 30 多年的工业化和城市化，许多城市工业园区密布，一些企业出于故意或者过失，导致工业废料排入自然水体或者发生泄漏，进而造成当地地表水体及地下水层污染事故，成为城市居民生活的安全隐患。2010 年福建紫金矿业有毒废水流入汀江，2012 年广西龙江严重镉污染，2012 年山西长治苯胺泄漏导致河水污染等都对当地生活、生产、生态产生巨大影响。

第二个污染源来自于城镇化加速所产生的巨量生活污水。资料显示，我国城镇生活污水排放量由 2003 年 247 亿吨/年上升到了 2010 年的 380 亿吨/年③，2013 年全国城镇生活污水排放量达到了 485.1 亿吨，后三年排放量的平均递增速度甚至高出前 7 年 2.1 个百分点，2013 年生活污水已占废水排放总量的 69.76%。与此同时，我国城市污水处理率较低，其主要原因是我国的城市污水处理厂建设相对滞后，治理经费也相对欠缺。

第三个污染源来自于农业。有资料显示，我国化肥和农药年施用量分别达 4 700 万吨和 130 万吨以上，而利用率仅为 30%左右④，流失的化肥和农药造成了地力下降，有害生物天敌的数量和种类剧减，对土壤和水源环境也造成了严重污染。近几年，禽畜养殖业从分散的农户养殖转向集约化、工厂化养殖，但很少有规模化养殖场能对污物进行较为正规和标准的处理，造成禽畜粪便污染大幅度增加，也成为重要污染源之一。

目前，我国各个城市也在积极开展水污染治理工作，PPP 模式下的海绵城市建设、污水处理厂 BOT（建设—运行—移交）模式运作等正在发挥日益重要的作用。

（三）固体废弃物污染

城市垃圾是城市环境的重要问题。目前我国城镇年生活垃圾总量已超 2 亿吨，并以年均 10%的速度增加，大量垃圾运到城郊裸露堆放。大陆地区现有 650 余个城市，2/3

---

① 朱建超：《PM2.5 的综述与思考》，《中国卫生检验杂志》，2012（10），第 2526 页。

② 资料来源：中工网，http：//news.workercn.cn/619/201405/16/140516134930604.shtml。

③ 资料来源：全国环境统计公报（2003，2010），中华人民共和国环境保护部网站，http：//zls.mep.gov.cn/hjtj/qghjtjgb/。

④ 资料来源：http：//news.1nongjing.com/a/201504/82133.html。

的城市都在垃圾环带的包围中。目前，一些大中城市仅采用简单填埋的方式处理，不仅浪费了资源，而且占用了大量土地。垃圾堆放还会污染土壤，并经雨水渗沥，污染地表水和地下水。每年由垃圾造成的损失为250~300亿元，而这种可再生资源本可创造潜在价值高达2 500亿元的财富。城市固体废弃物的分类、处理、深埋等正在成为新的产业蓝海，日本、法国等发达国家的经验也给我国城市的垃圾处理提供了很多启示。

除了传统的大气污染、水污染、固体废弃物污染之外，噪声污染、光污染、电磁波污染和视觉污染等在城市环境中的破坏作用也不容忽视，必须未雨绸缪，提前布局，综合考量相关处置方案。

三、城市环境管理的主要问题

（一）思想观念的转变相对滞后

在错误的发展观指导下，人类对资源采取掠夺式的开发，资源回收和循环利用水平低，不考虑环境容量的承载能力任意排放污染物。其结果是资源遭到严重破坏，环境受到严重污染。直至今日，仍有不少城市，特别是中小城市，出于经济发展考虑，不惜对"先污染，后治理"的错误路径予以放任，采取牺牲环境的做法，只为追求投资增长，而吸收引进环境污染严重的相关企业入驻。

（二）污染治理机制尚不健全

由于环境污染造成的私人成本远低于社会成本，厂商和消费者具有向外排污的内在冲动，因而在单纯的市场条件下公共环境极易出现无人照管的"公地悲剧"。理论上，政府可以通过向企业和居民征收排污费和环卫费，用以治理污染；或是由政府出面协调，将污染的外部性予以内部化。但在现实中，仅靠政府来治理污染显然是不够的，将公共环境交由企业或个人处理还有诸多问题，排污费的收取标准和使用机制不完备，环卫部门政企分开的市场化改革有待持续推进，尤其是一些纯粹公益性的污染治理项目仍过度依赖并不充盈的公共财政。

（三）技术水平不高和经费不足

我国现有污染防治处理技术相对落后。以垃圾处理为例，目前的环卫经费严重不足，在全部投资中，垃圾处理队伍（其中包括近10%的退休人员）的工资费用就占据经费总量的2/3，其余才是购置设备的费用和其他费用，这对于技术水平要求越来越高的污染处理来说远远不够。此外，通过市场化解决筹融资问题的有关机制仍有待进一步健全。

（四）环境影响评价工作仍不到位

环境影响评价是指对规划和建设项目实施后可能造成的环境影响进行分析、预测和评估，提出预防或者减轻不良环境影响的对策和措施，进行跟踪监测的方法与制度。环境影响评价直接关系到公众健康和社会安全，决不能讲形式走过场！必须将独立第三方制定的环境影响评价摆放到重要的、具有一票否决权的位置。

2015 年 8 月 12 日，天津市滨海新区瑞海国际物流有限公司的危险品货柜发生爆炸。按照国家规定，危险品库根据其具有危险性的特点，在选址时应依据政府的总体市政布局，一般选择较为空旷的地区，远离居民区、供水地、主要交通干线、农田、河流、湖泊等，处于当地长年主风向的下风位。大中型危险化学品仓库应与周围公共建筑物、交通干线等距离至少保持 1 000 米。而爆炸地点距离最近的居民小区仅有 600 米。但是，这样一个在居民小区之后兴建的项目居然通过了环评并得以建设，不得不说埋下了致命的隐患!

（五）污染治理的公众参与度不高

科技发展在污染治理方面固然重要，但并不能够“包治百病”。治污之重不在于“治”，而在于“防”。“治”是治标，“防”才是治本。这个“防”靠的正是城市公众（企业、居民）自觉自愿地维护公共环境，采用新技术减少污染，保持良好的生活习惯，不随地吐痰，不乱扔垃圾，不在公共场所吸烟，不选择过度包装等恶性消费产品，不选择超过实际需求的过大排量汽车，对生活垃圾自觉正确分类等。但我们看到的是，诸多陈规陋习和不良的生活习惯仍然影响着城市的公共环境。

第二节　城市环境管理的主要内容

一、城市环境管理的概念和发展①

城市环境管理是指按照一定环境功能目标，运用行政、法律、教育、经济与科学技术等手段，协调人类的社会经济活动与城市环境之间的关系，以防止环境污染、维护城市生态系统平衡的各种措施的综合。

按照社会发展阶段与城市环境功能特征的不同，城市环境管理目标可分为环境污染控制、自然生态保护、物种保护、历史文物保护以及环境战略目标等类型。

苏联在 20 世纪 40 年代就设立了城市建设研究所和城市环境保护研究室，就城市环境管理的理论和方法进行了大量的研究，并将城市环境的保护和改善纳入各类城市规划设计中。到了 20 世纪 70 年代开始，城市环境管理更是得到了世界各国的普遍重视。1973 年国际城市管理协会为美国环保局（EPA）作过地方环境质量调查，并将城市环境问题进行了排序。70 年代中期，美国的贝利等人汇编了城市生态环境管理的研究成果《城市环境管理》。日本在 1974 年制定了《国土利用计划法》，按城市的不同功能进行分区，把城市环境规划纳入城市建设规划中。

我国的城市环境管理，在 20 世纪 70 年代开始从城市污染源调查和城市环境质量评

① 引自王雅莉主编：《市政管理学（21 世纪高等院校公共管理类统编教材）》，北京：中国财政经济出版社，2002 年版，第 347-348 页。

价入手进行城市环境管理，到 1979 年成都环境保护会议提出“以管促治，管治结合”的方针，使城市环境管理走上综合防治的轨道。自从 20 世纪 80 年代特别是 1992 年在里约热内卢确立可持续发展战略以来，人们对城市环境管理提出了一系列新的看法。从系统的角度看，所谓城市环境管理就是通过调整城市环境中的物质流和能量流，使城市生态环境得以良好运行。因此，基于可持续发展的城市环境管理也逐渐由单纯的环境污染控制转向综合的城市生态环境管理。如今，在可持续发展理念引导下，城市环境管理已经成为世界各国可持续发展战略的重要组成部分。

二、城市环境管理的原则与手段

（一）城市环境管理的基本原则

城市环境保护与管理应该始终坚持的一个总原则是可持续发展原则。具体而言，还应该包括①：

1. 预防为主、防治结合

城市环境一旦污染便很难恢复，因此保护环境应以预防为主，首先确保环境不被破坏，不走“先污染后治理”的老路。当然，预防不可能完全避免污染，对已经存在的污染必须治理，因此要防治结合。

2. 全面规划、合理布局

该原则有三层含义：一是城市的环境保护规划与城市的经济和社会发展规划相结合。根据我国《环境保护法》的规定，“国家制定的环境保护规划必须纳入国民经济和社会发展计划，国家采取有利于环境保护的经济、技术政策和措施，使环境保护工作同经济建设和社会发展相协调”。二是城市的环境保护规划与城市规划相结合。我国《城乡规划法》第四条规定：“制定和实施城乡规划，应当遵循城乡统筹……原则，改善生态环境，促进资源、能源节约和综合利用，保护耕地等自然资源和历史文化遗产……，防止污染和其他公害……”三是全面规划城市的环境保护工作。以上三层含义中第一、第二层含义强调城市环境保护规划应当与城市经济、社会发展计划，与城市总体规划紧密结合、统筹安排，使城市经济社会发展、城市建设与环境保护三者协调发展，第三层含义强调环境保护管理本身的规划需要全面综合考虑。

3. 综合利用、化害为利

这是指全面和充分地利用各种生产和生活的废弃物，变废为宝、化害为利，既充分地利用资源和能源，又减少环境污染。这是治理污染、节约资源、发展生产、保护环境而必须贯彻的一项重要原则。当前，世界上许多国家都非常重视废弃物的回收、利用和处理，并制定了相关的法律法规。在废弃物的利用技术和方法上，西方发达国家有许多

---

① 部分参见张觉文编著：《市政管理新论（公共管理与社会学 · MPA 系列）》，成都：四川人民出版社，2003 年版，第 328-334 页。有增删。

成功的经验，如日本利用城市下水道污泥经高温熔化固化制成建筑材料（如道路地砖）、利用垃圾焚烧发电，美国充分利用高炉渣制水泥等。

4. 污染者负担原则

指污染和破坏环境造成的损失，由排放污染物和造成破坏的组织或个人所承担。这一原则自20世纪70年代初由国际经济合作与发展组织环境委员会提出后，得到国际社会的广泛认同。污染者负担原则在法律上一般表现为三种方式：（1）征收排污费或多种形式的污染税；（2）赔偿损失；（3）罚款。其中被广泛采用的是排污收费制度。我国参照这一原则，在《环境保护法》中规定了“谁污染谁治理”的具体原则，以明确污染者的责任。

5. 依靠群众、齐心共管

保护环境、防治污染不仅仅是政府的职责，也是全体社会组织和市民的职责。我国《环境保护法》规定：“一切单位和个人都有保护环境的义务，并有权对污染和破坏环境的单位和个人进行检举和控告。”保护环境、防止污染仅靠政府也难以达到理想的效果，只有全社会成员增强环保意识、积极参与才可能达到较好的效果。

（二）城市环境管理的基本手段

1. 行政手段

指以政府的名义，通过研究制定城市环境管理的政策，组织制定城市环境规划以及在自身职能范围内的一系列政策活动对城市环境进行管理。城市政府及其下属的城市环境保护管理行政机构是运用行政手段进行环境管理的主管机构，如环境保护管理局、园林管理局、环境卫生管理局（部分城市为市政管理委员会）等。

2. 法制手段

指以我国的《环境保护法》作为对城市环境进行法制管理的基本依据，在此依据下建立和健全环境管理的法律、法规体系，并且按照环境法律、法规依法对城市环境进行管理。一是做到有法可依，二是做到依法办事，三是做到违法必究。城市环境保护管理行政机构应协助和配合立法机构和司法机构。

3. 市场手段

指运用价格、成本、利润、税收等与价值有关的各种经济杠杆，影响和调节社会再生产过程，利用和保护城市生态环境，使国民经济在生态环境健全的基础上发展。具体做法包括：征收排污费，排污权交易，征收开发、利用自然资源税，奖励和鼓励综合利用废弃物等。

案 例

排污权交易

排污权交易的基本思路是，在总量控制和满足环境要求的前提下，由政府建立合法的污染排放权利即排污权，并允许这种权利像商品那样被买入和卖出，以此来进行污染物的排放控制。通常的操作方法是：首先由政府部门确定出一定区域的环境质量目标，并据此评估该区域的环境容量，然后推算出污染物的最大允许排放量，将最大允许排放量分割成若干规定的排放量，即若干排污权。政府通过公开竞价拍卖、定价出售或无偿分配等方式分配这些权利，并通过建立排污交易权市场使这种权利能合理地买卖。

2014 年国务院发布《关于进一步推进排污权有偿使用和交易试点工作的指导意见》，指出要充分发挥市场在资源配置中的决定性作用，积极探索建立环境成本合理负担机制和污染减排激励约束机制，促进排污单位树立环境意识，主动减少污染物排放，加快推进产业结构调整，切实改善环境质量。到 2017 年，试点地区排污权有偿使用和交易制度基本建立，试点工作基本完成。

4. 技术手段

即用现代高科技手段对城市环境进行管理，改进城市环境管理的手段，提高环境管理的质量。这里的技术手段包括改进工业生产技术，比如采用技术水平高、效率高的新技术、新设备代替技术水平低、效率低的旧技术、旧设备，以提高资源的利用率和污染防治的水平；提高对环境管理的技术水平和对废弃物处理的技术水平，如利用现代计算机技术，研究开发城市环境信息系统，使城市环境管理的信息收集、加工、使用现代化；积极发展物耗少、能耗少、排污少而效率高的高新技术工业，垃圾袋装化和分类回收，废弃物的再生利用技术，倡导使用新能源汽车，提倡绿色节能建筑等。

5. 教育手段

包括加强两个层面的教育：一是环保知识的教育，教育各社会组织和公众懂得如何进行环境保护；二是环保意识的教育，教育社会组织和公众懂得城市环境对人类生存的重要性，养成良好的环保习惯。两方面的教育应结合，只有环保意识而缺乏环保知识则无法有效参与环保工作，缺乏环保意识则更是无法进行环保工作。政府及有关部门应采用各种方式进行环境保护的宣传教育。

上述几方面的手段应综合使用，不能偏废，其中法制手段是根本保障，教育手段是长远基础，技术手段是优化条件，行政手段和经济手段是日常管理的必要条件。

三、城市环境管理的基本内容

城市环境管理的内容依存于国家和城市社会经济发展的水平和条件，从一般情况来看，包括如下主要内容①：

① 此部分内容参见王雅莉主编：《市政管理学（21 世纪高等院校公共管理类统编教材）》，北京：中国财政经济出版社，2002 年版，第 348-354 页。有增删。

（一）城市环境的国家标准管理

国家标准指中央政府确定的污染水平和结构，城市环境的国家标准管理指城市管理部门按照国家标准控制城市环境的过程。具体管理内容包括：

1. 城市污染物控制指标管理

污染物控制指标管理又称污染物浓度指标管理，它是根据国家、地方、行业制定的污染物排放标准，控制污染物的排放。污染物控制指标一般分为三个：（1）综合指标。它包括污染物的产生量、产生频率等。在水环境中有丰水期、平水期、枯水期的污水最大日或时排放量，在大气环境中有冬季或夏季主导风向的烟尘排放量、最大漂移距离等。（2）类型指标。该项指标是按污染物排放造成的环境污染类型，分为化学污染指标、生物污染指标和物理污染指标，各类指标都是一个单项指标的集合。（3）单项指标。单项指标一般有多种，任何一种环境中的物质如果其含量超过一定限度就会导致环境质量的恶化，就可以把它作为一种环境污染的单项指标。例如，在水环境中常用的单项指标有 pH、生化需氧量（BOD）、化学需氧量（COD）、溶解氧（DO）、挥发酚类等；在大气环境中常用的单项指标有气体温度、颗粒物（PM10、PM2.5、PM1）、二氧化硫、氮氧化物（NO_x）、臭氧、一氧化碳等。

污染物控制指标管理、排污收费制度和总量控制下的排污权交易相结合，构成了我国城市环境管理的一个重要方面。这种管理方法对于控制环境污染、保护环境资源起到了很大的作用。

2. 城市污染物总量指标管理

它包括对污染物和污染源两方面的控制管理，即：

（1）污染物总量控制管理。环境保护部门控制一个城市某种污染物的排放总量，以达到预定的环境质量目标。总量控制一般有两种途径，一种是控制污染物的流量，另一种是控制污染物的流出浓度。

（2）污染源总量控制管理。它建立在污染物总量控制管理的基础上。首先，向城市环境中排放污染物质的单位，都要向当地环境保护部门提出排污申请。申请中应注明每个排污口排放的污染物量、浓度以及消减该污染物的具体措施、完成年限。重点排放污染物的单位，要按月填报排污月报，然后由市环境保护部门按照污染物排放总量控制的要求，核定排污大户和各地区允许排放的污染物总量；再由区、县环境保护部门核定辖区内其他排污单位允许的排污量；最后发放排污许可证。环境保护部门对排污单位进行不定期的检查，若发现违反排放许可证规定的指标，将予以罚款直至停产的处理。

3. 城市环境总量结构控制管理

该项管理一般有三种结构控制方法：（1）污染物结构控制。即根据城市环境保护目标的要求，确定出城市各类污染物的允许排放总量，然后采用优化的方法使各类排污总量在全市范围内得到合理分配，以便使城市环境治理的总费用最低。（2）城市区域结构控制。即按照功能把城市分为若干个区域，根据城市环境污染物排放总量的要求，确定出各区域的分配量，然后采用数学优化的方法，使排污总量在整个城市得到合理分配。

(3) 行业结构控制。由于各行业污染物的排放量、排放途径具有一定的相似性，因此，将城市环境的排放总量按行业进行分配，便于统一管理和提高效益，而且有助于促进行业的技术进步。例如，洗车、洗浴等用水大户需要按照相关行业规则实行调配用水，减少资源消耗，控制污水产生。

（二）制定城市环境发展战略

城市环境管理不只是单纯执行国家标准，从城市长期稳定发展的需要出发，城市应制定环境发展战略。由于我国仍然属于发展中国家，存在着经济发展和环境保护之间的大量矛盾，因此，寻求城市经济与环境协调的可持续发展是城市环境发展战略中的重要内容。

在城市发展中，城市经济结构、城市经济发展水平、城市经济开放度等均会对城市环境产生影响。例如，追求个人利益最大以达到全社会福利最大化的市场经济，虽然是自由竞争有序的经济，但在主要通过价格机制实现资源配置的模式下，资源总是流向资金边际报酬率最高的领域，这就存在着为了追求经济效率而造成环境污染和生态破坏的可能；此外，经济发展中广泛存在的外部性、环境资源无法用经济手段创造等，是造成经济发展中产生环境问题的主要原因。对这些“市场失灵”问题，如果解决不好，最终会由于环境污染和生态破坏而严重制约社会经济的进一步发展，甚至危及城市的生存。

因此，协调城市经济发展与环境的相互关系，突出可持续发展的重要性，为“发展是硬道理”寻求更有效的生长途径，成为我国加快城市化，发挥大城市的中心地位和辐射作用，深化现代化进程的重要目标之一。为此，城市管理部门必须认真研究本市环境条件及其与经济发展的关系，制定正确的城市环境发展战略。

（三）城市环境规划管理

城市环境规划是城市环境发展战略的具体化，是城市环境管理的重要内容。科学合理的城市环境规划有助于协调城市社会经济发展与环境之间的关系，对于城市环境管理向科学化发展、指导城市环境保护工作，具有重要的意义。

城市环境规划编制的依据：一是城乡总体规划和社会经济发展规划；二是本地区的环境状况和改善环境的要求；三是经济技术的现实条件和发展水平。在规划的编制过程中，要注意信息的反馈，及时对规划进行必要的调整和修正，使城市空间内的经济效益、社会效益和环境效益相互协调，以求得实现三者综合效益的最优方案。

城市环境规划有单项规划和综合规划，其内容十分广泛。单项规划主要有城市土地资源适宜度规划、城市适度人口规划①、城市资源利用保护与受害生态系统恢复与重建规划、城市生物保护规划、城市生态环境污染控制与防治规划、城市生态系统整体优化研究等。城市环境综合规划，涉及社会、经济、自然等多方面的因素，人口、资源、环境等诸方面的关系，以及效益、机会、风险等多项指标的综合评价。

城市环境规划的基本作用是，运用生态控制论原理，合理调整人口、资源、环境与

---

① 例如在《北京市城市总体规划（2004—2020）》的编制中，人口规划的指标上限是1 800万人，但2013年北京市的全市常住人口就已突破2 100万人，带来了大量的资源与环境问题。实现好人口规划的目标事关城市存亡，也是京津冀协同一体化发展的重要议题。

发展之间的关系，解决发展与环境之间的矛盾。由于城市的性质、特点和规划的阶段目标不同，城市环境规划的技术路线也不可能完全相同。概括而言，城市环境规划程序和内容主要有：

1. 确定环境规划目标

目标的确定是编制规划的中心环节，需要预测环境受干扰和破坏的程度以及与环境建设目标之间的差距，并运用费用—效益分析方法进行正、反方向控制的推断和权衡、优选，从而确定具有经济、社会和环境综合效益的最佳环境目标。

2. 掌握城市区域的环境现状、特征、主要环境问题与制约因素

主要是进行调查以及收集整理、监测分析城市环境的基础资料，包括利用各种政府统计资料，分析本地区和周边区域的航空和卫星遥感图像，开展污染源、城市环境质量本底调查和现状评价，进行民意测验与实验统计，以获得对城市环境的全面认识。为城市自然环境和自然资源保护规划和自然灾害防治规划提供科学依据。

3. 进行人口、资源、环境预测

为了使规划具有可操作性和实用性，对社会、经济和环境的发展变化趋势进行预测是一个关键环节。预测可分为警告性预测、目标预测和规划预测三类，可以借鉴发达国家和地区的某些成熟预测模式，或采用类比法、类比与模型相结合的方法进行。例如，通过人机对话建立若干系统的模拟模型，根据与现实系统的比较结果，经过专家集成，反复修改完善。

4. 提出控制污染、改善环境的具体要求和实施方案

在提出具体要求和措施时，要着眼于区域背景下的城市环境综合整治。寻求社会、经济和环境效益的统一，充分发挥环境的自然净化能力和环境管理的作用。

（四）城市环境综合整治

1. 城市环境综合整治的内涵和目的

城市环境综合整治，就是在市政府的统一领导下，以城市生态理论为指导，以发挥城市综合功能和整体最佳效益为前提，采用系统分析的方法，从总体上找到制约和影响城市生态系统发展的综合因素，理顺经济建设、城市建设和环境建设的相互依存又相互制约的辩证关系，用综合的对策整治、调控、保护和塑造城市环境，为城市人民群众创建一个适宜的生态环境，使城市生态系统良性发展。

城市环境综合整治的目的在于解决城市环境污染和提高城市环境质量。为此，综合整治规划的制定，对策的选择，任务的落实，乃至综合整治效果的评价，都必须以改善和提高环境质量为依据。

城市环境综合整治，就是从发挥城市整体功能最大化出发，协调经济建设、城乡建设和环境建设之间的关系，运用综合的对策、措施来治理、保护和塑造城市环境，促进城市环境的良性循环。对于城市环境综合整治的重点，各个城市都有各自不同的情况和特点，一般说来就是要控制大气、水体、固体废弃物等传统污染和噪声、光、电磁波等新型污染。其中，保护水体和大气是重点，而保护饮用水源和控制烟尘污染是重点中的

重点。

2. 环境综合整治的定量考核

国务院环境保护委员会《关于城市环境综合整治定量考核的决定》指出：“环境综合整治是城市政府的一项重要职责。市长对城市的环境质量负责，把这项工作列入市长的任期目标，并作为考核政绩的重要内容。”定量考核是实行城市环境目标管理的重要手段，也是推动城市环境综合整治的有效措施。它以规划为依据，以改善和提高环境质量为目的，通过科学的定量考核的指标体系，把城市的各行各业、方方面面组织调动起来，推动城市环境综合整治深入开展，完成环境保护任务。

1988 年国务院环境保护委员会在总结各地经验的基础上发布了《关于城市环境综合整治定量考核的决定》，要求自 1989 年 1 月 1 日起实施城市环境综合整治定量考核工作，引起全国各地的普遍重视。在 1989 年 4 月第三次全国环境保护会议上把定量考核作为环境保护工作的重要制度并提出了一些具体要求。从此，城市环境综合整治定量考核作为一项制度纳入了市政府的议事日程，在国家直接考核的 32 个城市和省（自治区）考核的城市中普遍开展起来。政府“绿色 GDP”的绩效考核推进也将进一步促进城市环境综合整治工作。2014 年，国务院进一步颁布了《大气污染防治行动计划实施情况考核办法(试行)》，考核指标包括空气质量改善目标完成情况和大气污染防治重点任务完成情况两个方面，这也是针对空气污染专项治理的一项重要举措。

3. 城市环境综合整治的工作重点

城市环境综合整治是一项复杂的系统工程，它关系到城市经济和社会发展的各个方面。从城市环境管理的角度出发，应当努力做好以下几方面的工作：

（1）把环境保护切实纳入城乡总体规划

推进城市现代化进程，应同步规划和实施城乡总体规划和城市环境综合整治规划。通过城市基础设施的建设，完善城市排水管网，建设城市污水处理厂，提高城市环境保护设施的水平；通过园林绿化建设、整治城市水系以及旧城改造、建设海绵城市等途径，改善城市环境，提高环境的自净能力，促进城市生态系统的良性循环。

（2）改革城市环境管理体制，强化环境管理

目前我国城市环境管理存在政出多门、重复决策等问题，造成重复管理和环境“管理真空”同时并存的现象，为此，需要通过体制改革采取措施进行统一规划、协调和管理。作为城市环境管理的职能机构，环保局负有制定技术政策、行政法规的职责。要通过行政的、法律的和经济的手段，促进城市环境的综合整治。

（3）广开渠道，解决城市环境综合整治的资金来源

随着城市经济的发展，城市环境整治的投入需求加大，除了来自城市预算外，应从经营城市的策略出发，制定城市公共政策广泛筹集利用城市社会资金，以加快城市环境保护设施的建设，使之与城市经济发展相协调。对于城市环境综合整治与建设项目，要实行优惠扶持政策，例如，减免税收、给予补助金和奖励等。城市的建设维护税、排污收费等要做到专款专用。与此同时，要合理进行社会集资，本着“取之于城市，用之于

城市”的原则，发动受益单位支持城市环境的综合整治工作。

（4）加强政府对城市环境综合整治的领导

城市各级政府要高度重视城市建设和城市环境综合整治工作，城市环境保护部门要会同城市规划、经济发展、城建社保等部门，协助城市主要负责人做好城市环境综合整治计划，按照各自主管的业务，做好组织协调工作。要加强环境保护的宣传教育工作，提高城市居民对环境保护工作的认识，动员广大群众积极参与城市环境的管理与监督。

四、城市环境管理制度的基本内容

城市环境管理制度是关于城市环境管理的一系列制度的总和，包括预防方面的制度、治理方面的制度和监督方面的制度。总的来看，我国环境管理制度体系有待进一步健全，特别是预防和监督方面的制度，尤其需要加强规范性和可操作性①。

（一）预防方面的制度

1. 环境监测制度

有关部门定期、定点对城市环境中各种因素的指标进行测试（或针对具体问题进行抽测、抽检），以查明环境现状，据此采取相应对策。城市环境监测的对象包括：环境大气监测，环境水体监测，环境土壤监测。具体工作内容包括：弄清污染物来源、性质、数量和分布，检测环境质量变化动态等。在监测的同时，还应构建好环境分级预警机制。

2. 环境影响评价制度

要求重大工程建设项目在规划和实施之前要对周围环境进行调查研究和综合分析，对建设项目可能造成的环境影响做出评价，制定防止或减少环境损害的方案。具体形式是由建设单位提交科学严谨的、经过第三方评估的环境影响报告书，经项目主管部门预审后，报环境保护行政主管部门审批。环境影响报告书被批准后，工程项目才能够进行。

3. 许可证制度

指凡是对环境有影响的各种开发、建设项目，排污设施以及经营活动，均须事先由经营者提出申请，经主管机关批准颁发许可证后，方可进行。在环境管理中使用的许可证种类很多，有适用于资源开发、工程建设的开发许可证；适用于危险、有毒物品的产品生产销售许可证，以及向环境排放污染物的排污许可证等。实行许可证制度可以把各种影响环境的活动纳入国家统一管理的轨道，严格限制在国家规定的范围内，便于主管机关针对不同情况具体管理。各项排污权的交易过程中，要注意对许可证的监控和查证，避免出现“管理真空”。

① 部分参见张觉文编著：《市政管理新论（公共管理与社会学·MPA 系列）》，成都：四川人民出版社，2003年版，第 328-334 页。

(二) 治理方面的制度

1. 排污收费赔偿制度

对经允许排污的单位和个人收取排污费，对排污者由于排污超过城市环境可接受的状态而对环境造成危害或对某些单位和个人造成损害的，则依法要求赔偿。污染及赔偿的纠纷，可以根据当事人的请求，由环保部门处理，也可以直接向法院起诉。

2. 谁污染谁治理制度

对排污者由于排污所造成的对环境的破坏，除了经济赔偿或处罚以外，还要限定排污者对其所造成的破坏在一定期限内完成治理任务。

3. 排污权交易制度

排污权交易是指在一定的区域内，在污染物排放总量不超过允许排放量的前提下，内部各污染源之间通过货币交换的方式相互调剂排污量，从而达到减少排放量、保护环境的目的。

4. 奖励制度

对积极从事环境治理保护活动的单位和个人，给予精神和物质的奖励。

(三) 监督方面的制度

环境保护目标责任制度对一个地区、一个单位的主要负责人，规定必须运用目标化、定量化、制度化的管理方法，确保责任范围内的环境质量符合要求。从市政府的市长、环保局长到各基层部门和各企业，层层签订环境保护责任书，并进行年度考核，考核成绩与奖惩和升降级挂钩。

(四) 排污检查制度

环保部门有权对排污单位进行现场检查，监督其是否遵守排污许可证的生产排放相关规定，是否达标。

第三节　城市环境管理的新思路

一、全面导入循环经济思维

(一) 循环经济的内含

循环经济（Circular Economy）一词是对物质闭环流动型（Closing Materials Cycle）经济的简称，是20世纪90年代以来从源头解决环境问题，以物质闭环流动为特征的经济发展模式①。

从物质流动和表现形态的角度看，传统城市社会的经济是一种由“资源—产品—污

① 本部分内容引自尤建新主编：《现代城市管理学（MPA系列教材）》，北京：科学出版社 & 武汉：武汉出版社，2003年版，第173-179页。

染排放”单向流动的线性经济，如图 8—1 所示。在这种线性经济中，人们高强度地把地球上的物质和能源提取出来，然后又把污染和废物大量地扔弃到空气、水系、土壤、植被这类被当作地球“垃圾箱”的地方。线性经济正是通过这种把资源持续不断变成垃圾的运动，通过反向增长的自然代价来实现经济的数量型增长的。与此不同，循环经济倡导的是一种与地球和谐的经济发展模式。它要求把经济活动组织成一个“资源—产品—再生资源”的反馈式流程，所有的物质和能源要能在这个不断进行的经济循环中得到合理和持久的利用，从而把经济活动对自然环境的影响降低到尽可能小的程度，如图 8—1 所示。

图 8—1　传统的线性经济系统

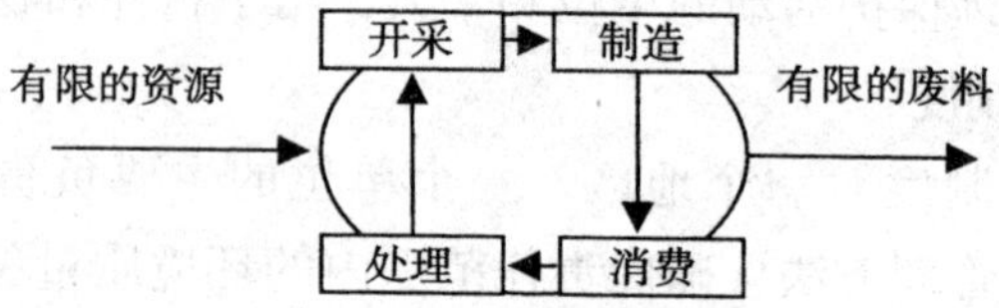

图 8—1　循环经济系统

循环经济本质上是一种生态经济，它要求运用生态学规律而不是机械论规律来指导人类社会的经济活动。循环经济与线性经济的根本区别在于，后者内部是一些相互不发生关系的线性物质流的叠加，由此造成出入系统的物质流远远大于内部相互交流的物质流，造成经济活动的“高开采、低利用、高排放”特征；而前者则要求系统内部要以互联的方式进行物质交换，以最大限度利用进入系统的物质和能量，从而能够形成“低开采、高利用、低排放”的结果。

一个理想的循环经济系统通常包括四类主要行为者：资源开采者、处理者（制造商）、消费者和废物处理者。由于存在反馈式、网络状的相互联系，系统内不同行为者之间的物质流远远大于出入系统的物质流。循环经济可以为优化人类经济系统各个组成部分之间的关系提供整体性的思路，为工业化以来的传统经济转向可持续发展的经济提供战略性的理论模式，从而在根本上消解长期以来环境与发展之间的尖锐冲突。

（二）循环经济的 3R 原则

循环经济的建立依赖于一组以“减量化、再使用、再循环”为内容的行为原则（称为 3R 原则），每一个原则对循环经济的成功实施都是必不可少的。其中，减量化或减物质化（Reducing）原则属于输入端方法，旨在减少进入生产和消费流程的物质量；再利用或反复利用原则（Reusing）属于过程性方法，目的是延长产品和服务的时间强度；资源化或再生利用原则（Recycling）是输出端方法，通过把废弃物再次变成资源以减少最终处理量。

1. 减量化原则

循环经济的第一法则是要减少进入生产和消费流程的物质量，因此又叫减物质化。换句话说，人们必须学会预防废弃物产生而不是产生后治理。

（1）在生产中，制造厂可以通过减少每个产品的物质使用量、通过重新设计制造工艺来节约资源和减少排放。例如，光纤技术能大幅度减少电话传输线中对铜线的使用；而由于大量的资源浪费和废弃物排放来自包装，因此一次性过度包装或一次性的物品使用是不符合减量化原则的。

（2）在消费中，人们可以减少对物品的过度需求。例如减少人们所要买的东西，如果人们不是消费至上主义地去买它，它就不会变成垃圾。人们可以学习大宗的购买（但不要大于人们所必需的量）①，选择包装物较少和可循环利用的物品，购买耐用的高质量物品等。如果人们这样去做，那么就是在身体力行地减少对自然资源的压力、减少对垃圾填埋场的压力。

2. 再利用原则

循环经济第二个有效的方法是尽可能多次以及尽可能多种方式地使用人们所购买的东西。通过再利用，人们可以防止物品过早成为垃圾。

（1）在生产中，制造商可以使用标准尺寸进行设计，例如标准尺寸设计能使计算机、电视机和其他电子装置中的电路非常容易和便捷地更换，而不必更换整个产品（如使用USB插口的充电器）。还需要鼓励再制造业的发展，以便拆解、修理和组装用过的和破碎的东西。例如，某些欧洲汽车制造商正在把它们的轿车设计成各种零件易于拆卸和再使用的形式，灵活插拔，按需更新能够极大的降低汽车的使用成本。

（2）在生活中，人们把某种物品扔掉之前，应该想一想再利用它的可能性。确保再利用的简易之道是对物品进行修理而不是频繁更换。人们可以将可用的或可维修的物品返回市场体系供别人使用或捐献自己不再需要的物品。例如，在美国，一些消费者常常喜欢从Goodwill和Salvation Army这样的慈善组织购买二手货或稍有损坏但并不影响使用的产品。一些城市社区也会经常组织车库售卖（garage sale），供居民处置旧物，像纸板箱、玻璃瓶、塑料袋这样的包装材料也可以再利用以节约能源和材料。可再利用的饮料瓶可以消毒、再灌装、返回到货架上去，有时候甚至可以多达50次循环。

3. 资源化原则

循环经济的第三个原则是尽可能多的再生利用或资源化。资源化是把物质返回到工厂，在那里粉碎之后再融入新的产品之中。资源化能够减少人们对垃圾填埋场和焚烧场的压力，制成使用能源较少的新产品。有两种不同的资源化方式：

（1）最合意的资源化方式是原级资源化，即将消费者遗弃的废弃物资源化后形成与

---

① 如美国零售企业COSTCO（好市多）就通过加大包装等方式使单位产品的价格有所降低，同时也减少了包装成本。

原来相同的新产品（报纸变成报纸、铝罐变成铝罐，等等）。

（2）略为逊色的资源化是次级资源化，即废弃物被变成不同类型的新产品（报纸变成再生纸）。

与资源化过程相适应，消费者和生产者应该通过购买再生资源制成的产品，使得循环经济的整个过程实现闭合。

二、区域联动协同治理

（一）城市环境管理的区域合作机制①

城市环境问题是典型的区域性问题，因此需要通过区域间的合作来共同解决。从客观条件来讲，大气是联通的，一个城市的空气污染不可避免会随着大气流动扩散到其他区域；水也是流动的，流域的自然整体性和河流的流动性使得流域局部性的污染会迅速演变成跨行政区的污染；而对于固体废弃物和城市垃圾的处理，也有可能通过区域间的协作与分工达到更好的经济与生态效益。从主观因素来讲，环境资源是一种典型的准公共物品，具有竞争性和非排他性，各个城市作为理性个体都具有追逐利益最大化的本能，但个体理性极有可能最终导致集体的非理性，出现"公地悲剧"，对区域环境和资源造成不可逆转的破坏。因此，从环境问题的区域性特征出发，破除体制障碍和地方保护主义，建立起跨区域的环境协同治理机制，具有显著的必要性与重要意义。

目前我国环境治理的区域合作存在以下几方面的现实阻碍：

1. 地方保护主义和竞争使得区域协作动力不足。对我国大部分地区来说，长期以来的经济高速增长依赖于大规模、高能耗的粗放发展模式，而这种模式不可避免要以牺牲环境作为代价。同理，这种模式下对环境的治理也势必要降低地方经济发展的速度。尤其对于发展较为落后的地区来说，发展经济和独立的地方利益曾是第一要务，而对于环境的治理往往积极性不高，很难达成有效协作。要克服这一阻碍，需要打破目前单一指标的地方竞争模式，将绿色 GDP 和环境治理效果全面纳入对地方发展和官员考核的评价体系，形成环境治理的内在动力机制。

……案 例……

上海市崇明岛的生态保护

2001 年崇明岛总体规划，将其发展目标确定为"现代化的生态岛"，并且上海市政府批准崇明岛的建设发展不考核 GDP 指标，直到今天，崇明岛仍是上海各区县中不考核 GDP 的特例。

---

① 本部分参见：王树永：《关于我国区域大气污染的协同治理策略探讨》，《黑龙江科技信息》，2015（27），第 4 页；吴笑谦：《浅析我国雾霾污染协同治理的困境及解决对策》，《现代交际》，2015（4），第 95-96 页；李胜：《构建跨行政区流域水污染协同治理机制》，《管理学刊》，2012（3），第 98-101 页。

生态岛的定位，既体现了国家战略、上海使命、崇明愿景的高度统一，也是崇明科学发展的必由之路。经过多年发展，崇明岛日渐成为以优美的自然环境为基础，以现代高新技术为支撑，以资源节约型社会为方向，人与自然和谐相处、经济社会可持续发展的现代化生态岛区。

资料来源：央广网相关报道

2. 区域间协作的利益补偿机制尚未建立，缺少环境治理的有效激励。环境治理尤其是空气治理、水污染治理等重大任务，需要地方政府经历转型阵痛和产业结构调整所造成的短期经济损失，同时还要承担协同治理过程中的各项经费支出，仅仅依靠中央政府的转移支付和资金支持是不够的。未来应根据需要建立区域污染治理项目的专项基金，同时还需要建立城市之间的横向利益补偿机制，使得各地在环境治理协作中的权利与义务相对等，形成联动机制。

案 例

跨行政区流域水污染的异地补偿性开发模式

水污染的异地补偿性开发模式是指流域内不同区域通过自主协商及横向的资源转移，在激励相容基础上实现流域产业布局优化。充分利用污染治理的规模经济效应，控制单向负外部性，改善流域整体福利。

在异地开发补偿方面，浙江省走出了一条政策创新之路。金华江是钱塘江最大的支流，位于浙江省金华市，处于上流水源区的磐安县与处于中、下游的东阳市、义乌市均属于金华市管辖，它们之间在财政和经济上易于协调与合作。为了从源头上治理金华江水质污染问题，金华市政府要求上游的磐安县拒绝审批污染企业，并关闭治污不达标企业以保护上游水源区环境，使上游水质保持在Ⅲ类以上。作为补偿，金华市政府在金华市工业园内建立了一块属于磐安县的“飞地”—金磐扶贫经济技术开发区，开发区的税收全部归磐安所有，作为下游地区对上游地区为了保护水源地而发生的防治费用以及由于生产受限导致丧失发展机会从而产生损失的补偿。上述异地开发补偿模式有效地解决了金华江流域水污染控制问题。

浙江省的经验表明，各行政区完全可以通过自主协商，实现整个流域的激励相容和治污合作，进而达到改善流域水环境的目的。这种制度较好地激发了上游地区保护生态环境的积极性，解决了横向财政转移支付时补偿标准难以确定的问题，也有效防止了谈判中的机会主义。

资料来源：中国经济时报及相关报道 2015.12.01。

3. 区域间协作的法律法规与政策体系不健全。目前我国法律仅仅规定了政府管理自身区域内的相关事务，而少有提及政府之间协同合作的具体规定，区域合作多为服从上级安排，制定相应的工作方案，这也导致了在一些跨区域环境治理问题上的权责划分不清晰，容易导致不作为或推诿责任，反而滋生新的问题，难以实现整体效果最优。以目前的雾霾治理为例，需要地方之间通力协作，在上级政府的协调下提出切实可行的措施，并将其上升到法律法规层面，例如协同治理的工作机构设置、沟通协调机制、各地政府的任务分解以及环境监管等，依法治理、严格执法，最终形成协同治理的常态化和法制化。

（二）城市环境管理的多元主体协同①

本书在第二章已经介绍过城市管理中的多元主体共治，其中，城市环境管理事务就是需要和鼓励多元主体共同参与的一个重要领域。城市环境污染本来就涉及政府、社会、企业、住民等多方主体利益，同时污染问题又是典型的负外部性问题，因此在产权界定清晰的前提下，完全可以通过多方参与者的共同协商来使问题得到解决，而界定产权则是政府和法律需要发挥的作用②。因此，充分发挥各方主体在环境管理中的作用，考虑社会总体的运行成本和最终效果，通过协同治理将外部性内部化，是多元主体协同参与环境污染治理的逻辑起点。

1. 政府在多元主体协同治理中发挥着主导作用

（1）明确环境资源的产权归属。我国十八届三中全会发布的《中共中央关于全面深化改革若干重大问题的决定》中最新指出，要健全自然资源资产产权制度和用途管制制度，对水流、森林、山岭、草原、荒地、滩涂等自然生态空间进行统一确权登记，形成归属清晰、权责明确、监管有效的自然资源资产产权制度。产权的明确是界定环境成本及侵害责任的前提。

（2）关注环境保护法律法规的制定与执行。政府通过制定管制规章和惩罚条例，促使各主体能够主动或被动履行其自身的环境责任。这些法律法规主要从两方面进行要求：一是对企业从事生产必须具备的条件进行准入规制，如“三同时”制度③和环境影响评价制度；二是对企业生产造成的环境污染后果进行经济补偿或处罚的规制，如征收排污费制度、罚款制度等。我国从 2010 年 3 月 1 日开始实行的《环境行政处罚办法》就属此类。

（3）加强对企业经营行为进行监管。政府对于企业的经济活动进行监督主要依靠国家政权的力量，对企业的生产经营所产生的污染物予以数量上的规定，明确其环境责

---

① 本部分参见：周学荣、汪霞：《环境污染问题的协同治理研究》，《行政管理改革》，2014（6），第 33-39 页。

② 负外部性是一个经济学概念，是指一项活动对这项活动参与者以外的个体造成了负面影响。美国经济学家罗纳德·科斯（Ronald Coase）在 1960 年所撰《社会成本问题》一文中提出，在产权明确并且交易成本为零或者很低的情况下，无论初始产权赋予哪一方，市场均衡的结果都是帕累托最优的，被称为科斯定理。科斯定理为外部性问题提供了一种通过市场机制来解决的方法。

③ 我国 2015 年 1 月 1 日开始施行的《环境保护法》第 41 条明确规定：“建设项目中防治污染的设施，应当与主体工程同时设计、同时施工、同时投产使用。”

任，督促其进行污染治理。如完善污染物排放许可制，实行企事业单位污染物排放总量控制制度，对造成生态环境损害的责任者严格实行赔偿制度，依法追究刑事责任，加大违法成本。

（4）制定合理的产业规划，进行污染治理宏观调控。政府拥有宏观调控的能力和责任，一方面，要从城市环境容量和资源保证能力出发，制定和实施城市总体规划，合理确定城市规模和发展方向，调整城市产业结构和空间布局，加快相关产业的改革转型，改善城市生态环境；另一方面，可以对于企业、地区生产排放污染物体的治理进行有效规划，避免重复建设，加强区域间的相互协调与合作，根据不同的地域特点、污染程度以及发展情况，充分利用地区间的优势来进行有效治理。

2. 社会组织在城市环境管理中发挥着越来越重要的作用

1895年，世界上第一个民间环保团体—公共用地及乡间小组保护协会在英国成立，这标志着环境非政府组织（环境NGO）开始作为一种社会参与治理模式登上历史舞台。以“自然之友”的正式注册为标志，我国的民间环境NGO兴起于20世纪90年代，并逐步发展壮大，初期主要通过举办讲座、出版环保书籍、分发环保资料、组织义务植树、回收废电池等宣传环保，普及全民环保知识作为参与治理的基本模式。

在一些环境事件中，相关社会组织逐渐发挥独立的作用，彰显出作为环境政策的倡导者和推动者的作用。此外，我国的环境社会组织也在逐渐发展与政府的合作关系，共同参与对环境污染的治理，双方共同负担起治理责任，通过合理的工作分工，完成相同的任务和目标，成为政府监督职能的延伸和获取信息的主要渠道，推动了政府职能优化和公共服务质量的提升。

在政府与社会组织之外，对于企业和公民而言，参与环境污染协同治理，则需要更多地强化自身环境意识，落实作为责任主体所承担的责任。企业应当同时考虑经营的经济效益和环境效益，提高产品技术含量，减少废弃物排放，提高排放物的回收利用，最大化实现效益与环保的良性循环。公民从自己做起，进行家庭垃圾分类、不乱扔废弃物、对污染行为进行举报、参与有关治理项目的听证会、通过各种渠道建言献策、参与社会组织为政府决策提供咨询等，都是参与治理的行为。

⊙本章小结

本章主要介绍了城市环境的含义和特征，城市环境管理的主要内容和手段，城市环境管理的循环经济理念，环境问题的区域联动和多方主体协同共治。第一节从城市环境的概念入手，介绍了城市环境的组成、内涵以及与城市环境相关的一些专用概念；认为城市环境具有复合性、人为性、开放性和脆弱性的特征，揭示了现代城市中出现的环境污染问题以及治理城市环境污染的主要瓶颈。第二节从城市管理的角度提出了城市环境管理的概念和内容，从行政的、法律的、经济的等方面列举了城市环境管理的基本手段，介绍了城市环境管理预防、治理、监督与检查等环节的制度安排。第三节介绍了从源头上解决环境问题的城市环境管理的新理念—循环经济，以及在环境治理问题上如何推进区域协作和多方主体的共同参与。

⊙本章习题

一、基本概念

环境与城市环境　城市环境管理　城市环境综合整治　许可证制度　循环经济　3R原则

二、复习题

1. 城市环境的组成和内涵分别是什么？

2. 简述城市环境的主要特征。

3. 我国目前的城市环境主要面临哪些问题？

4. 城市环境治理的主要瓶颈是什么？

5. 城市环境管理的内容和基本原则是什么？

6. 城市环境管理中的基本手段有哪些类型？

7. 城市环境管理制度的基本内容是什么？

8. 循环经济中的3R原则是什么？

三、思考题

1. 城市环境污染治理的原则和方法在区域或者流域污染治理中是否适用？

2. 为什么说循环经济是从源头上解决环境问题的城市环境管理理念？

3. 我国当前城市雾霾问题的治理，是否有必要进行区域协同合作？如果有，应当如何展开？

第八章

城乡融合发展管理

⊙学习目的与要求

通过本章的学习，能够简要复述我国城市化的发展历程，能够对城市化过程中各类城乡冲突的产生原因进行分析评价，能够结合城乡融合发展的意义，运用有效的管理措施分析和解决现实问题。

第一节　中国城市化进程回顾

新中国成立后，开始了大规模的战后重建和经济恢复工作，城市工业的恢复和发展，为我国城市发展和城市化进程的加快创造了条件。新中国成立时，我国城市人口仅占总人口的10.6%，建制市136个。新中国成立以来，我国城市发展取得的成就是显著的，但回顾历史，我们曾经走过弯路，经历过艰难曲折、大起大落，最终才走向一条健康发展的道路。新中国成立以来中国的城市发展历程大致可分为以下几个阶段①：

一、改革开放前：城市缓慢发展

（一）城市建设稳步发展时期（1949—1957年）

新中国成立后，随着国民经济的恢复，中国很快展开了大规模的城市建设和城市改造。国民经济的第一个五年计划期间，围绕着600多个重点建设项目，特别是前苏联援华的156个重大项目（实际建成154个），采取了“重点建设，稳步前进”的发展方针，新建了6个城市，大规模扩建了20个城市，一般扩建了74个城市。同时，根据经济发

① 参见张觉文编著：《市政管理新论（公共管理与社会学·MPA系列）》，成都：四川人民出版社，2003年版，第89-94页，有修改。

展的需要，制定了一系列有利于经济发展和城市建设发展的相关政策，如户籍政策和用人政策，规定任何企业、机关、团体和事业单位都可以根据生产和工作需要，自行招聘职工，职工来源不限，户籍不限，只要本人符合条件，可以是城镇户口，也可以是农村户口，农村户口人员进城工作户口随迁与否自便，未迁入城市的农村户口也无粮油及副食品供应的限制。这样，随着城市建设发展的需要，大量农村人口进入城市投身于城市建设发展之中。

到1957年年底，全国城市人口由建国时的5 765万增至9 949万，增加了72.58%，城市化水平由10.6%升至15.4%，年均增长0.6个百分点。建制市由1949年的136个增至1957年的176个，增设城市40个，平均每年增设5个。城市面貌也有较大改观，基础设施日趋健全。一批新兴的工业城市逐渐发展成为我国区域经济中心，在国民经济中起到重要作用。如湖南省的株洲市、甘肃的玉门市、内蒙古的赤峰市、吉林的延吉市、山东的淄博市、江苏的新海连市（1961年改名连云港市）、湖北的黄石市、云南的东川市①等，均是这一期间新兴的工业城市。

（二）城市发展波折时期（1958—1965年）

1958年开始，在“左”的错误思想指导下，在全国范围内形成不顾客观经济规律的、急于求成的“大跃进”狂潮。当时提出“以钢为纲”，试图“超英赶美”，集中力量抓重工业，农村人口大量进城，城镇人口急剧增长，仅1959年一年间，城镇人口就增长了1 650万，城市化水平提高了2.2个百分点。至1960年，城镇人口由1957年的9 949万增加到13 073万，增长了31.4%。但事实证明，这种发展进程是违背客观规律的，是极不正常的。

在连续3年的自然灾害后，城市人口的迅猛增长和农产品的严重短缺成为当时一个严重的矛盾。为了解决这一矛盾，国家被迫从1961年开始对国民经济进行调整，包括压缩城市人口、压缩城镇建制等控制城市发展的政策措施。于是，城市发展经历了大起之后又开始大落。1962年10月，中共中央、国务院在关于当前城市若干问题的指示中做出调整市镇建制的决定；1963年12月中共中央、国务院又做出《调整市镇建制，缩小城市郊区》的决定，发布了新的市镇设置标准，提高了市镇建制人口规模和非农业人口比重的标准。根据这一决定，有关部门对建制市重新进行了审查，撤销了不合条件的市。至1965年年底，城市的总数由1961年的208个缩减到168个，缩减后直辖市2个②，地级市76个，县级市90个，城市化水平由1960年的19.8%回落到1963年的16.8%。

同时，从1961年开始大规模地压缩城镇人口，精简企事业单位职工，动员部分职工和家属回乡务农，动员城市无业人员下到农村。从1961年到1963年，全国共减少城市人口约2 600万，我国城市化进程出现了倒退的状况。

回顾这一阶段，从1958年到1960年是非正常状况的高速发展，从1961—1963年是

---

① 后因资源枯竭撤市，现为昆明市东川区。

② 天津市已于1958年由中央直辖改为河北省管辖，1968年又复改为中央直辖市。

前一阶段过渡发展所导致的补偿性倒退，从 1964 年到 1965 年则又缓慢地恢复发展。1965 年的城市数量虽然比 1961 年减少了，但城镇人口数量又逐渐恢复到接近 1960 年的水平，达 13 045 万人，城市化水平达到 17.98%。总的来看，大起大落是这一时期的主要发展特征，但大落之后的发展水平比起 1957 年仍有进步。

（三）城市发展停滞时期（1966—1978 年）

1966—1976 年是“文革”十年动乱、国民经济濒临崩溃的时期，1977—1978 年是粉碎“四人帮”以后，国民经济逐步调整的两年。在此期间，城市建设和发展也处于低速成长的状态。从 1966—1976 年，城市化水平从 17.8%下降为 17.4%，到 1978 年才提高到 17.9%，整整 13 年，仅提高了 0.1 个百分点。

到 1978 年年底全国设市数为 193 个，比 1966 年的 171 个仅增加了 22 个。1978 年，全国城镇人口有 17 245 万人，比 1965 年的 13 045 万人增加了 4 200 万人，但这主要是城市人口自然增长的结果，城市人口占全国总人口的比重几乎没有提高，城市化进程总体上停滞不前。

二、改革开放后：城市迅猛发展

自十一届三中全会以来，我国经济体制改革由农村逐渐转入城市，我国城市化步入一个健康的、快速发展的时期。城市化进程彻底摆脱了长期起伏、徘徊不前的局面，城市化水平不断上升。在 1978—2014 年，城市数量从 193 个增长到 653 个，城市人口从 1.7 亿人上升至 7.5 亿人，城市人口占总人口上比率也从 17.92%上升为 54.77%（见表 9—1）。根据世界银行的统计资料，1970—1980 年，我国的城市人口年均增长率仅为 3%，低于低收入国家平均水平的 3.6%；但是，从 1980—1995 年，我国城市人口的年均增长率已达 4.2%，高于低收入国家平均水平的 4%，这标志着我国开始步入了城市化发展的“快车道”。1995 年，我国的城市化水平接近 30%，自此拉开了快速城市化的序幕。1995—2014 年，我国的城市化水平年均提高 1.35 个百分点，年平均新增城市人口达到 1 800 万人，我国城市化水平进程如图 9—1 所示。据此，诺贝尔经济学奖得主斯蒂格利茨曾断言中国的城市化将是 21 世纪世界经济的主要推动力之一，而我国的城市化实践似乎正在有力的诠释着这句话。并且可以预见的是，在未来相当长一段时间内，城市化特别是“以人为本”的新型城镇化仍将是我国产业结构调整、技术创新、拉动内需的巨大潜在动力，为经济持续健康发展发挥持久强劲的推动作用。

表 9—1　　**中国城市人口增长情况①**　　（单位：万人）

年份	城市数量	全国总人口	城市人口	所占比重	农村人口	所占比重
1978	193	96 259	17 245	17.92%	79 014	82.08%

① 资料来源：国家统计局：《中国统计年鉴》各期，中国统计出版社。

续表

年份	城市数量	全国总人口	城市人口	所占比重	农村人口	所占比重
1980	223	98 705	19 140	19.39%	79 565	80.61%
1985	324	105 851	25 094	23.71%	80 757	76.29%
1990	467	114 333	30 191	26.41%	84 142	73.59%
1995	640	121 121	35 174	29.04%	85 947	70.96%
2000	663	126 743	45 906	36.22%	80 837	63.78%
2001	662	127 627	48 064	37.66%	79 563	62.34%
2002	660	128 453	50 212	39.09%	78 241	60.91%
2003	660	129 227	52 376	40.53%	76 851	59.47%
2004	661	129 988	54 283	41.76%	75 705	58.24%
2005	661	130 756	56 212	42.99%	74 544	57.01%
2006	656	131 448	57 706	43.90%	73 742	56.10%
2007	655①	132 129	59 379	44.94%	72 750	55.06%
2008	655	132 802	60 667	45.68%	72 135	54.32%
2009	654	133 474	62 186	46.59%	71 288	53.41%
2010	657	134 091	66 557	49.68%	67 415	50.32%
2011	657	134 735	69 079	51.27%	65 656	48.73%
2012	657	135 404	71 182	52.57%	64 222	47.43%
2013	658	136 072	73 111	53.73%	62 961	46.27%
2014	653	136 782	74 916	54.77%	61 866	45.23%

当然，比起西方发达国家，我们的发展水平还比较低。我国的城市化总体水平还滞后于社会发展，城市数量还较少，城市基础设施水平相对落后。从地区分布来看，城市发展很不平衡，城市现代化水平和生态环境条件还比较落后，城市管理和行政还面临很多问题，这都需要我们高度重视、认真对待、合理解决。正如《新型城镇化规划（2014—2020）》所表达的，在我国城镇化高速发展过程中，也存在着一些必须高度重视并着力解决的突出矛盾和问题，包括：大量农业转移人口难以融入城市社会，市民化进程滞后；“土地城镇化”快于人口城镇化，建设用地粗放低效；城市空间分布和规模结构不合理，与资源环境承载能力不匹配；城市管理服务水平不高，“城市病”问题日益突出；自然历史文化遗产保护不力，城乡建设缺乏特色；体制机制不健全，阻碍了城镇化健康发展等。

① 21 世纪以来，我国设市城市数量的减少主要是由于近年来部分城市撤市设区，如萧山、余杭两市并入杭州市。撤市设区模式对提高城市整合竞争能力具有重要作用。

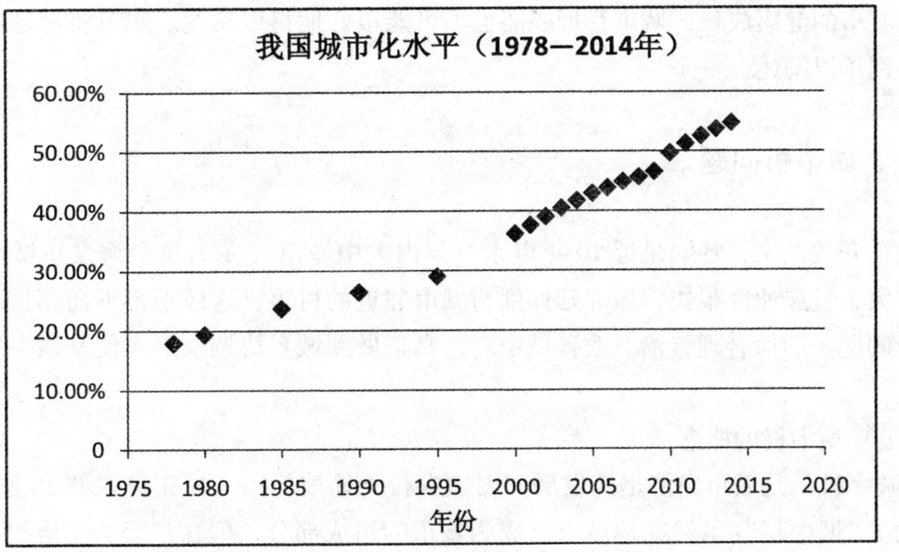

图 9—1　我国城市化水平进程

2015 年 12 月，时隔 37 年后再次召开的中央城市工作会议指出，我国城市发展已经进入新的发展时期。当前和今后一个时期，我国城市工作的指导思想是：全面贯彻党的十八大和十八届三中、四中、五中全会精神，以邓小平理论、“三个代表”重要思想、科学发展观为指导，贯彻创新、协调、绿色、开放、共享的发展理念，坚持以人为本、科学发展、改革创新、依法治市，转变城市发展方式，完善城市治理体系，提高城市治理能力，着力解决城市病等突出问题，不断提升城市环境质量、人民生活质量、城市竞争力，建设和谐宜居、富有活力、各具特色的现代化城市，提高新型城镇化水平，走出一条中国特色城市发展道路。

第二节　城市化进程中暴露的城乡冲突与调和

城市与乡村是两种异质的人类聚落空间。在工业化、城市化和整个社会的现代化历史进程中，城乡之间的相互联系和相互作用始终是贯穿其中的主线。人口、资金、信息和物资在城乡之间的流动便是这种相互联系和相互作用的具体体现，其空间效果构成了城乡经济和社会的空间组织方式。在城市和乡村发展的过程中，特别是在城市化的过程中，随着城市实体空间向农村地域的扩张和农民不断进入城市就业，城乡之间出现了一些新的问题。这些问题概括起来包括如下四类：（1）城市扩张过程中的灰色地带—城中村的发展问题；（2）生活工作在城市中的农民工的生存与发展问题；（3）城市与乡村的空间交界地带即城市边缘区（城郊）农民的城市化问题；（4）我国城乡市场二元结构的相对割裂问题。这些问题制约着城市化的未来潜能。在城市管理当中，如果仅仅将眼光放在传统的城市内部、市民内部的范畴，则会产生对于很多事物的片面理解，从而不可能实现城市的健康成长，城市管理职能也不可能很好地得以实现。本节将对这四方面的问题分别予以阐述。

一、城中村问题

改革开放以来，特别是近10年以来，国内大中城市（尤其是沿海发达城市）规模日益扩大，发展速度很快，城界延伸到与城市邻近的村落，这样不得不面临扩张发展的诸多新问题。如何合理整治、改善城中村，真正做到城乡协调发展，便是诸多问题中的一个。

（一）城中村的概念

“城中村”是城市经济迅速发展，周边农村土地被征用，村庄进入城市建成区内部的产物。“城中村”虽然在地域上已成为城市的组成部分，但在户籍、土地权属、经济组织和行政管理体制方面仍然保持着农村的旧模式，违法建设情况严重，成为城市建设管理中的“死角”，又称为“灰色区”。城中村现象在我国城市快速发展过程中是一种普遍现象，各地“城中村”普遍密度过大、布局混乱，市政基础设施严重不配套，卫生、防灾条件和环境质量恶化，外来人口大量聚集，出租屋甚至成为“黄、赌、毒”滋生地，存在大量安全隐患，给当地城市建设、管理和社会治安带来了许多难题。因此，彻底改造城中村势成必然。

（二）城中村的成因

城中村的产生是多种因素长时间共同作用的结果。我国实行市场经济体制后，城市建设投资渠道与方式发生了根本变化，城市不再像计划经济时代那样按部就班地发展，城市开发受政府的宏观政策影响外，更主要地取决于各种投资主体的效益回报判断，这就造成了部分不宜建设或建设成本过高的农村地区，未能像那些条件优越的地区一样被“整体征用”，而是被有意避开，使城市在快速发展的同时融入城市范围的灰色区的面积也在增加。具体来说，城中村产生原因主要有五种：

1. 投资主体回避农村居民点以减少建设成本

在缺乏政策引导及法规约束的条件下，经济效益往往是城市建设投资主体追求的唯一目标。城乡交界处规划编制的粗放、政府吸引投资的迫切、投资主体对“效益最大化”的追求等综合作用，使农村居民最终成为“弱势群体”。占据优势的投资方在征地费用低廉、适于成为建设用地的农田菜地和居住密度大、拆迁安置费用相对较高、建设周期较长的居民点之间，选择了前者。为降低补偿成本，也为了避免处理与城中村相关的一系列复杂的社会管理问题，城市开发主体在征地中有意避开城中村，村镇也乐意保留原有的居住方式与社区关系，这是城中村产生的直接原因。

2. 交通轴的效益衰变规律和灰色区的形成

交通轴如公路、铁路等是城市对外人流、物流的通道，由于“增长极”效应，临近交通轴的城市地区呈指状发展，介于两交通轴之间的农村地区渐被“环抱”。随着城市辐射力的增强，城市区域垂直于交通轴方向向外扩展。研究结果说明，投资效益与城市辐射力成正相关关系，在交通轴周边体现为衰变规律，即距交通轴越远其投资效益越低，投资效益趋零的地区逐渐演化为城市灰色区。

3. 农民对被动快速城市化的回避

原位于城市边缘区的农村集体组织在被“围入”城市后，逐渐意识到土地的价值而不愿被动城市化，或是受“土地增值获利”动机的驱动，不愿马上被“城市化”。或者在城市化过程中农民提出难以接受的安置费用，拒绝征地拆迁，这种农民卖地获利的惯性思维是很大一部分地区难以完成改造而形成城中村的典型成因之一。①

4. 村镇经济发展方式需要控制土地

改革开放后，许多城市周边村镇经济迅速发展，经济结构由单纯的农业向以工商业为主、农业为辅转变，村民从事非农活动的收入大大超过种田、养鱼的收入。兴办“三资”企业或经营房地产开发使不少乡镇数年间就实现了工业化，村民生活水平也迅速达到小康。对于吸引外资而言，有些城市边缘区的农村因为比城市有更多的引资关系和更灵活的招商手段，也占有优势。各种内外部因素的综合促进下，以出借土地、兴办开发区、吸引“三资”企业为主要方式的村镇经济逐渐发展起来。这种发展方式形成了根深蒂固的“以地招商、卖地致富”的直观经验。因此，村镇便设法尽可能多地控制土地。这种村镇经济发展方式成为城中村产生的另一直接原因。

5. 城市更新过程中产生的遗留问题

在我国面临经济高速发展和快速城市化的阶段，城市更新一度成为各地方政府的重要投资项目和经济增长点。然而，近年来，我国经济增长势头逐步放缓，城市发展速度换挡也导致城市更新速度放缓，在速度放缓的过程中，原本计划撤、并、拆、迁的农村集体建设用地由于投资主体的决策和能力改变而暂停更新，进而成为新的遗留问题。

（三）城中村对城市管理的负面影响

城中村的存在成为城市发展过程中的“灰色地带”，对城市的整体布局和经济、社会、环境发展均造成了一系列负面影响：

1. 城市整体环境的恶化

与城市紧密相连的灰色区有着与城市相异的管理体制和生活模式，在与城市进行物资、文化交流的同时也在破坏城市的整体环境。它们在形方面与城市密不可分，在质方面却与城市脱节，环境卫生的脏、生活秩序的乱、建筑风格的差与城市地区形成鲜明对比，在一定程度上影响了城市的正常肌理，恶化了城市环境。

2. 土地资源的浪费和远期更新成本的增大

城市灰色区的特殊性和改造对策的缺乏，使城市规划部门往往对其采取妥协的态

---

① 上述1~3点原因参见史永亮：《透视“城市灰色区”》，《现代城市研究》，2001（3），第11-14页。

度，管理被动。而农民的“建房占地，独门小院”的思想造成土地的占用率高、利用率低，很难通过规划进行功能组合，发挥土地的级差地租效益。同时，农民的高密度、超容量建设也给远期的更新增加了成本。

3. 社会问题的滋生

行政权力的交错和衰减及人口构成的复杂，城中村成为城市管理过程中的空白，因而容易成为社会问题滋生的场所，抢劫盗窃、吸毒、赌博现象的发生率普遍高于城区。

（四）引导城中村城市化的对策

城中村问题不是简单的负面问题。必须正视城中村在城市发展过程中曾起到重要的作用，这种作用主要包括：城中村为城市住民提供了简易、低价的住房，在一定程度上缓解了城市住房、特别是城市低收入群体的住房压力（如深圳市城中村面积曾达到近亿平方米，解决了百万计打工者的居住问题）；减低了城市在当时的扩张成本，使城市的高速发展得以获取相对廉价的土地资源；缓解了城市扩张对农村耕地的过分挤压。现在，引导城中村的城市化，也不单是规划建设问题，还涉及经济、人口、土地等方面的配套政策与措施，城市应承担更多的经济、政策上的义务，最终目的是同步实现城中村的城市化与城市经济发展。2007年《中华人民共和国物权法》（以下简称《物权法》）的通过，对城中村及其住民的权利保护与认定具有深远的影响，为城中村问题的合理化解提供了法律保障，完善了城中村城市化的制度体系。同时，《物权法》对于合法私有财产的保护为城中村住民维护合法权益提供了法律保障，特别是该法第四章、第五章关于所有权和私人产权的保障性条款，使得城中村城市化过程中住民的话语权得以加强。根据《物权法》的规定，城中村的拆迁应当确立“以人为本”的解决思路，通过更为柔性化的方式和手段，多管齐下，探索城中村问题的化解之道。

为此，除继续强化规划控制措施外，还可以从以下几个方面入手，综合运用城市管理手段，标本结合，综合治理城中村问题。

1. 从发展决策入手，规划先行，统筹引领

进一步加强市级政府决策的权威性、有效性，尝试将城乡总体规划范围内的村镇逐步改为区街体制。依托规划先行，统筹引领城中村逐步进行城市化。

2. 完善土地征用补偿机制，使农民分享土地增值收益

改造城中村的关键环节无疑是城中村土地在征用过程中的补偿安置，这一环节处理是否得当将直接影响城中村居民未来在城市发展的愿景。近年来，我国土地管理政策正在积极调整，相关政策、法规对于城中村改造过程中实现因地制宜，发挥市场的价格生成作用，体现城中村作为非典型农村地带的土地资源价值，构建合理的城中村改造补偿机制提供了法律和政策支持。

此外，在实际的城中村土地流转过程中，村民的选择权应得到充分的尊重，允许城中村的城市化进程出现多种模式并存，而伴随着选择权的确立和可选模式的增多，市场手段发挥效用的空间将进一步增大。在传统的政府主导模式之外，应当允许村民发挥主

观能动性。在实际操作过程中，已经出现了部分经由集体土地资本化形式，对土地实施整理、置换和缴纳复垦费，将耕地调整为建设用地，企业有偿租赁，村民分享收益。在未来，城市政府、农村集体和村民的协作模式将成为一种趋势，即由多元主体按照一定原则分享土地级差收益，并将基础设施建设和村民社保纳入城乡一体化，实现村民身份的转换，促进城市化的良性发展。

3. 从经济入手，将城中村纳入城市经济体系

城中村问题的核心是农民失去土地以后无以为业，对此，政府可组建专门的经济发展公司，撤村改制，将城中村所属企业及土地、村屋等不动产折合成股份，使城中村农民彻底脱离土地，成为集团公司股东。一方面，政府对这类公司提供优惠的税收与财政政策，另一方面，集团公司具有经济与社会双重职能，经济职能是经营城中村继承的企业、物业，社会职能是设法改变城中村传统社会形态，促进社区城市化。

4. 从体制入手，改革土地、人口与城市管理体制

当前，城中村村民不愿意放弃农村户口，多与宅基地、集体福利等因素有关。而目前在城市扩张过程中，“只占地、不管人”的情况比较普遍，使城中村社区仍停留在松散落后的传统农村状态，没有同步实现人的城市化。为此，必须改革城市土地、人口与规划管理体制，走城市主导型的城郊农村城市化道路。建议将村镇改制与城市扩张结合起来，做到既征地又管人，使就业居住性质与户口性质同步转变。

5. 从文化入手，针砭城中村弊端，弘扬城乡融合与现代文明

利用传媒树立正面典型，促进村民转变观念，融入城市社会。要调和城乡冲突，长远之计在于提高村民素质，扫荡“黄、赌、毒”，抨击丑恶、庸俗、低级趣味的社会现象。为使村民融入城市社会，可向村民提供就业上岗培训、普法教育机会，关注村民后代教育问题等。

6. 从法律入手，严肃处理城中村所滋生的违法现象

要在短期内扭转城中村治安混乱、违法建设的现象不是一件容易的事，但可集中力量抓一两个典型，细致检查城市治安与规划建设执法情况。此外，应加快地方性配套法规的立法，制定针对城中村和城市边缘区的规划管理、住宅建设、人口管理等法规，明确城市与村镇的法律关系，明确城市周边土地权益让渡的法律程序，建立公平、公开、公正的村镇集体土地一级、二级市场。

7. 从组织人事入手，培养高素质的村镇领导

大连、苏州、北京等城市发展的经验表明，组织人事部门在村镇领导的任免过程中加强监督和激励是城中村规范管理的重要抓手。特别要注重加强基层领导的“党性”“原则”和“大局观”。与此同时，政府应有计划地对城中村的基层领导尤其是年轻领导进行现代城市经济与规划建设管理的专项培训，提高其认识水平和管理水平。

8. 从城中村内在要求入手，启发、鼓励其自身进步

很多城中村的经济构成中已经鲜有农业成分，需要转向二、三产业。同时，其管理

体制上也应向城市的管理体制转变。目前，很多地方的城中村已逐渐意识到这一点，对自身长远发展问题已有所觉悟，并主动融入城市。如1999年5月在广州市的“撤村改制”过程中，杨箕村投了100%全票赞成，对此类案例，应加以鼓励和宣传。

长远来看，城中村必然被改造为城市的一部分，而近中期则始终应坚持渐进方式。解决城中村问题的方式与力度，要考虑社会承受能力。近期内，可维持村（镇）办企业集体经济所有权、经营权不变和村民享受的福利待遇不变，远期则应与城市人口同等对待。

二、农村进城务工人员的城市化问题

（一）问题的产生与发展

1. 农村进城务工人员群体的形成

新中国成立以后在长期的计划经济体制下，虽然消灭城乡差别曾被长期看作我国社会主义经济发展的主要目标之一，但由于城乡经济活动在相对隔绝的系统内运行，各种生产要素的流动都受到很大的限制，尤其城乡劳动力更是处于几乎凝滞的状态，二元结构成为影响我国社会生活各个方面的基本特征。

改革开放以来，农业生产效率的提升释放了大量的农村剩余劳动力，由于城乡之间的收入差距，这些剩余劳动力纷纷进入城市务工，规模不断壮大，成为我国所特有的一种城市社会现象。一方面，城市的就业机会和收入水平对农村劳动力形成了强大的吸引，另一方面，由于我国现有户籍制度、社会保障制度的限制和城市较高的生活成本，又制约着这些外来务工人员在城市里安家落户，成为享受居民待遇的正式城市住民。

2014年年底我国的流动人口总数高达2.53亿人，约占全国总人口的1/5，其中农村进城务工人员为1.68亿人，占我国流动人口的2/3①。外来人口特别是其中的农村人口对城市经济的发展发挥了重要的推动作用。一方面，他们为城市发展提供了充足的劳动力，大多从业于建筑业、制造业和中低端服务业等行业，实现了大量廉价劳动力与劳动力密集型产业的结合，降低了生产成本，促进区域整体经济实力的提升，给当地居民生活和工作也带来了便利；另一方面，广大的外来劳动力作为城市的消费者，带动和促进了第三产业的发展，促使了区域合理的产业结构的形成。

2. 农村进城务工人员需解决的问题

但是，由于这些农村进城务工人员“离土不离乡”的特征，也对城乡经济和社会发展有一定的不利影响。首先，农村进城务工人员虽然在城市工作，但是仍然把农村当作

---

① 数据来源：《中国统计年鉴（2015）》，中国统计出版社；《2014年全国农民工监测调查报告》，国家统计局，http：//www.gov.cn/xinwen/2015-04/29/content_ 2854930.htm。

真正意义上的家乡，每年春节周期性的大规模迁徙形成我国所特有的“春运”现象，加重了城市管理和交通管理的负担。其次，这些务工人员的收入所得大多寄回家乡，没有转化为所在城市的有效消费或资本积累，长远来看不利于城市经济发展。再次，务工人员的从业流动性很强，当所在城市的收入水平与生活成本相比不能令人满意时，他们往往离开前往新的城市工作，导致城市人力资本的不稳定。最后，农村进城务工人员多以青壮年为主，而老人和小孩则留守在农村老家，长此以往也导致了一系列社会问题，如农村留守的老人和儿童等。

此外，近年来，第二代农民工陆续进入城市并成为农民工的主体。这类人群不同于他们的父辈，他们出生于20世纪80年代以后，绝大部分没有务农的经历和经验，在城市中从事着简单廉价的工作，储蓄意识低、与农村家庭的联系薄弱，并且“城市梦”比父辈更加执着，成为城市中流动人口的重要组成部分。如何对第二代农民工实施科学有效管理，是城市政府需要面临的新课题。

（二）问题的解决措施

为了解决上述问题，进一步破除城乡二元结构，推进农村进城务工人员的市民化，加快我国的城市化进程，促进城乡经济的协调发展，不仅需要提高农村进城务工人员收入、保障其合法权益，更需要制度创新和政策配套，逐步消除农村务工人员市民化的资金困难和制度障碍，从根本上解决这一社会问题。基于对这一问题的调研和深度考察，国务院于2006年发布了《关于解决农民工问题的若干意见》，为统筹城乡发展、保障农民工合法权益、改善农民工就业环境、引导农村富余劳动力合理有序转移提出了若干措施和建议，包括：解决农民工工资偏低和拖欠问题，依法规范农民工劳动管理，搞好农民工就业服务和培训，积极稳妥地解决农民工社会保障问题，切实为农民工提供相关公共服务，健全维护农民工权益的保障机制，促进农村劳动力就地就近转移就业等。《意见》实施以后，对于农民工的收入提升和权益保障的确起到了很好的促进作用。

从长远来看，想要加快农民工市民化的进程，更需要从体制机制改革入手，一方面是推动户籍制度改革，使农村进城务工人员成为真正的城市居民，享有城市居民身份以及相应的公共服务、社会保障权利，保障其无后顾之忧地在城市长期稳定生活；另一方面需要加快农村土地制度改革，使农民所放弃的农村土地权利转化成实际的个人经济收益，作为农民进入城市生活的安置资金，同时盘活农村存量土地、加快土地流转，提高农村经济收益。

2016年国务院发布了《关于深入推进新型城镇化建设的若干意见》，其中重点指出要“积极推进农业转移人口市民化”，具体措施包括加快落实户籍制度改革政策、全面实行居住证制度、推进城镇基本公共服务常住人口全覆盖、加快建立农业转移人口市民化激励等，这标志着深层次改革的正式开启。

三、城郊农民的城市化问题

（一）问题的产生与发展

随着我国城市化的快速发展和城市规模的迅速扩张，越来越多的农村土地转化为城市建设用地，而在城市和农村之间所存在的过渡地带—城市边缘区（城市郊区），则同时受到城乡两种发展力量的影响和相互作用，存在着空间形态上的交错综合性以及经济形态、体制、管理、产业、人口等方面的二元结构特征，因此具有更明显的地域复杂性。城市郊区是一个不断发展变化的动态区域，农村土地一旦转化为城市建设用地，带来的不仅仅是这一区域用地性质、经济活动、管理方式和产业结构的改变，更意味着原来生活居住于这一区域的人口由农民身份转变为城市居民，而这一转变过程，往往比物质形态本身的转变更值得关注，也就是城郊农民的城市化问题。

城郊农民的城市化，与农村进城务工人员的城市化具有很多相似之处，例如都属于户籍性质由农村向城市的转变，都需要就业、公共服务、社会保障等方面的权益保障，也都涉及放弃原有农村土地的经济补偿问题。但是城郊农民的城市化过程又具有一定的复杂性，体现在：首先城郊农民的城市化是一个相对被动的过程，是由于城市规模的扩张使得这些人不得不融入城市生活，而农民工更多是因为追求更高的收入和更好的就业机会主动放弃原有的农村生活来到城市，因此帮助城郊居民顺利实现再就业成为这一过程中的重点和难点；此外城郊土地由于更靠近城区因而具有更高的价值，如何准确公允地评估土地价值，对城郊失地农民做出公平合理的经济补偿，也是减少城郊农民城市化阻力、化解矛盾、维护社会稳定的重要环节。

（二）问题的解决措施

城郊农民融入城市的就业困难主要体现在几个方面：（1）失去土地以后，城郊农民的就业方式不得不从农业向其他产业转变，而城郊农民受自身文化水平和劳动技能水平的限制，可供选择的就业渠道非常有限（主要为商贩、临时工等），难以完全融入城市经济生活；（2）由于城乡二元体制下的文化传统和观念差异，加上城郊农民在城市中的社会网络分割、社会支持减弱，就业过程中难免受到排斥和歧视，更增加了就业的困难程度；（3）部分城郊土地在被城市政府征收以后，政府为降低补偿成本，允许在城郊土地上建立部分集体经济项目，并由失地农民分享部分股份收益，这种对集体经济的依赖又进一步阻碍了城郊农民进入城市就业的主动性和积极性，不利于其融入城市生活①。因此，在就业问题上，更需要城市政府提供相应的公共服务和帮助引导，包括提供技能培训和就业指导、拓宽就业渠道、设立就业和创业专项基金、与企业社区等部门开展就

① 操世元，《城郊农民市民化过程中集体经济问题——以杭州Y村为例》，《浙江社会科学》，2008（2），第68-71页。

业合作等，不仅要帮助城郊农民在城市找到工作，更要帮助他们能够自食其力，在城市中稳定地生活下来，真正成为城市的一分子。

另外，对失地农民的安置补偿是城郊农民城市化过程中最为棘手的环节。首先是补偿标准的确定，城郊土地一旦被城市征收再以招拍挂形式出让用于商业开发，将产生巨大的增值收益，因此必须根据土地的价值和潜在收益对失地农民做出公允合理的补偿。补偿水平太低，会侵害农民的合法权益，导致其今后的生活缺少物质保障，甚至引发社会矛盾和群体性事件，不利于社会稳定；补偿标准过高，也会无形中抬高土地的使用成本，最终转嫁给开发商或消费者，同时助长拆迁过程中的"漫天要价"和"钉子户"行为。因此应当尽快完善我国现有的法律法规和相关政策对于拆迁补偿的规定，按照市场等价交换原则，对失地农民做出合理的补偿。其次是补偿形式的转变。目前主要的征地补偿形式为一次性货币补偿，虽然失地农民获得了高额的补偿款，但往往缺少必要的投资管理意识，不知道如何更好地使用这笔资金对自己以后的生活做出安排。因此需要统筹兼顾失地农民的现实和长远利益需要，变一次性补偿为多次补偿，并注重对失地农民市民化以后的社会保障和公共服务保障，进而改善他们的可持续生存发展能力①。此外，还应注意拆迁补偿过程中农民个体与所在农村集体之间的关系，防止补偿金被少数村干部侵吞、转移、挪用，加强对村集体的监督管理，维护农民合法权益。

四、城乡土地要素市场的一体化问题

城乡土地要素市场的融合是城乡冲突调和的重要方面，也是解决上述诸多人口流动和城乡经济发展问题的制度基础。对于城乡土地要素市场一体化在本书的第七章第二节"三、城乡一体的土地要素市场"部分已有详细介绍，这里不再赘述。

第三节 实现城乡融合发展的管理措施

一、完善城乡户籍管理制度

（一）我国城乡户籍制度的演进

我国的户籍管理制度与发达国家有很大区别，是计划经济时代的特殊产物，并在特殊时期对促进经济发展起到了重要作用。在我国城乡二元分隔的条件下，城市户籍管理是指城市有关机关依法对市民的基本情况信息进行收集、确认和登记、归档、管控的行政管理工作。但是随着改革开放不断深入，市场经济体制不断完善，现有的城乡二元结

① 韩光道、黄志良：《城郊失地农民现行补偿模式缺陷与可持续发展创新》，《经济师》，2007（12），第8-9页。

构户籍管理制度已经越来越不适应经济社会的发展。

1. 计划经济体制下的城乡户籍制度①

1951年7月，公安部颁布实施《城市户口管理暂行条例》，开始在全国建立统一的城市户口登记制度。1954年12月，开始建立农村户口登记制度。1955年11月，国务院发布《关于城乡划分标准的规定》，把人口统计指标分为“农业人口”和“非农业人口”，城乡分割的二元社会结构初露端倪。1958年1月，全国人大常委会通过《户口登记条例》，第一次以法律形式对人口自由流动实施严格限制，该条例规定，“公民由农村迁往城市，必须持有城市劳动部门的录用证明、学校的录取证明，或者城市户口登记机关的准予的迁入证明，向常住地户口登记机关申请办理迁出手续”。此后，全国各地开始执行户口迁移行政审批制度和凭证落户制度。这种户籍迁移的行政审批和凭证落户制度，把户籍管理与粮油供应、劳动就业、福利保障、义务教育等联系起来，实行城乡区别对待。

2. 改革开放后的城乡户籍制度调整

直到1978年十一届三中全会以后，国家政策进行了重大调整。1977年11月颁布的《公安部关于处理户口迁移的规定》，首次提出了“农转非”政策，即“每年批准从农村迁入市镇和转为非农业人口的职工家属人数，不得超过非农业人口数的1.5‰”。虽然“农转非”实行配额制，但在政策上户籍管理由严格控制开始出现松动。1980年以后，又有多项“农转非”政策相继出台，准许部分专业技术人员、职工、干部和军人的农村家属“农转非”，可以迁入城镇落户并由国家提供粮食。之后国家又对户籍管理制度进行了多次调整，如允许农民进入集镇落户、取消城市户口的粮油凭证供应体系等。1998年7月，经国务院批准，公安部对户口管理进行了婴儿落户随父随母自愿、放宽夫妻分居问题的户口政策、满足一定条件的父母可到子女所在城市投靠落户以及在城市投资、兴办实业、购买商品房的公民满足一定条件可在城市落户等“四项改革”。与此同时，上海、深圳、广州等城市，也相继放宽了“农转非”标准，尝试推出“蓝印户口”。北京于1999年6月推出“工作寄住证”政策，持证者在购房、子女入托、入中小学等方面享有与北京市民同等的待遇。2001年3月，《中华人民共和国国民经济和社会发展第十个五年计划纲要》正式提出，“改革城镇户籍制度，形成城乡人口有序流动机制，取消对农村劳动力进入城镇就业的不合理限制，引导农村富余劳动力在城乡、地区间的有序流动”，正式拉开了城乡户籍制度全面改革的序幕。

（二）城乡户籍管理制度改革

21世纪以来，在国家政策主导下，不少大中城市相继放松了落户限制，并且实行了人才居住证制度、积分落户制度等多项创新，为实现部分外来流动人口平等享有流入地基本公共服务提供了机会。在总结各地改革经验的基础上，结合我国当前进一步城市化的现实情况，2014年7月国务院发布了《关于进一步推进户籍制度改革的意见》，对深化

---

① 本部分参考：杨宏山：《城市管理学（21世纪城市规划与管理系列教材）》，北京：中国人民大学出版社，2009年版，第293-296页。

城乡户籍制度改革提出了全方位、具体化的要求。《意见》对户口迁移政策的具体要求为：

（1）全面放开建制镇和小城市落户限制。在县级市市区、县人民政府驻地镇和其他建制镇有合法稳定住所（含租赁）的人员，本人及其共同居住生活的配偶、未成年子女、父母等，可以在当地申请登记常住户口。

（2）有序放开中等城市落户限制。在城区人口 50 万～100 万的城市合法稳定就业并有合法稳定住所（含租赁），同时按照国家规定参加城镇社会保险达到一定年限的人员，本人及其共同居住生活的配偶、未成年子女、父母等，可以在当地申请登记常住户口。城市综合承载能力压力小的地方，可以参照建制镇和小城市标准，全面放开落户限制；城市综合承载能力压力大的地方，可以对合法稳定就业的范围、年限和合法稳定住所（含租赁）的范围、条件等做出具体规定，但对合法稳定住所（含租赁）不得设置住房面积、金额等要求，对参加城镇社会保险年限的要求不得超过 3 年。

（3）合理确定大城市落户条件。在城区人口 100 万～300 万的城市合法稳定就业达到一定年限并有合法稳定住所（含租赁），同时按照国家规定参加城镇社会保险达到一定年限的人员，本人及其共同居住生活的配偶、未成年子女、父母等，可以在当地申请登记常住户口。城区常住人口 300 万～500 万的城市，要适度控制落户规模和节奏，可以对合法稳定就业的范围、年限和合法稳定住所（含租赁）的范围、条件等做出较严格的规定，也可结合本地实际，建立积分落户制度。大城市对参加城镇社会保险年限的要求不得超过 5 年。

（4）严格控制特大城市人口规模。改进城区常住人口 500 万以上的城市现行落户政策，建立完善积分落户制度。根据综合承载能力和经济社会发展需要，以具有合法稳定就业和合法稳定住所（含租赁）、参加城镇社会保险年限、连续居住年限等为主要指标，合理设置积分分值。按照总量控制、公开透明、有序办理、公平公正的原则，达到规定分值的流动人口本人及其共同居住生活的配偶、未成年子女、父母等，可以在当地申请登记常住户口。

此外，《意见》还明确提出有关创新人口管理的若干举措，如建立城乡统一的户口登记制度，取消农业户口与非农业户口性质区分和由此衍生的蓝印户口等户口类型，统一登记为居民户口，体现户籍制度的人口登记管理功能，并建立与统一城乡户口登记制度相适应的教育、卫生计生、就业、社保、住房、土地及人口统计制度；建立居住证制度，公民离开常住户口所在地到其他设区的市级以上城市居住半年以上的，在居住地申领居住证，符合条件的居住证持有人，可以在居住地申请登记常住户口；健全人口信息管理制度，建立健全实际居住人口登记制度，加强和完善人口统计调查，全面、准确掌握人口规模、人员结构、地区分布等情况，建设和完善覆盖全国人口、以公民身份号码为唯一标识、以人口基础信息为基准的国家人口基础信息库，分类完善劳动就业、教育、收入、社保、房产、信用、卫生计生、税务、婚姻、民族等信息系统，逐步实现跨部门、跨地区信息整合和共享。

自2016年1月1日起，《居住证暂行条例》开始在全国范围内施行，条例规定，公民离开常住户口所在地，到其他城市居住半年以上，符合有合法稳定就业、合法稳定住所、连续就读条件之一的，可以申领居住证，持有居住证者，在工作、生活等方面可享受当地居民的待遇。居住证制度的全面推行，是城乡户籍管理制度改革的重大进步，为城乡户籍的全面放开准备了条件。

对城乡户籍制度进行深化改革和不断完善的结果，是最终取消因户籍差异所导致的居民所享受到的机会和权利的差异，恢复户籍管理制度最基本的人口统计管理和决策支持职能。

二、促进城乡公共服务的协调与均衡①

我国的城乡二元结构差异，不仅体现在户籍管理、土地制度等方面，更体现在城市与农村的公共服务水平上。城乡公共服务供给的严重失衡，使农村居民尤其是贫困群体难以获得基本的公共服务，并由此导致最基本的生存权和发展权得不到保障。

（一）城乡公共服务水平差异的具体表现

1. 城乡劳动力就业机会不均等

我国城市劳动人口的登记失业率为5%左右，农村劳动人口的失业率虽然没有详细统计，但根据相关部门的估算，剩余劳动力仍达1.5亿人左右，潜在不充分就业的劳动力数量可能更多，农民就业难问题日益严重。近年来政府虽然加大了城乡就业培训的投入力度，但城乡的投入比例却相差悬殊。

2. 农村基础设施落后于城市

具体体现为道路交通和电力供给建设的滞后，部分地区的饮用水仍难以保障。

3. 农村义务教育办学条件差

农村地区的教学资源难以满足未来12年义务教育的需求。同时，在师资水平、办学设施、办学条件、教师待遇等方面也与城市存在着较大差距。

4. 基本医疗条件差距较大

一是城乡医疗卫生服务条件差距大，二是农民医疗水平较低，三是虽然新型农村合作医疗制度进行了很多的有益的尝试，极大地化解了农村“看不起病”，“因病致贫”的问题，但其保障水平还有待进一步提高。

5. 农村社会保障落后于城市

2015年，我国农村贫困人口数量为5 575万②，农村低保制度的建设也相对滞后，

① 本部分参考：赵云旗、申学锋等：《促进城乡基本公共服务均等化的财政政策研究》，《经济研究参考》，2010（16），第42-63页。

② 数据来源：国家统计局：《2015年国民经济和社会发展统计公报》，http：//www. stats. gov. cn/tjsj/zxfb/201602/t20160229_ 1323991. html。

农村养老保险覆盖面较低。农村人口的贫困消除是全面实现小康社会的重中之重，必须在加强精准扶贫的基础上，促进城乡加快融合，变输血为造血。

（二）促进城乡公共服务均等化的相关手段

我国公共服务非均等化现实局面的形成，受到历史文化、地理环境、财政制度、政治制度等多重因素的影响，但根源上还是由于城乡二元经济结构所导致。一直以来，城市居民的公共服务由政府提供，而农村的公共服务却依托集体保障与家庭保障相结合的模式，具有制度化程度低、水平层次低、不稳定的特点，虽然后来政府财政加大对农村地区的公共服务投资力度，但实际发展水平参差不齐。未来促进城乡公共服务水平的均等化，仍然需要依靠以政府为主导的财政手段，主要包括以下几个方面：

1. 调整财政支出结构

要进一步扩大基本公共服务支出的份额，重点向发展水平偏低的农村地区倾斜。

2. 改善城乡财政投入失衡局面

把提高农村基本公共服务水平作为重中之重，加大财政对“三农”的支持力度，健全向农村适度倾斜的公共产品供给制度。

3. 尽快完善财税激励政策

推进农村基本公共服务的PPP提供模式，不仅可以运用多渠道融资方式来为农村提供基本公共服务，弥补财政投入的不足，还可以提高农村基础设施的经营管理效率。

⊙本章小结

在本书第一章，我们给出了对城市化基本概念的阐释，并介绍了城市化浪潮的成因。在此基础上，本章第一节总结了新中国成立以来的现代城市化发展脉络。第二节提出现阶段城市与乡村发生冲突的一些关键问题，包括城中村的管理、农村进城务工人员的城市化、城郊农民的融入、城乡土地要素市场的整合等。第三节则基于这些问题提出了两方面的解决措施，即城乡户籍制度改革和推动城乡公共服务水平的均等化。

⊙本章习题

一、基本概念

中国现代城市化　城中村　农村进城务工人员　城乡土地要素市场　城市户籍管理　城乡公共服务均等化

二、复习题

1. 简述我国现代城市化的发展进程。
2. 城中村的成因和对城市发展的负面影响有哪些？
3. 引导城中村进行城市化的对策有哪些？
4. 我国农村进城务工人员的城市化存在哪些问题？如何解决？
5. 促进城郊农民城市化的两个关键环节是什么？

6. 我国的城乡户籍制度经历了怎样的变革？

三、思考题

1. 我国进行户籍制度改革的重点和难点分别是什么？

2. 通过搜集相关案例和资料，说明我国城乡公共服务水平存在巨大差距，并谈谈可以采取哪些措施来缩小这一差距。

第十章

城市—区域协同发展

⊙学习目的与要求

通过本章的学习，能够简要描述城市作为开放系统的属性，以及城市和区域协同发展的意义。能够对西方发达国家城市和区域协同的可能途径与运作方式，我国区域协同发展存在的问题与关注要点等内容进行分析评价。能够灵活运用区域协同发展的调控模式和有效手段解决实际问题。

第一节　城市—区域协同发展的意义与要求

一、城市—区域协同的内涵和特征

（一）城市—区域协同的概念辨析

城市—区域协同发展的要害是如何理解“协同”的含义，如果在这一点上出现分歧，对许多问题的认识就难以达成共识。协，从字义上说有“和”“合”“帮助”“协理”“和谐”“协调”的意思。同，则具有“同步”“会同”的意思，而非“相同”。一般论及区域协同时，往往认为包含两层意思—协作与同步。因此，城市—区域协同问题大体包含两个方面：一是在一定的区域范围内，一个或多个城市或地区在发展过程中为追求更多利益而需要与辖区之外的其他城市和地区进行协作的问题；二是一个城市或地区在发展过程中需要与辖区之外的其他城市和地区保持同步、和谐的局面，并非完全相同，而是至少不能发生矛盾和冲突。

（二）城市—区域协同的基本特征

从城市—区域协同的含义出发，城市—区域协同的基本特征包括两个方面，即：必定发生在具有独立利益的个体之间；必定发生在各个体联系密切、相互影响程度很大的领域内，特别是公共领域内，如跨地界的基础设施建设、共有资源的利用、环境污染区域防治等。

比如，早在1999年，厦门市与黑龙江省黑河市本着“南联北和、综合开发”的宗旨，达成联合拓展中俄经贸旅游大通道的意向，开发台湾—厦门—五大连池—黑河—俄布市—莫斯科—圣彼得堡旅游线路。20世纪初，上海，江苏的南京、苏州、无锡、南通、常州、扬州、镇江，浙江的杭州、宁波、温州、嘉兴、湖州、舟山、绍兴15个城市，加上安徽的黄山，这些城市的旅游局长在杭州签署“15+1”合作宣言，共同打造长三角黄金旅游圈。从以上两个案例可以看出，城市—区域的协同发展必然发生在两个或者多个城市主体之间，以某种影响和相关性很大的事件作为其间的纽带。进入21世纪的第二个10年，随着京津冀、长江经济带等国家战略的调整和实施，城市与区域一体化的速度也在不断加快。

二、传统封闭式城市发展的不足

（一）行政区隔的束缚严重限制城市发展

中国城市的行政区划使城市发展的决策选择一般局限于行政区划范围，无论是城市空间的成长方向还是需要的资源调配，封闭、独立的城市发展思路都与周围城市的衔接考虑不足。不能促进城市有效合作以集中供给与需求，出现了诸如规划的城市空间发展方向与区域整体经济不协调的实例。

上述情况发生在我国很多地方，比如过去的广州市由于受到行政区划的限制，不得已在自身的行政辖区内选择所谓的最优发展路径，但是一旦将这种路径放到跨城市的区域空间尺度下，其发展模式的弊端暴露无遗。在国家创造性的思路调整下，广东省做出的促进南沙地区发展、促进广佛一体化等战略是实现跨越式发展、帮助广州市获取最优发展路径的关键性选择。

（二）未能全面考虑社会经济发展状况影响的相关利益主体

城市发展需要实力的支持，而城市实力的增加必然涉及较多的利益主体，这里可能涉及的利益主体会跨越城市的边境范围。比如，某一城市的人力资源招聘优惠条件如果远远高于另一个城市的条件，周边甚至跨区域的人才流入都将成为可能，从而使人才流出地方的发展受到威胁。伴随着城市化的阔步推进，区域内城市密度提高，城市集聚和辐射能力增强，相邻城市之间资源和信息的交换趋于频繁。随着人力资源、金融资本、信息、物资等产品的流动速度加快，城市发展的相关利益主体已经越来越不局限于城市的内部，仅仅从某一个城市自身考量城市管理的政策优劣或者发展战略选择都将是不科学、不可持续的。

（三）强调城市自身发展的影响

随着我国社会经济的进一步发展，国民收入的进一步提升，我国城市化的进程正在进一步加速。伴随城市化进程的加速，如果仅仅从一个城市自身的发展需求出发，城市之间的竞争就必然十分激烈。

一方面，城市的竞争表现在对高素质劳动力资源、资本、土地资源和信息资源掌控的竞争；另一方面，城市的竞争更表现在对城市产品的市场，包括城市有形产品如城市的工业产出等和无形产品如城市的旅游格调、城市的综合信誉等多方面的竞争。比如，我国各地大大小小的城市圈的组建和发展中，诸侯经济的负面影响广为存在，行政区域分割、圈内恶性竞争等问题，极大地扼制了城市圈协同效应的发挥。从目前发展的现实状况来看，城市发展求大求多和区域发展不协调是普遍现象，会从很多方面反映出来，但最为直观地反映莫过于城市建设方面，包括重大建设项目布局、基础设施建设等。

三、协同发展需要解决的主要问题

城市—区域协同的内容随着经济发展水平的不同而不同，当前我国城市—区域协同中迫切需要解决的有以下几个方面的问题：

（一）产业的分工与合作

为了避免在城市与周边地区展开恶性竞争，导致产业结构严重趋同和资源浪费的现象发生，需要在产业方面进行协同，即包括各城市在产业上如何进行分工合作，如何在产业政策上进行衔接以提高区域产业的整体实力等内容。

（二）环境的治理与自然生态、人文资源保护

生态环境具有公共性，各个主体（城市或区域）在利用生态资源时都倾向于自身利益最大化。为了实现全社会生态环境的全面改善和建立良好的补偿机制，需要在各个主体间进行协同。如流域内污水的排放标准、固体废弃物的共同处理、大气污染的控制、水资源的分配利用等内容，都属于环境方面的协同。而森林、湿地、生物多样性等自然资源以及历史文化资源等虽然可能只位于某局部地区，但却是整个区域的共有资源，也需要共同努力进行保护。

（三）基础设施建设的协同和共享

在交通和通讯联系日益发达的条件下，许多大型公共设施和基础设施的可能服务半径已经超出城市或区域的范围。而且，所有设施的建设和运营都是有一定的“规模门槛”约束的。如果允许各主体（城市或区域）从自身利益出发，在自己的属地范围内都进行大型基础设施建设，将降低设施的利用效率，造成成本的上升和资源的极大浪费。因此需要在大型公共设施建设上进行协同，形成功能互补、共同享用的公共设施体系。

此外，由于经济和社会活动的跨地域性，对于区域范围内的基础设施的整体系统运行提出了更高要求，使得各城市范围内自行规划建设的设施的衔接变得十分重要，唯有如此才能大大提高设施的整体运行效率。

（四）共同的行为规则和标准的制定

市场经济是法制经济，也是规则经济。只有制定一套公平公正、大家共同遵守的规

则，才能界定和约束各利益主体的行为选择，保证良好的市场运行环境。目前区域协同中存在的诸多问题，如产业用地低价出让、无序竞争、污染排放危害周边、设施建设标准不一造成难以彼此衔接等，很大程度上都源于缺乏一个明确的指导和约束各地方政府的行为标准和准则，各方认可的区域协同机构才有权威出台这样的共同准则。

（五）区域整体形象塑造与创新网络构建

经济全球化形势下，国家之间的竞争反映为各国核心城市的竞争，也表现为区域之间的竞争。要增强区域的整体竞争力，需要各个城市结成同盟，以一个整体参与对外合作交流和竞争，同时也需要以一个整体进行宣传和推介自己。塑造区域的整体形象，既是提高区域的影响力，也是增强区域内各城市的吸引力和竞争力的重要手段和内容。此外，影响区域竞争力提高的关键因素在于区域持续的创新能力的培育，而这依赖于一个高效的区域创新网络的构建而不能单靠个别城市的发展。区域的整体创新能力的培育取决于区域的创新意识和进取精神，最终是建立在整个区域的文化建设和人文精神造就的基础上，这是培育区域长久竞争力的关键所在。

四、城市—区域协同发展的趋势与意义

（一）我国城市—区域协同发展的趋势——城市群一体化

随着我国城市之间经济联系的日益紧密和一体化进程的加速，城市群作为区域经济发展的新的空间形态相继出现，并有数量上增加和规模上不断壮大的趋势。城市之间的互相协同、组团发展，成为不可避免的现象与趋势。正如《国家新型城镇化规划(2014—2020)》所指出的，要“建立完善跨区域城市发展协调机制。以城市群为主要平台，推动跨区域城市间产业分工、基础设施、环境治理等协调联动。重点探索建立城市群管理协调模式，创新城市群要素市场管理机制，破除行政壁垒和垄断，促进生产要素自由流动和优化配置。建立城市群成本共担和利益共享机制，加快城市公共交通‘一卡通’服务平台建设，推进跨区域互联互通，促进基础设施和公共服务设施共建共享，促进创新资源高效配置和开放共享，推动区域环境联防联控联治，实现城市群一体化发展。”

我国的《国民经济和社会发展第十三个五年规划纲要》又进一步对城市群发展线路图进行了确认，指出要“加快城市群建设发展，优化提升东部地区城市群，建设京津冀、长三角、珠三角世界级城市群，提升山东半岛、海峡西岸城市群开放竞争水平。培育中西部地区城市群，发展壮大东北地区、中原地区、长江中游、成渝地区、关中平原城市群，规划引导北部湾、晋中、呼包鄂榆、黔中、滇中、兰州—西宁、宁夏沿黄、天山北坡城市群发展，形成更多支撑区域发展的增长极。促进以拉萨为中心、以喀什为中心的城市圈发展。建立健全城市群发展协调机制，推动跨区域城市间产业分工、基础设施、生态保护、环境治理等协调联动，实现城市群一体化高效发展。”

（二）城市群协同发展的意义①

城市群的协同发展相较各个城市孤立发展而言，意义重大：有利于城市群内部各个城市之间的相互开放，形成有利于资源和要素自由流动、实现资源和要素优化配置的环境；有利于形成以区域性产业分工和合作为主要内容的城市功能分化，并建立日益密切的经济联系和发展上的依赖互动关系，提高区域经济效能；有利于通过协商共同解决跨区域的交通、通信、资源开发、环境保护等公共领域的问题，形成规模优势，降低平均成本，等等。

五、城市群协同发展的要求

城市群协同发展，不单单是城市微观和中观层面的任务。国家从宏观角度出发，应编制好全国性的社会经济发展战略规划、城市体系规划和区域规划，对全国城市的发展做出战略规划和设计，明确城市发展的主要方向和建设重点，包括城市化水平、城市数量指标、城市空间布局、城市经济实力、城市产业结构等。各地区、各省也都需要制定相应的战略、规划和设计。在此基础上，各城市应在总体规划和区域经济的指导下，制定相应的战略、规划和设计，力求做到与当地的社会经济发展目标相吻合，与每一个城市的发展战略相结合，充分体现城市发展特色，避免每一个城市之间产业结构的趋同化、城市形象的雷同以及城市基础设施的重复建设，避免造成不必要的内耗，切实在规划上做到全国一盘棋。

第二节　城市—区域协同发展的类型和途径

一、城市—区域协同发展的主要类型

按照不同的标准，区域协同可以分为不同的类型②：

（一）外部协同和内部协同

根据区域协同问题的性质的差别，可以分为外部协同和内部协同两大类型。本区域与其他区域之间的协同，属于外部协同问题；区域内的城市或地区之间的协同，属于内部协同问题。比如，珠江三角洲经济区内各城市之间竞争与合作而产生的协同问题，为珠江三角洲的内部协同问题；而珠江三角洲经济区某一城市与其他区域，如省内的粤东、粤西、粤北，省外的黔桂、湘赣、福建、长江三角洲、港澳以及东盟的协同问题，

① 本部分参考：陶文东、安筱鹏：《我国城市群协调发展的基本态势与调控思路》，《国土与自然资源研究》，2004（3），第5-7页；覃成林、周姣：《城市群协调发展：内涵、概念模型与实现路径》，《城市发展研究》，2010（12），第7-12页。

② 本节内容摘录自王富海等：《珠江三角洲城镇群协调发展研究协调机制专题》，中国城市规划设计研究院主持，深圳市城市规划设计院主创，2003年。已经编者重新整合。

是外部协同的主要内容。

（二）政府协同与民间协同

根据沟通和运行的渠道的不同，区域协同问题可以分为政府协同和民间协同。在城市和区域协同问题中，有一部分问题对于双方的整体利益和长远发展具有重大影响，是必须采取官方层次的正式会晤和磋商、通过政府之间的协商和谈判才能得到解决的；但同时在许多领域也存在大量问题，特别是企业和微观层次的问题，可以通过非政府机构和民间组织的形式开展工作，更加方便并更具实效，不一定需要政府出面干预。政府协同和民间协同是相互联系、相互补充支持的，政府协同为民间协同创造更好的条件和议事规则，提供正式制度安排的支持；民间协同可以作为政府协同的基础和先导，同时也将政府的协同领域进一步引向深入。

（三）纵向协同与横向协同

从问题的相互关系不同，区域协同问题可以分为上级与下级之间发生的纵向协同和同级主体之间产生的横向协同，也可以称为垂直协同和水平协同。纵向协同问题既包括上级政府与下级政府之间的协同，也包括上级部门与下级部门的协同；协同的途径既可以自上而下，也可以自下而上；在我国现有的垂直管理体制下，纵向协同问题往往可以直接通过行政手段加以解决。横向协同问题既包括同级政府之间的协同；也包括同级政府各部门之间的协同；这些问题往往需要通过相互协商和谈判的手段加以解决，必要时请求上级政府和部门进行调停和仲裁。整个区域与其他区域的协同也属于横向的协同，如珠江三角洲与港澳的合作关系，珠江三角洲与其他经济区的联系等。此外，垂直和水平协同问题也存在相互之间的交叉和重叠关系，即存在地方政府的“块”与上级职能部门的“条”之间的协同问题。

（四）局部协同与整体协同

根据区域协同问题涉及和影响范围的不同，可以分为局部协同问题与整体协同问题。局部协同问题往往是发生在少数个体之间，通过相关个体之间的协商和谈判就可以解决，例如两个城市之间道路网络的衔接，交界地带的开发和管理等。而整体协同问题虽然也可能是由个别城市引起，但往往对整个区域都会造成重大影响而非仅涉及相邻的一两个城市，如个别城市污染的超标排放造成全流域的环境破坏，个别地区“零地价”出让造成整个区域竞争环境的无序，某一地段道路的不衔接造成区域交通网络运行效率的下降等。整体协同问题往往需要通过高层次的协同手段加以解决，如国家出台的《京津冀协同发展规划纲要》就从交通、环境、产业、人口、空间、公共服务等多个维度倡导和指引区域整体协同发展。

（五）行为协同与规则协同

根据协同对象的不同，可以分为具体行为的协同和规则的协同。行为方面的协同主要针对某一具体的问题而展开，如区域性大型项目的选址、流域的综合治理等。而规则方面的协同则是制定区域共同的行为标准与准则，界定和约束各利益主体的行为选择，以创造公平的竞争环境，如流域共同排放标准的制订，废弃物治理标准的确定，最低地价的确定等。区域规划的编制也是规则协同的一种重要手段。

二、协同发展的调控模式及相关手段

（一）协同发展的调控模式

区域协同的方式与国家的政治经济体制存在密切的关系，国家的政治经济体制决定了区域协同的调控方式，也决定了区域性协同组织机构的不同形式。总体而言，区域协同机构的组织方式与运行机制可以分成强调控模式、弱调控模式和多元调控模式3类①。

1. 强调控模式

以苏联及东欧等社会主义国家最为典型；在西方国家中，采用这种模式的以法国、荷兰、希腊及日本等国家为代表。这些国家一般拥有较高的中央集权传统，社会主导价值观念提倡集体主义和国家主义，中央政府手中掌握着较强的调控权力，并且大多数地区都成立了大区政府以协同较大范围内城镇群体的发展；区域规划是作为大区政府的主要职责之一，拥有健全的规划机构与机制。

以法国为例，国家政治制度实行中央集权制。在土地政策方面，实行先行土地储备制度，即土地公有化和政府预先留有保留地的制度，不断向扩大土地公有的方向发展，为政府对城市空间的支配打下基础。法国设有双层的政府机构负责城市规划工作：中央政府、行政区政府以及省政府构成一个层次的规划机构，负责管理国家级和地区级规划；另一层次的规划机构即为市镇级政府。法国的大区协同机构，包括大区官员联席会及工、贸、学术界专家组成的大区委员会。除此以外，为完成某项专项规划或某个特殊的目的，政府会组建各类专业机构，如在主要集合城市地区设有区域研究会，以推行中央政府、地区的整体规划观念。另外，法国中央政府、行政区政府以及省政府控制了用于城市建设的大部分资金分配权，这样使规划实施有了强有力的资金保证。

2. 弱调控模式

这类国家对区域发展实施调控的力度较弱，一般对规划不作集中统一管理，也不强调区域发展的统一安排，各种规划由区域或城市自行编制。虽然也设有国家级规划管理机构，但其职能主要是制定全国或全区性的立法和分配国家对区域建设的财政补助，以此制订并执行政府的有关政策。

以美国为代表，实行联邦制，土地实行私有化。美国基本不编制区域性的规划，因而也没有统管各州和地方政府规划的国家规划。美国的规划以区划制度为主，实际上对空间物质环境的直接管理较弱，其优点是具有较大的灵活性。传统的城市地方政府自治体制定形成了强烈的地方自治愿望和势力，对建立强势的区域协同管理机构造成重重阻

---

① 张京祥、芮富宏、崔功豪：《国外区域规划的编制与实施管理》，《国外城市规划》，2002（2），第31页。

力。在美国众多的城镇群体发展地区，许多区域性的问题通常是由大量的单一机构来进行协同，并且私人企业的影响力很强。美国许多地区并未建立典型的大都市区政府，但为了调和各城市之间的矛盾并解决跨界的公共服务和管理问题，美国大都市区往往采取设立机构的方式来行使类似于大都市区政府的某些职能，采取协商手段对涉及大都市区的治安、交通、环保、水利、保健等问题进行统一规划，协商解决。政策的推行主要依靠协商及经济手段，如政府鼓励建立各种各样的跨行政区的联合大都市协同管理机制，通过联邦基金的调配来增加政府的调控能力。

3. 多元调控模式

对区域发展实行多元调控模式的国家以英国、德国、丹麦、意大利等国为代表。这些国家的政府更多的是通过预算、税收、福利、基础设施以及竞争等政策和立法手段，对社会和经济生活进行干预、指导和协同，并将其作为区域规划的实质。虽然一般不由中央政府制定统一的区域规划，对地方的发展控制亦多通过采取政策与经济措施来加以影响，但中央政府往往还通过制定、实施一些综合专项规划，如全国的铁路网规划、机场选址、高速公路网规划等，在很大程度上来影响着地区的发展，并要求地方的发展规划服从这些全国性的专项规划。这些方式既丰富了多元化的调控手段，也在其特定的政治体制下强化了政府的干预作用。

以英国为例，作为实行议会制的君主立宪单一政体的国家，英国虽然拥有较强的中央政府，但地方政府又有较大的自治权。中央政府通过多种方式鼓励、帮助形成跨城镇的大区领导机构，努力健全各级规划组织，促成各级政府编制区域性的规划，有时成立区域性的专门机构来解决区域发展中共同遇到的问题。中央政府对地方规划具有一定的指导权，并依靠法律、政策、经济等手段对地方进行调控。又如德国，虽然和美国都属于联邦制国家，但区域协同组织形式与之完全不同，德国联邦政府编制规划，但实施权属于州，通过区域协同组织制定统一的开发政策，着重提供基础设施和财政支持。特别是著名的鲁尔煤田协会，不仅是地区协作的规划咨询机构，也是拥有实权的执行机构。

（二）促进协同发展的手段

在市场经济体制环境中，实施城市间区域协同并不能简单依靠指令性方式来进行人口、资源和产业的调配和布局，而是要采用法律、经济、行政、公众参与等综合方式以及提高规划管理的科学性等手段，通过基础设施建设、提高生活环境质量、促进工业区形成等途径，大力采取引导的方式，使国土开发与区域规划建设能够有序发展。

1. 法律手段

区域协同开展得较好的国家无一不以完备的法律为保障。一些国家大都制定有对区域规划的基本任务、组织、管理进行界定的基本法，作为编制区域规划和综合开发计划的依据，并在实施中制定相关的具体法律、法令以及政策作为保障。

德国依据基本法（相当于宪法）制定了《国土规划法》和《国土整治法》，联邦、州和管理区的规划是指导性规划，市县规划是指令性规划，这些规划经议会通过后，均具有一定的指导作用和法律效力。日本在 20 世纪 50 年代制定了《国土综合开发法》，该法具有国土开发基本法或组织法的特点。此外日本还有包括地域开发、土地、水资源、交通、生活环境整备等较为庞大、完备的国土法律体系。针对一些大城市发展地区，还制定了地区性的区域法规，如《首都圈整备法》《首都圈工业配置控制法》等。法国早期在实施领土整治计划中就制定了不少法令，《国土规划法》就是建设的基本法。1995 年，法国议会也通过了《领土整治与开发指导法》，包括制定全国性领土整治纲要，创建领土整治与开发全国委员会，设立新的行政区划试点，建立新的行业发展基金，极大地强化了国家财政补贴力度以及对重点地区的倾斜政策。美国并没有明确的区域规划法，但《地区复兴法》《城市增长与社区发展法》等，也承担了一定的区域性管理权力。

2. 财政和经济手段

主要是通过政府的投资、经济补贴、基金、诱导资金、减免税收等方式，来保障进行区域协同所需要的资金来源，这些手段往往也以法律和政策规定的形式出现。以德国为例，其财政政策中有关区域协同的内容主要有：

（1）明确划分联邦、州、地方的事权和财权，《基本法》规定各级政府承担实现各自任务的支出。联邦政府承担建设和管理联邦基础设施，负责社会保障，进行跨区开发以及全国性经济发展与调整等；各州政府主要负责州的公路和住房建设，改善农业结构、环境以及科教文卫等事业；地方政府主要负责地方公路建设和公共交通事务、住宅与城市发展、城镇水电和能源供应、社会救济、文教体育保健等。

（2）实行横向和纵向的拨款，保证各州财政平衡。《基本法》规定，人均收入高的州通过横向拨款帮助人均收入低的州，联邦政府通过纵向拨款补助财政不足的州。

（3）国家投资政策，联邦政府财政预算中一直保持 20%的社会基础设施投资。由于大部分的基础设施建设都是通过地方进行，各州和地方的财政预算中政府投资高达 80%以上。

（4）诱导资金和减免部分税率的办法。历年德国各级国土主管部门均掌握一部分对企业的补贴资金，用以引导企业按国土规划的要求进行建设。

3. 行政手段

（1）区域协同管理机构的设置

在这方面不同国家的情况有很大差异，基本上可以划分为强力健全型、松散组合型和折中型几种类型。

强力健全型的典型如 20 世纪 90 年代以前社会主义阵营中的匈牙利和资本主义制度下的日本，一般拥有自上而下的强有力的区域规划管理机构和明确的权力分配，上级规划对下级规划给出有力的指导或指令。

松散组合型在美国等实行高度自由市场经济的国家中采用，没有直接、明确的区域协同机构，联邦政府主要通过联邦基金的划拨获取一定的支配管理权力。

折中型主要是实行“计划市场经济”的国家采用，例如英国和法国。英国环境部是全国最高区域与城市规划机构，并在郡级、市级设置规划部门，负责组织和指导各层次的区域规划。20世纪80年代以后，英国的区域规划实施管理部门已经完成了由一元走向多元，从政府单一行为到私人部门、相关团体的广泛参与的巨大转变。法国区域与城市规划的管理分国家、大区、省和市镇四个层次，国家在大区和省设有分支机构，贯彻落实中央政府的法规和政策，指导和协调市镇的规划工作，同时负责征求地方当局和公众的意见，指令有关市镇实施基础设施、公共和防灾工程等国家重点建设计划。

（2）行政权力的行使方式

一般是通过审批、发放许可证、签订合同等，鼓励或限制某些地区、某些项目和企业的发展。例如，德国主要是通过行使土地管理和审查权，限制和制止某些企业的建设和发展。日本政府的干预中虽然没有相应的制裁措施，但各省（厅）都拥有相应的审批权力以及贷款、税收、补贴等奖励性政策。法国对巴黎的各项建设用地，只有不适合在外省搞的项目，经“外迁委员会”审核、发放许可证后，方可进入。

4. 规划手段

通过规划来协调区域发展中的各种空间和产业问题是十分有效的方法。

城市与区域是“点”与“面”的关系，城市不可能孤立地发展，不能就城市论城市。城市的发展要建立在区域发展的基础上，在一定程度上取决于区域的资源、交通、能源、市场、人文以及与区域内其他城市的协作等条件。城市的发展，特别是区域内一些中心城市的发展，也会促进和带动整个区域的发展。因此，应使用现有具有战略和政策属性的区域性规划作为下一层次操作性的城市总体规划的依据，并且通过各城市总体规划的编制得到进一步的修改和充实。其中，区域性规划包括较小地域的城镇体系规划和更大尺度的区域规划。

（1）城镇体系规划（Urban System Planning）

城镇体系规划是在一定地域范围内，以区域生产力合理布局和城镇职能分工为依据，确定不同人口规模等级和职能分工的城镇的分布和发展规划。我国《城乡规划法》第12条和第13条规定：“国务院城乡规划主管部门会同国务院有关部门组织编制全国城镇体系规划，用于指导省域城镇体系规划、城市总体规划的编制。全国城镇体系规划由国务院城乡规划主管部门报国务院审批。省、自治区人民政府组织编制省域城镇体系规划，报国务院审批。”国家级和省一级的城镇体系规划在国家城乡规划体系中位于较宏观的层次，在国家宏观经济发展和城镇与区域统筹协同发展中起着其他层次的规划不可替代的作用。

（2）区域规划（Regional Planning）

区域规划是指在某个特定的地域范围内，对国民经济和社会进行综合性、战略性和政策性的总体战略部署。区域规划的主要内容一是确定规划地区经济社会发展的基本方针；二是合理进行生产力布局；三是拟定区域人口和城镇居民点体系的发展规划；四是统一规划区域性基础设施；五是建立区域生态系统的良性循环；六是统一规划、综合平衡，以达到最优的社会效果。区域规划受国民经济发展规划的影响，侧重于地区各项建设的空间部署。

5. 社会手段

主要是采用公众参与和广泛的社会支持，以动员各种社会资源参与规划，保证与监督区域规划的实施。由于信息、科技的发展及社会中各种正式、非正式力量的成长，人们如今所崇尚与追求的最佳管理和控制往往不是集中的，而是多元、分散、网络性以及多样性的。传统区域性规划作为对未来时空范围内经济、社会、资源、人口、环境、科技等方面进行指导的总体战略和宏观调控手段，其传统带有很强指令性色彩的单一、纵向模式已越来越不适应新时代的要求，实施的难度也越来越大。发展一个公平、公开又具有竞争力的区域管理与协同系统就成为保障区域、城市可持续发展的迫切要求。因而，管治理念在区域性规划编制与实施管理中的应用成为当今区域规划发展的必然。

可以预见，随着国际、国内经济社会的发展，我国的权力管理架构及经济组织体系也将发生更为深刻的变化，区域空间结构及形态也将发生巨大的变化，而文化、生态、资源等不仅成为更为稀缺的社会或经济成本，更对国家与地区的可持续发展及国际竞争地位的提高具有战略的意义。我国具有区域规划的良好传统和宏观环境基础，但其传统的思维及方法已与新的环境极不匹配，只有主动地探索与积极地改造，增强区域规划的现实价值和社会认同，方能积极地应对新时代的挑战。可喜的是，京津冀、长三角、珠三角等大区域的规划探索已为下一阶段中国城市的健康发展奠定了基础。

第三节　西方发达国家城市—区域协同的具体做法

西方发达国家尽管市场调节能力在逐步加强，但区域行政协同组织仍在快速发展，从世界范围看，区域协同组织随城市地区的发展而逐步发展，第二次世界大战后全球不同形式的区域协同组织约有 10 处，2000 年已达到 150 多处，这是世界城市化发展在空间上形成“城市地区”后的必然产物。大都市地区管理组织形式可以在现有行政机构上设立常设的区域协同组织机构，也可以在现有行政机构之间以共同的目标和纲领结成协同组织，可以是自上而下的，也可以是自下而上的。

之所以要借鉴西方发达国家的区域协同经验，主要是因为西方发达国家区域经济发达，区域一体化进程早、水平高，区域协同问题由来已久；西方发达国家市场经济较为成熟，在如何纠正市场失灵以及进行政府宏观调控方面积累了较为丰富的经验；西方国家都市集权与地方自治的矛盾更加尖锐与复杂，在如何平衡统一管理与分权管理方面进行了多种形式的摸索[①]。

---

① 本节内容摘录自王富海等：《珠江三角洲城镇群协调发展研究协调机制专题》，中国城市规划设计研究院主持，深圳市城市规划设计院主创，2003 年。已经编者重新整合。

一、区域协同机构的发展过程和特征

（一）区域协同机构的形成

随着欧美城市化高度发展，城镇群日渐增多，城市间的许多问题需要共同解决，区域协同机构应运而生。其必要性基于以下几个方面：

1. 大城市人口和地域迅速扩展，城市需要新的发展空间

城镇群区内各个市镇和周围地区在行政区划上相互孤立，新的自治市镇又在大量涌现，行政区划过小，城市政区挤在一起，城市发展空间受阻。

2. 地方政府组织机构过小

由于地方自治，对关系到整个城市地区的社会公共问题，地方政府或者无力解决，或者解决的效益低下，客观上要求在城镇群地域基础上进行统一规划、建设和管理。如交通、住宅、供水与排水等问题都需要从比单个城市更大的范围或整个城镇群的角度去规划建设。

3. 城市之间各自为政

市镇之间存在许多矛盾，尤其是跨州或跨郡的城镇群内的市镇问题更为复杂。州政府对市政府行使监督权，而无权干预地方政府的决策，市镇缺少有力的协同机构和途径。地方主义与城镇群发展的协作需求的矛盾日益突出，实行统一规划困难重重，严重影响了城市管理的效果和质量。

基于上述问题，美国、英国、加拿大等城镇群发展程度高的国家先后对城镇群的行政管理结构进行改革，寻求更为有效的，既能兼顾各市镇利益又能适应整个城镇群发展要求的管理体制。建立这种体制的一个主要途径是形成统一的城镇群政府或协同机构，对某些需要从整个城镇群角度进行规划建设和管理的项目实施统筹管理，进而在城镇群形成双重政府结构——城镇群联合政府与地方城市政府。在世界上成立较早（20 世纪 50 年代初）的是多伦多大都市区政府（The Municipality of Metropolitan Toronto），1965 年伦敦成立了大伦敦政府，20 世纪 70 年代中期在欧洲普遍出现了大都市区的行政管理机构。但是这类政府的性质是不尽相同的，有的是国家行政机关性质的，如法国巴黎大区议会；有的是由各个城市的代表组成的政府，如大哥本哈根议会；有的是经过参盟城市之间选举的代表组成的政府，如法兰克福大都市区议会；还有的是经过参盟城市之间协商组成的协议机关，如海牙大区协议会。

（二）区域协同机构的类型

西方区域协同机构有 4 种类型：

1. 综合性的城镇群政府。加拿大多伦多城镇群政府和已解散的大伦敦议会为此种类型。这样的政府组织职能是在城镇群范围内行使类似于地方政府的综合职能。

2. 仅有单项职能的专门机构。英国、美国、加拿大等国城镇群都有这类组织，以美

国最为普遍。这类组织是几个地方政府的联合体，负责某专项公共服务，如消防、供水等。

3. 某一区域的专门管理机构。负责管辖某一特殊系统或地域，如港口、桥梁等。

4. 非政府的城镇群协同机构。在更广泛的范围内协调各城市、郡（县）之间的关系，美国、加拿大一些城镇群都设有这种协同机构。

城镇群政府委员会由各个城市的代表组成，一般中心城市所占席位最多。由于郊区城市人口剧增，郊区城市不断合并扩大，如伦敦和多伦多郊区城市都经过合并，以此提高行政管理规模和效率，同时郊区在城镇群政府中的权力也相应提高。

西方国家城镇群政府是城市政府联合体，建立这一联合体的主要目的是在传统地方政府的基础上组成一个有能力协调解决整个城镇群问题的行政组织，同时为城镇群内地方政府之间创造沟通与对话的渠道。由于城镇群人口和地域的不断扩大，人口流动与分布特点不断变化，城市公共服务的类型和需求分布也不断变化，要求城镇群政府的组织形式和职能不断适应新的变化。城镇群行政组织方式及其职能界定一直是西方国家政府关注的问题，并一直在为建立更为有效合理的都市管理体制进行着不懈的努力和探索。

（三）大都市政府形成与发展①

1. 早期大都市政府的形成

现代意义上，在世界上成立较早的大都市区政府是1957年美国的迈阿密大都市政府，此后，1964年荷兰的大鹿特丹政府成立，1965年英国的大伦敦政府成立，1967年加拿大大温哥华地区政府成立，1974年西班牙巴塞罗那联合政府成立，至20世纪70年代中期在欧美普遍出现了大都市区的行政管理机构。下面扼要介绍其中的三个：

（1）伦敦大都市政府：原型成立于19世纪末，是最早建立的大都市政府，开创了大都市政府的先例，经历了伦敦郡、大伦敦和大伦敦议会（1965）的不断变化，历次改革与重组（也曾经历取消与恢复）的目的都是力图解决由于都市化所带来的一系列管理问题，使大都市管理范围与大都市的实际地域范围相吻合。到20世纪80年代，由于大都市政府建立时以及以后运作过程中复杂的政治背景，两级政府之间的某些重要职能分工不清，如在城市交通方面，大都市政府负责交通规划，而区提供实际交通设施，两方面常常难以协调，加之对地方政府权力的强调，使大都市政府宏观调控能力减弱。1986年，保守党政府取消了大伦敦政府，2000年再次恢复。2004年2月随着新的《大伦敦空间总体规划》颁布，标志着大伦敦地区的区域性管制进入新的发展阶段。

（2）迈阿密大都市政府：成立于1957年，区域内非城市地区的所有服务均由大都市政府提供，大都市政府资金来自于大都市区范围的相关税收及那些非自治市地区的特

---

① 张京祥、刘荣增：《美国大都市区的发展及管理》，《国外城市规划》，2001（5），第6-8页。

别税，对道路、铁道、公共汽车、飞机场、港湾等区域性交通系统实施明确的一元化管理，而各市、县政府承担更具体的公共服务工作。大都市政府理事会是大都市政府的最高决策机构，由全体居民选出的 9 名理事组成，在理事会下设有 8 个常设委员会，协调解决财政、政府间关系、交通、环境和土地利用、社区事务等各项工作。联合大都市政府与下层次政府并不是严格的行政等级隶属制，在两个层次政府之间有明晰的分权。采取双层制结构体制是人们认识到了统一全地区共有职能的必要性，而同时又希望能在地方性事务方面保存地方经营与管理的自主权。

（3）大温哥华地区政府：成立于 1967 年，1971 年比西省政府从法律上明确了大温哥华地区政府的功能和定位。这是一种灵活的政府形式，由区内政府选派有关代表组成联合政府，其组织包括董事会及下属各部门，并设有区域长官管理下属各部门的运转。大温哥华地区政府的主要功能有两个方面：一是协调跨市、区的区域性事务；二是提供比各市单独提供更有效的区域性的基本服务，包括供水、污水处理、空气质量管理、交通规划、固体废物处理、大区营利住房、大区公园等。根据经济、有效和平等的原则，区内各市通过大温哥华地区政府联合起来提供上述服务，但在这个体制下，大温哥华地区政府对各市、区的事务没有直接的干预权，各市、区仍保持自己的独立性。

2. 早期大都市政府存在的问题

西方大都市政府的发展并不是一帆风顺的，由于都市集权与地方自治矛盾的尖锐与复杂，统一管理与分权管理很难进行协调，大都市政府在处理集权与分权的关系方面面临两难处境：一方面，要解决大都市共同问题需要依赖地方政府、社会团体和大众的一致努力，但这样就会降低大都市政府的权威；另一方面，大都市政府仍旧是等级官僚体系中的一环，只是权力的传递者。至 20 世纪 80 年代，早期的大都市政府许多被废除，1986 年保守党政府废除了伦敦大都市政府，而用提供较少服务的特别机构替代它，1985 年荷兰的大鹿特丹政府被废除，1987 年巴塞罗那联合政府被废除。

3. 大都市政府的发展与复兴

大都市政府复兴始于 20 世纪 90 年代，这个时期许多国家又重新出现了大都市政府。

1994 年，在意大利的波各那省的 48 个自治市，成立了大都市政府。随后，意大利罗马等其他大都市地区也成立了各自的大都市政府，法国、荷兰也成立了类似的机构。1994 年，德国斯图加特地区政府成立，包括 179 个自治市和五个县，代表 200 万居民，这个机构以选举方式产生了一系列的服务部门（策略规划、公共运输、废物处理和经济发展）。1994 年，意大利的博洛尼亚（或译波各那，Bologna）省和博洛尼亚的 48 个自治市签订了一个建立在自愿和弹性的基础之上的协议：the Accordo per la Città Metropolitana（以下简称 ACM），ACM 导致了新的大都市级政府的设立：一个政治机构，即由各自治市的市长和省长组成的大都市会议；一个管理机构，即大都市会议秘书处，负责 ACM 的执行；三个技术机构，包括经济区域部、管理和金融部以及健康和社会服务部。有别于先前的大都市政府，大都市会议并非决策主体，它只负责产生大都市会议秘书处和技术委员会，实际上，它提供了一个讨论城市问题的讲坛。

（1）新时期大都市政府的特征

这个时期的大都市政府的构建突出谈判、合作、自愿参与和弹性，大都市政府产生的过程很长，不像传统的大都市政府的组成过程那样短，而且这种过程随时能停下或减慢速度，而产生的结果也不确定，因为大都市级政府的法律效力是由所有的行为者在组成大都市政府的过程中产生的。

（2）大都市政府的改进领域

吸取以前大都市政府的一些经验教训，新大都市政府在组织上进行了三个方面的改善：第一，大都市政府机构不应当成为附属机构，相反的应成为已存在的省的替代品，这样可以解决它们之间权力的冲突问题，如在波各那和鹿特丹，大都市公共机构具有省的层次；第二，涉及大众合法性，所有措施的目的都是建议大都市的形式和内容趋于公民投票；第三，权威中心城市的分解和一些自治市的重组已经写入了法律。

总结大都市政府的发展过程，大都市政府在组织架构、权力分配、调控方式等方面一直在进行调整，以顺应区域经济一体化和管理弹性等新的发展趋势和要求。

（四）大都市政府的主要类型

按政府机构的权力大小，可以将大都市政府分为超城市的和城际的两种类型。超城市的是最纯粹的“大都市模式”，具有直接的政治合法性、明确的财政自治和对一定功能地区行使多元权力。而城际的政府不是这样，第一，城际政府机构的政治合法性依赖城市的地方政府；第二，城际的政府没有财政自治权，它们的资金来源于地方政府和上层次政府的积累，而它们的能力和对地区的控制与超城市的政府似乎没有明显的区别。

（五）发达国家区域协同机构的特点

1. 形式多种多样，且在不断调整

由于国家、地区政体的差别，文化背景的差异及所面对的具体问题不同，不同国家和地区的区域协同组织的管理架构和运行机制也是多种多样的。从区域协同机构的发展历程可以看出，区域协同在组织架构、权力分配、调控方式等方面一直在进行调整，以顺应区域经济一体化和管理弹性等新的发展趋势和要求。

2. 在组织上更多采用合作、自愿参与和弹性的方式

早期大都市政府更多是作为等级官僚体系中的一环，是权力的传递者，经过一段时间的运作，社会各阶层一致认识到要想解决大都市共同问题，就必须依赖地方政府、社会团体和大众的一致努力，大都市政府的构建形式中有了更多的合作、自愿参与和弹性的成分，更多地采用非政府协同机构的组织形式。如纽约大都市区。

3. “政府”与“非政府”两类协同机构逐步融合

大都市政府与非政府协同机构两种组织类型本身就很难截然分开，随着区域协同机构在组织上更多采用合作、自愿参与和弹性的方式，“政府”与“非政府”两类协同机构也逐步走向融合，两者界限越来越模糊。如博洛尼亚大都市政府中设有三个技术机

构，技术机构负责具体项目，并把各个自治市的专家联合起来一起为这个具体项目工作；组建于1957年的华盛顿大都市委员会是一个没有执法权力的非政府的综合性协同机构，但却是一个由18个政府成员组成的正规组织。

4. 受政党更替的影响大

区域协同机构受政党更替的影响大，20世纪80年代英国保守党上台后很多区域协同机构（如伦敦大都市政府）被废除，工党上台后有所恢复。在博洛尼亚实践的成功是因当时意大利共产党统治着这个省。后来，该地区的领导权被两个新的党派取代，这两个政党对继承意大利共产党对博洛尼亚的统治方式持摇摆态度，也并不看好大都市政府的未来。

二、典型案例：美国区域规划机构的运作方式分析

（一）区域规划机构的建立

1. 在组织机构建立上，地方立法机构具有较大的权力

从美国的运行实践来看，地方立法机构在组织机构建立方面有着较大的权力。当地方立法机构通过决议后，他们向上级政府提出请求或者与其他政府共同协商组建区域规划机构。区域规划机构的建立，一般都经历相应的协商程序，通过市场协议明确区域规划机构的权力、义务和相关责任。这种以市场为基础的契约管理方式，为政府间的协同和合作创造了基础。

2. 在组建机构的过程中，对具体机构的运行做了明确的规定

各级政府通过协议的形式成立相应的区域规划机构，一般都会在协议中明确多方面的内容，如建立机构的目的、机构组建的时限、其他政府加入程序、该机构的财政支持等等内容。一方面，对以上内容在协议中加以明确，是为了保证该机构能够正常运转并发挥应有的作用；另一方面，是明确协议的法定性，地方政府必须依照相应的事权划分，明确区域规划机构的职能和自身在配合区域规划机构方面应该履行的职能。

3. 在区域规划机构建立上，更多地体现了自下而上的制度创新行为

虽然在美国不乏通过委任组建区域规划机构的事例，但是从区域规划机构组建的程序上看，更多地体现为自下而上的立法保障下的机构组建行为。县、市或州之间的协议的制定，体现了区域行政管理与规划协同方面的法治经济的要求。说明，法律保障在区域规划机构建立方面具有不可替代的作用。

（二）区域规划机构的构成

1. 在人员构成上，由地方政府自行确定或者上级政府委任确定

与区域规划机构组建相对应，在区域规划机构的构成上，有两种方式，一是由地方当局自行斟酌确定区域规划机构的构成形式与成员资格，二是以委任的方式确定区域规划机构的构成形式与成员资格。在地方政府自行确定机构构成时，具有投票权的代表的

数量、资格、任期与任命方式等详细内容，都是由参与合作的立法机构协商确定。在委任确定情况下，要求区域内的所有地方政府作为区域规划机构的成员，人员比例不得低于2/3。另外具有投票权的1/3的人员，是由州长直接任命，并报参议院批准。州长还会把州规划机构、州交通部门、州环保部门等职能部门作为不具备投票资格的成员列入区域规划机构。从整个区域规划机构的构成看，地方政府和其他具有投票权成员的任命，既体现了三权分立下的监督制约，又体现了成员构成上的公平。

2. 在区域规划机构运转经费方面，主要是由各地方政府承担

在地方政府自行确定区域规划机构人员构成条件下，由参与合作的立法机构协商确定各地方政府承担的费用比例，同时授予该机构以划拨相应份额款项的权力。在委任确定区域规划机构人员构成时，州长要求各地方政府按比例支付成员经费。各个地方政府作为机构的成员，按照人口比例支付相应的经费，保证区域规划机构的实际运行。而州职能机构作为不具投票权的成员，既体现了权利与义务的对等，也为区域规划机构展开活动奠定了广泛的决策基础。

3. 在区域规划机构组织架构上，由推选出的主席组阁

区域规划机构建立，一般都要推选出主席。主席再根据区域规划机构的执行要求，设立诸如执行委员会、顾问委员会等组织机构。这些机构隶属于区域规划机构，是由各成员选举产生。在人员要求方面，顾问委员会成员要求具有相当的资历与素质，有足够的能力和兴趣履行相应的职责。

（三）相应的职权与义务

区域规划机构的权限和义务，主要体现在规划编制、规划管理和规划实施等方面，具体而言，可以分为以下内容：

1. 规划方面

在规划编制方面，区域规划机构主要履行以下职能：遵照相关要求，为区域编制、审批规划；参与本区域相关的跨州、区域和国家规划工作：

在规划协同方面，对本机构的规划活动与州规划机构、地方政府和特别区的规划活动加以协同；与联邦政府部门在规划职能的行使方面开展协作并为其提供帮助，从而使联邦政府部门的规划活动与区域规划保持协同；遵照相关规定，审查总体规划和其他规划，以确保其与区域总体规划和其他区域规划协同一致；与州规划机构合作，发挥区域情报交换所的作用，在为各州、私营部门、地方政府和特别区之间搜集资料、传播信息加以协同。

在规划研究方面，在必要的情况下开展专项调查研究；收集、列表显示、分析和定期出版有关全域开发的区位、进展的资料与报告，包括人口、住房、经济、建设许可证等方面的资料，但不限于此。同时在开展此项工作时与州规划机构开展协作，以避免重复；在必要的情况下，评估区域遭受自然灾害威胁的情况并撰写报告，包括该区域的建筑物、构筑物和基础设施相对于这类自然灾害的脆弱性，以及这类威胁对区域与地方规

划的意义；与统计局和其他联邦机构开展合作，使人们能更便利地获得联邦政府所能提供的统计成果、数据和信息。

在提供的技术支持方面，在有关方面提出要求的情况下，为本区域的地方政府、特别区和其他政府部门提供技术支持，包括协助其编制地方总体规划和其他规划、制定实施规划的措施和为自然灾害区和灾后更新区编制规划提供帮助等；在必要的情况下，维护地理信息系统以便在必要时为地方政府和特别区在这一领域提供支持；区域规划机构每5年至少应为区域及其成员地方政府编制一次20年人口预测，同时与州规划机构在这一领域开展合作，以尽量减少重复。

2. 管理、教育与培训方面

在具体管理方面，区域规划机构应依据法律、行政命令或行政规章对区域规划机构的联邦政府与州政府资助项目加以管理；就区域工作与联邦政府进行协同；坚持采取区域行动，确保公众广泛参与规划工作；在必要的情况下，有权向私营或非私营机构寻求帮助，以及对区域规划机构采取的行动加以宣传，使公众达成共识；有权起诉与应诉；在与该机构通过的行政、人事和预算程序相一致的前提下，有权任命与聘用雇员、代理和律师；编制、通过年度运营与基本建设费用预算案及使用计划，同时有权使用该预算款；有权申请与接受州、联邦政府和私有部门提供的资助与贷款。

在教育与培训方面，参与与其活动有关的公共信息与交流活动；为地方政府、特别区的雇员和选举、任命的官员提供规划、公共管理和相关方面的教育与培训，同时与州规划机构在这方面开展协作。

3. 规划的执行方面

在规划审查方面，区域规划机构应遵照相关要求，审查地方规划，对其提出意见并加以证明；遵照相关要求，对州规划的评审稿加以审查并提出意见；遵照相关要求，参与建立区域影响审查程序；通过行政法规，建立一项程序，使任何个人或机构能通过该程序，就某一目标、政策或原则是否适用于区域总体规划或区域功能性规划，得到区域规划机构的明确答复；审阅关于在管辖范围内建立特别区的建议书，并在30天之内，就该建议的区域意义，向有关的地方政府提交报告；对那些在管辖范围内的、具有区域影响力的特别区的规划予以审阅与批准；对管辖范围内州机构、地方政府、特别区和私有非营利性组织为申请联邦政府部门、机构的资助或贷款以落实联邦法所要求开展的工作、实现有关目标的申请，区域规划机构应加以审查与评论，关键是看该申请是否与已批准的区域总体规划或区域功能性规划相一致；对管辖范围内州机构、地方政府或特别区提出的重大基础设施项目建议书加以审查。

在规划具体协同方面，遵照相关要求，就区域规划和区域协同签署协议；遵照相关要求，召集各方为城市服务缔约；遵照相关要求，提出值得州政府重点关注的地块；对解决争端和冲突实行管理；在与县、市、村、镇签署双边协议，由前者将其规划委员会本应具有的全部或部分功能、权力或职责转交或委托给区域规划机构后，由区域机构拥有该功能、权力或职责。

4. 服务提供方面

服务提供上，当区域规划机构在建立之初被赋予提供服务功能时，区域规划机构可以完成以下服务工作：

在协议管理方面，在经多方权力部门合作达成协议后，在协议方提出要求的情况下，对该协议实行管理；在有利于解决共同关注的问题的情况下，行使本应由其成员地方政府行使或有能力行使的权力，即保证这些权力由涉及的每一成员政府的理事会通过决议案特别委派给区域规划机构。

在资金筹集方面，在得到成员地方政府大多数（不含州长任命的人选）赞同票的情况下，区域规划机构能行使任何一项区域功能或开展区域活动；成员地方政府必须至少代表全区域60%的人口，为给此类功能或活动提供财政资助；区域机构可根据有关程序，向使用者收费和发行、发售财政债券，并可从联邦、州、地方政府获取资助。

在采购权限方面，根据合约，代表加入区域规划机构的政府部门或其他政治属区，开展物资、服务、设备、设施等的采购工作。

从区域规划机构的权利和义务来看，更多地体现了区域规划机构与地方规划机构事权的划分。区域规划机构所承担的权利和义务，都是从区域发展整体出发，偏重于地方政府所无法解决的跨行政区的规划相关的事宜。这种职责和权限的划分，是在立法程序下完成，起到了明确区域规划机构与地方政府合理的事权划分的作用，体现了促进区域整体利益与地方利益协同的初衷。

第四节　中国的城市—区域协同发展：以京津冀区域为例

一、京津冀区域面临的突出问题

京津冀城市群作为我国继长三角、珠三角之后的第三大城市群，又因为环绕首都北京这一政治中心，并且区域内同时拥有北京、天津两大直辖市，受到了广泛的重视和关注。然而，相对于其他两大城市群来说，京津冀城市群却并没有表现出良好的协同发展态势，城市之间的发展相对孤立，一体化程度相对不高。问题具体表现为：首都北京一城独大，规模过度膨胀，产生了交通拥堵、环境污染等“大城市病”；人口和产业的高度集中对周围地区产生了强大的吸附效应，但经济发展的溢出效应却十分有限，对周边的河北省地区没有产生明显的带动作用；京津两大城市之间发展相对不均衡，存在一定差距，没有发挥区域“双核心”的影响力；河北省虽然具有临近两大核心城市的天然区位优势，但并没有分享到两大城市的经济发展成果，反倒面临着人才、资金、技术流失，环境污染问题严重，局部地区依然难脱贫困的“灯下黑”窘境。

同样作为东部沿海地区城市群，京津冀城市群发展所出现的上述问题，与其主要城市各自孤立发展、协同联系不足、市场机制不完善等因素有很大关系。为了加快京津冀城市群一体化发展进程，提高区域经济增长效能，解决各城市所共同面临的环境、交通、人口、产业等方面问题，中央于2015年4月30日通过了《京津冀协同发展规划纲要》，将京津冀城市群协同发展上升为重大国家战略，成为未来一段时间区域经济发展的重中之重。

二、京津冀区域协同发展的关注要点

《京津冀协同发展规划纲要》是对京津冀协同发展进行的顶层设计，也是推进一体化工作的总体方针。《纲要》指出，推动京津冀协同发展的核心是有序疏解北京的非首都功能，并且要在京津冀交通一体化、生态环境保护、产业升级转移三个重点领域率先取得突破。

1. 京津冀三省市的定位

《纲要》对于三省市在区域经济发展中的定位有了明确说明：北京市成为“全国政治中心、文化中心、国际交往中心、科技创新中心”，天津市成为“全国先进制造研发基地、北方国际航运核心区、金融创新运营示范区、改革开放先行区”，河北省成为“全国现代商贸物流重要基地、产业转型升级试验区、新型城镇化与城乡统筹示范区、京津冀生态环境支撑区”。同时，指出要以疏解北京的非首都核心功能为契机，加强战略设计，推进布局调整，充分发挥市场在资源配置中的决定作用，促进生产要素在更大范围内有序流动和优化配置。其中，重点是疏解一般性产业特别是高消耗产业，区域性物流基地、区域性专业市场等部分第三产业，部分教育、医疗、培训机构等社会公共服务功能，部分行政性、事业性服务机构和企业总部等四类非首都功能。

2. 京津冀城市群的空间格局

《纲要》指出京津冀城市群的空间格局为“一核、双城、三轴、四区、多节点”，如图10—1所示。“一核”即指北京，把有序疏解北京非首都功能、优化提升首都核心功能、解决北京“大城市病”问题作为京津冀协同发展的首要任务；“双城”是指北京、天津，这是京津冀协同发展的主要引擎，要进一步强化京津联动，全方位拓展合作广度和深度，加快实现同城化发展，共同发挥高端引领和辐射带动作用；“三轴”指的是京津、京保石、京唐秦三个产业发展带和城镇聚集轴，这是支撑京津冀协同发展的主体框架；“四区”分别是中部核心功能区、东部滨海发展区、南部功能拓展区和西北部生态涵养区，每个功能区都有明确的空间范围和发展重点；“多节点”包括石家庄、唐山、保定、邯郸等区域性中心城市和张家口、承德、廊坊、秦皇岛、沧州、邢台、衡水等节点城市，重点是提高其城市综合承载能力和服务能力，有序推动产业和人口聚集。

图 10—1　京津冀城市群的空间格局①

3. 三大重点领域的统筹安排

在交通一体化方面，重点是建设高效密集轨道交通网，完善便捷通畅公路交通网，打通国家高速公路“断头路”，全面消除跨区域国省干线“瓶颈路段”，加快构建现代化的津冀港口群，打造国际一流的航空枢纽，加快北京新机场建设，大力发展公交优先的城市交通，提升交通智能化管理水平，提升区域一体化运输服务水平，发展安全绿色可持续交通。

在生态环境保护方面，重点是联防联控环境污染，建立一体化的环境准入和退出机制，加强环境污染治理，实施清洁水行动，大力发展循环经济，推进生态保护与建设，谋划建设一批环首都国家公园和森林公园，积极应对气候变化。

在推动产业升级转移方面，重点是明确产业定位和方向，加快产业转型升级，推动产业转移对接，加强三省市产业发展规划衔接，制定京津冀产业指导目录，加快津冀承接平台建设，加强京津冀产业协作等。到目前为止，三省市已在通讯和交通基础设施建设、环境问题协同治理、重点产业项目转移等多个方面采取了具体的行动。

① 资料来源：http：//www. hbzhan. com/news/detail/99656. html。

三、京津冀区域协同发展的重大意义与潜在红利

（一）京津冀区域协同发展的重大意义

国家将京津冀一体化上升为国家战略，具有非常重大的意义：

1. 有利于疏解北京非首都功能

长期以来，北京作为国家首都，集中了过多与其自身性质定位不匹配的城市职能，导致城市规模过度膨胀，人口大量集中，交通拥堵、环境恶化、住房困难、资源紧张、经济效益降低等“大城市病”不断显现。推动京津冀区域协同发展，有利于将北京目前承担的一些非首都功能，如一般制造业、部分服务业、一些教育医疗和公共服务职能、部分行政事务部门和后台金融服务部门等，疏散迁移到周边非首都地区，不仅能够推动首都城市功能的结构优化，为北京新的国际化功能发展腾挪空间，也为广大人民群众提供了更优质的生活服务空间，为吸引高素质、国际化人才创造了条件。

2. 有利于分流大城市人口

北京、天津作为京津冀区域的核心城市，集中了过量人口，而与之毗邻的河北，则面临着人口不断外流的发展困境。京津冀协同发展，有利于提升河北的现代化建设与公共服务水平，促进本地经济社会发展，进一步拉动就业增长，吸引更多人才在当地落户。

3. 有利于促进区域间资源和生产要素流动

在京津冀城市群的内部，北京、天津由于其城市规模和经济体量，一直对区域内的人才、技术、资金等重要生产要素具有强力吸附作用，甚至在一定程度上限制和阻碍了河北的发展，形成“灯下黑”的局面。推动京津冀一体化，能够鼓励更多社会资本和人才技术等先进要素流向河北，平衡区域发展的要素投入，提高生产要素的边际产出，提高资源的利用效率。

4. 有利于带动区域落后地区发展

亚洲开发银行在2005年的一份调查报告首次提出了“环京津贫困带”的概念：在国际大都市北京和天津周围，环绕着河北的3 798个贫困村、32个贫困县，年均收入不足625元的272.6万贫困人口。如果以150千米的直线距离计算，仅与北京接壤的河北省张家口、承德、保定三市就有25个国家级和省级贫困县。促进京津冀一体化发展，发挥核心城市在区域发展中的辐射与带动作用，有利于破解这一困境，促进落后地区发展，缩小贫富差距、城乡差距和区域发展差距。

5. 有利于增强区域整体竞争力

京津冀城市群是继长三角、珠三角之后我国第三个城市群，也是我国北方最大的城市群，对于整个环渤海区域乃至更大范围的发展具有深远影响。京津冀一体化，有利于促进内部要素整合，促进城市间的有效分工与协作，进而增强区域的整体竞争力，打造

我国区域经济发展的第三增长极。

（二）京津冀区域协同发展的潜在红利

京津冀区域协同发展具有以下几方面的潜在红利①：

1. 交通红利。区域一体化发展往往靠交通一体化先行带动。在京津冀协同战略指引下，目前区域内已有多项轨道交通建设项目启动，密布的铁路和公路网将打造一个国际级的综合交通枢纽圈，极大地降低对内对外交通成本，提高沟通效率，扩大人们的生活和工作范围，促进区域内要素自由流动。

2. 要素流动配置红利。京津冀区域协同的背景下，北京非首都功能的双转移（产业转移与劳动力转移）和双疏解（工作职位疏解与居住家庭疏解）同时进行，将推动产业、就业和人口向周边地区扩散，北京多个城市副中心的建设和河北省若干区域副中心城市的建设也将对被疏解资源产生强大引力，进而优化生产要素的空间配置和经济格局的空间分布。

3. 规模红利。京津冀一体化发展能够打破小区域的内部分层，形成大区域层面的统一市场，进而带来企业规模的扩大、产业集群的产生、不同行业的空间集中，破除行政垄断和体制机制对经济成长活力的束缚，有效整合区域内资源，最终将该区域建设成为具有全球影响力和竞争力的中国高端或高精尖产业集聚区。

4. 创新红利。京津冀地区云集了众多的高等院校、科研院所、研究机构、高科技企业、高新技术产业园区和产业孵化平台等，一体化有利于资源进一步整合，推动产学研联动，加快科学基础成果的转化效率与效果，打造成为京津冀协同创新共同体，进而将整个区域建设成为全国创新驱动经济增长的重要引擎。此外，国家在战略层面通过制度变革释放创新主体的活力，加速创新要素的自由流动，形成网络创新效应，也隐藏着巨大机遇与发展空间。

5. 生态环境红利。京津冀协同发展的重要目标之一就是要修复本地区生态，扩大生态空间，提升环境质量，这也是京津冀可持续发展重大的转折和方向所在。以此为契机，将给区域发展带来低碳、绿色、环保等相关产业的发展红利，也将促进区域内生态环境的整体提升，更能推动区域在环境保护协作方面的体制与机制创新，如碳交易、水权交易、排污权交易、区域空气污染的共同治理和环境补偿机制的建立，等等。

⊙本章小结

本章第一节提出了城市群以及区域协同的内涵和特征，指出了传统封闭式城市发展思路的不足，并结合我国区域发展中需要解决的主要问题，指出城市群协同发展的趋势、意义和要求。第二节归纳了城市与区域协同发展的主要类型和调控模式，列举了区域协同发展中可能用到的法律、财政和经济、行政以及规划手段。第三节主要是引介西

① 根据北京大学中国区域经济研究中心主任、京津冀协同发展问题研究专家杨开忠教授在2014年崇礼论坛上的发言观点进行整理。——编者注。

方发达国家城市群与区域协调发展的具体做法，重点介绍了美国区域规划机构运作的典型案例。最后，对我国当前区域协同发展的热点——京津冀区域协同进行了简要介绍。

⊙本章习题

一、基本概念

区域协同　纵向协同　横向协同　强调控模式　弱调控模式

二、复习题

1. 区域协同发展的内涵和特征分别是什么？
2. 当前我国区域协同发展需要解决的主要问题有哪些？
3. 城市和区域协同发展的主要类型有哪些？
4. 纵向协调与横向协调有什么区别和联系？
5. 区域协同发展的手段有哪些？
7. 发达国家区域协同机构的类型有哪些？
8. 发达国家区域协同机构的特点有哪些？

三、思考题

1. 美国的区域协调机制对于我国的借鉴意义是什么？
2. 在我国现阶段，弱调控模式和强调控模式哪一个更有优势？
3. 京津冀城市群协同发展一直以来的障碍有哪些？应当如何破除？

第十一章

城市突发事件与非常态事件管理

⊙学习目的与要求

通过本章的学习，能够对城市突发事件与非常态事件管理的一些典型事件进行识别，能够对城市突发事件进行界定、分类、评价，能够应用城市突发事件处理的一般程序和方法、非常态事件的特征和处置原则来分析解决实际问题。

第一节　城市突发事件管理

城市作为一个依附于自然系统的复杂子系统，在常规管理运行的过程中可能会因为各种原因出现一些突发性的负面事件。如何应对这些突发事件，使得城市在面对突发事件时有章可循，不致乱了方寸，并且在最短的时间恢复正常状态，成为城市突发事件管理的重要任务。

一、突发事件的界定与分类

（一）概念界定

“突发事件”一词在各国立法上名称不一，近似的提法还有“紧急事件”“紧急情况”“非常状态”“特别状态”等，此外，还包括一些狭义上的“戒严状态”“战争状态”等。“突发事件”在各国宪法和法律上的描述也不尽一致，但大致上的内容是近似的。“突发事件”一词比较有代表性的相关定义是欧洲人权法院对“公共紧急状态”（Public Emergency）的解释，即“一种特别的、迫在眉睫的危机或危险局势，影响全体公民，并对整个社会的正常生活构成威胁”。2006年我国颁布的《国家突发公共事件总体应急预案》将突发公共事件定义为突然发生的紧急事件。

据此，判断突发事件与否可以根据以下几个特征：（1）必须是现实的或者是肯定要发生的；（2）威胁到人民生命财产的安全；（3）阻止了政权机关正常行使权力；（4）影响了人们的依法活动；（5）必须采取特殊的对抗措施才能恢复秩序等。

（二）分类

根据引起紧急状态的原因不同，一般可以把“突发事件”分为两种：一种是自然灾害引起的紧急状态；另一种是由非自然因素引起的紧急状态。

1. 由自然灾害引起的突发事件

包括诸如地震、洪水、雷暴、飓风、暴雪、泥石流、火山爆发等自然灾害，如1976年的唐山大地震、2008年的四川汶川大地震、2012年北京7·21特大暴雨都对城市人民的生产和生活带来巨大的灾难性损失。

2. 由非自然因素引起的突发事件

（1）事故灾难，主要包括民航、铁路、公路、水运等重大交通运输事故，工矿企业、建设工程、公共场所及机关、企事业单位发生的各类重大安全事故，造成重大影响和损失的供水、供电、供油和供气等城市生命线事故以及通讯、信息网络、特种设备等安全事故，核辐射事故，重大环境污染和生态破坏事故等。如1986年前苏联核电站泄漏事件，2015年天津滨海新区危险品仓库爆炸事件等。

（2）突发公共卫生事件主要包括突然发生，造成或可能造成社会公众健康严重损害的重大传染病疫情（如霍乱、肺炭疽、传染性非典型肺炎等）、群体性不明原因疾病、重大食物中毒和职业中毒，重大动物疫情（如近年来的禽流感疫情，2006年夏季云南等地的狂犬病疫情），以及其他严重影响公众健康的事件。

（3）突发社会安全事件，主要包括重大刑事案件、涉外突发事件、恐怖袭击事件、社会动乱、经济安全事件以及规模较大的群体性事件等。如美国9·11事件，2013年波士顿马拉松爆炸案等。

（4）突发城市信誉危机事件，主要指由与城市相关的某事件引起的对城市信誉的严重损害，并直接影响城市某些相关产业的发展，如2008年发生的劣质奶粉和假药事件对安徽阜阳的城市信誉产生了负面影响，多次“宰客门”事件也造成了三亚、青岛等城市的商誉受损。

由于城市空间范围有限，人口和产业集中，在国民经济中的影响和带动作用强，所以城市中的突发事件较农村地区更加引人注目，能够造成更大范围和更深层次的危害，所以在现代城市管理中万万不能忽视对于突发事件的管理。

二、突发事件处理的原则与一般程序

（一）突发事件处理的原则①

在经历过一些突发事件之后，我国政府开始重视城市突发事件的管理与处置，并逐

① 本部分参考张波、刘江涛：《城市管理学》，北京：北京大学出版社，2007年版，第332-334页。

渐上升到制度化的层面。2006 年 1 月 8 日，国务院发布了《城市突发公共事件总体应急预案》（以下简称《预案》），我国应急预案框架体系初步形成。根据《预案》要求，城市突发事件处置过程需要遵循如下的工作原则：

1. 以人为本，减少危害

切实履行政府的社会管理和公共服务职能，把保障公众健康和生命财产安全作为首要任务，最大限度地减少突发公共事件及其造成的人员伤亡和危害。应当明确城市管理和城市突发事件管理最终都是为城市发展服务的，说到底是为人的发展服务的，必须将“以人为本”的理念放在首位，树立人的生存和安全高于一切的管理思想。例如，在 2015 年 8 月的天津滨海新区危险品仓库爆炸事件发生后，周边人群得到了迅速有序疏散和妥善安置，减低了造成二次伤害的可能性。

2. 居安思危，预防为主

高度重视公共安全工作，常抓不懈，防患于未然。增强忧患意识，坚持预防与应急相结合，常态与非常态相结合，做好应对突发公共事件的各项准备工作。必须将日常的安全检查和质量管理等常态工作真正落到实处，绝不能敷衍了事，要将事故的隐患扼杀在萌芽之中，力争及时发现及时处置。城市管理者必须吸取其他城市的经验和教训，摒弃“不求有功但求无过”的消极思想和“不一定会落在我头上”的侥幸心理，认真进行应急预案准备与实施演练。同时，在预防的过程中，还应考虑到民众的承受能力。

3. 统一领导，分级负责

在党中央、国务院的统一领导下，建立健全分类管理、分级负责，条块结合、属地管理为主的应急管理体制，在各级党委领导下，实行行政领导责任制，充分发挥专业应急指挥机构的作用。城市政府要在这一应急管理体系中明确自己的位置和职责，服从国家和区域应急管理体系的总体安排，认真履行上级专业应急指挥机构的指令，动员和组织城市中的各种资源和力量进行应急准备工作。需要注意的是，城市应急队伍（如消防、特警、医护、抗震、防洪等）的专业化、职业化是我国城市管理中必须加以重视的问题，加强城市应急队伍的专业化、职业化能够显著提高应急效率，最大限度减低伤害。

4. 依法规范，加强管理

依据有关法律和行政法规，加强应急管理，维护公众的合法权益，使应对突发公共事件的工作规范化、制度化、法制化。突发公共事件可能会有很多表现形式，出现时会使人猝不及防，为了防止应对时的混乱，必须要有一套规范化、制度化和法制化的程序。以规范的程序为依托进行管理，并非实行僵化的死板的管理，要在程序中的具体操作环节根据事件性质的不同留有一定的弹性。

5. 快速反应，协同应对

加强以属地管理为主的应急处置队伍建设，建立联动协调制度，充分动员和发挥乡镇、社区、企事业单位、社会团体和志愿者队伍的作用，依靠公众力量，形成统一指挥、反应灵敏、功能齐全、协调有序、运转高效的应急管理机制。城市应急队伍建设是地方应急的重要主体，城市相对具有更加集中和充裕的物质与人力资源以及资源的调动能力，因此，应当发挥各种力量协同的效能，尽可能做好快速反应。

在快速反应的过程中，对城市突发事件，应充分注重媒体，特别是网络媒体的力量。互联网在灾难事件中的作用，可以归纳为：（1）即时新闻传播；（2）个人化信息服务，如寻找亲友、提供帮助等；（3）灾难专题服务，包括救援、赈灾信息服务，灾后重建信息，防灾知识介绍等。

6. 依靠科技，提高素质

加强公共安全科学研究和技术开发，采用先进的检测、预测、预警、预防和应急处置技术及设施，充分发挥专家队伍和专业人员的作用，提高应对突发公共事件的科技水平和指挥能力，避免发生次生、衍生事件；加强宣传和培训教育工作，提高公众自救、互救和应对各类突发公共事件的综合素质。

（二）突发事件处理的一般程序

1. 确认危机来源

在城市遭遇突发事件的时候，第一步就是要确认危机的来源，要去积极地管理风险，而不是被动等待风险的出现。因而，我们要预测城市可能会存在什么样的风险，并对这些风险进行有效的处理和安排。由于时间和资源的稀缺性，使我们不能对每一种情况和不确定性进行管理，这就需要建立某种形式的优先注意权。这种优先注意通常是由对每种风险的大小及事发频率的估量来决定的。一旦我们确认了风险或是为它们排列了优先等级，我们就可以考虑用最合理的时间和资源搭配去应对。具体来说，对风险的管理可按照下列步骤进行：

● 对城市的发展情况进行调查，列举出可能出现的风险；

● 对这些风险进行确认，排除不存在的风险；

● 将各种风险列举在管理目录中；

● 对列出的风险进行横向分类与纵向分级。横向分类是指将目录中类似的风险进行分类，比如可将城市的风险划分为自然灾害、公共安全危机、信用风险、环境风险、公共卫生危机和其他风险等，并对不同种类的风险确定不同的处理办法。而纵向分级则是指按各类风险的大小和威胁程度排序，从而建立起风险管理的某种优先顺序。

2. 危机判断

接着，我们就应该对这些风险的类型进行判断并采取相应的处理措施：

● 对可以预见且时间和资源允许处理的风险，采取排除和缩减。

● 对可以预见但可能发生概率较低的风险，可以进行投保将风险转移给保险公司。

● 对现在没有表现出来，但其爆发总存在一定征兆的风险，采取建立预警系统对其监控。

● 对那些完全不可预测到的风险，比如“非典”，则必须建立起一个有效的、完善的危机处理机构，以对随时出现的风险进行处理和恢复。

3. 预警系统的建立

危机是由于不确定性的大量存在而引起的，具有相当强的突发性和偶然性。但冰冻三尺非一日之寒，危机突然爆发的背后总会有一个从端倪到爆发的变化过程，总会表现出来一些征兆。这时建立起一套规范、全面的危机管理预警系统就显得极其重要。从最小化损失的角度来看，危机管理需要构建足够敏捷的即时预警系统，在一些领域甚至要构建具有负时间属性①的预警机制。当预警系统发出警告后，城市可以及时地采取防范或补救措施，完全可以避免危机的发生或使损害和影响尽可能减少。

一套完善的危机预警系统是很必要的，这可以保证对收集的信息进行有效、真实的传递，也便于监管者及时做出反应。而按照不同的部门对信息进行收集，可以充分利用不同部门的长处。

当信息收集完成后，下一步工作是对信息进行判断和处理，即对监测得到的信息进行鉴别、分类和分析，对未来可能发生的危机类型及其危害程度做出估计，必要时发出危机警报。

预警系统是否有效还取决于两个方面。一个方面是城市的管理人员，另一个方面是具体执行的员工。有效的预警系统要求城市管理人员有敏锐的洞察力，能根据日常收集到的各方面信息及时做好预警工作，并采取有效的防范措施。与之相配合，具体执行的员工也应该提高对预警正确反应的能力，配合管理者做好工作。

4. 危机管理的应对阶段

危机管理对速度的要求是很高的，反应的时间越短，越能证明城市处理危机的能力。

建立一套完善的突发事件应对机制是危机管理的前提与根本。只有在具备了这一危机处理系统之后，才可能对危机进行预警、反应和恢复。接下来，我们将对危机爆发后，突发性事件的应对机构如何对危机进行反应作进一步的分析。

（1）第一波反应：对危机的反应

在前文中曾经谈到，对一些完全不可预测到的风险，比如“非典”，必须事先建立起一个有效的、完善的危机处理机构对随时出现的风险进行处理和恢复，这是突发性事件应对机制的重要组成部分。专门的危机处理机构所担负的责任是巨大的，当不可抗的危机或是预警系统失效所造成的危机爆发时，它必须立即发挥作用，对危机进行积极的反应。

①危机的评估

危机管理中的一个关键问题，就是要选择合适的响应策略。当危机爆发之后，由于信息不明、时间紧迫或是不能确定哪些物资或人员处于危机之中，这时，对危机的评估显然格外重要。而恰当的危机评估建立在对危机事件的准确掌握之上。这时对危机事件

① 所谓负时间属性，系指在达到预警警示标准以前、某些情景达到某一标准后，给出的可能启动预警机制的管理属性。

进行调查，准确进行危机事件的信息收集，应当成为最为关键的行动。

第一步，计划与情报部门应及时、积极地对危机事件进行调查和信息收集，确保在较短时间内，将准确的信息传递给危机应对机构的指挥者。

第二步，根据获取的信息对危机事件进行评估。

第三步，对危机的起因进行调查，找到危机爆发的真正原因，并确定主要危机。

第四步，危机反应计划的制定。在对危机事件进行调查和信息收集之后，找到危机的起源，找到了主要危机，并对危机的规模以及自身对危机的处理能力有一个认识之后，就应该着手制定危机反应计划，并在计划的指导下，对危机做出积极反应。

②危机计划制定过程中的几个要点

- 在现有的可利用人员水平上，确定危机处理的领导小组。并保证其他非危机部门能够正常的运转。
- 谨记变化应比计划快。危机事件中，不确定性很高，教条式的计划是不可取的。
- 将危机指挥和协调部分写入计划当中。在制定适当的危机反应计划之后，应遵循计划的大原则、大方向，在危机应对机构的统一调度、安排与协调之下，对危机事件进行迅速、果断的处理。

(2) 第二波反应：危机后的恢复

危机暴露出了城市存在的众多弊病、缺点和问题。而这一系列的问题是在危机爆发之前就存在于城市当中，危机过后的第一件任务就是要去研究危机爆发的原因。我们去研究危机，是为了避免犯下同样的错误。从另一个角度来讲，危机的巨大破坏性，使得无论是在实体层面上，还是在人的心理层面上，不可避免地对城市造成了冲击。这一系列的问题，可能会在危机结束后的很长一段时间内长期存在。危机过后，对危机爆发原因的研究以及如何能恢复城市正常的经营秩序的研究，共同构成了危机事件管理的第二波反应。①

第二节 城市非常态事件管理

一、非常态事件的概念与特征

(一) 非常态事件的概念

对于“非常态事件”这一概念的定义，目前尚无统一标准，通常在人们的理解中，“非常态事件”与“突发事件”具有一定的语义重叠。在学术研究中，大部分学者认为“非常态事件”应当包含了甚至近似等同于“突发事件”。例如有学者指出，通常把人类

① 参见胡俞越、黎亮：《企业危机管理之道》，《新理财》，http://finance.sina.con.cn，2003年9月28日。

进行有效率的生产和正常生活所必需的社会秩序状态称为“常规状态”，而非常规状态，简称“非常态”，是相对于常态而言的，指由于发生了突发性的危机事件，使社会基本安全利益遭受重大威胁或者破坏，原有社会进程被中止，社会正常生产生活秩序被打破，常态下的政府治理措施失灵，社会偏离正常轨道的状态，包括严重自然灾害、事故灾难、公共卫生事件和社会安全事件等①。也有学者认为，非常态事件是指在较大范围内影响城市系统运行状态的事件，包括自然灾害事件（如地震、洪水、台风、暴雨雪、大雾等）、生产事件（如气体泄漏、火灾、爆炸、特种运输、重大交通事故等）、社会公共事件（如罢工、游行、流行病、大型活动等）、恐怖事件和战争事件等②。本书认为，广义的“非常态事件”是包含突发事件在内的城市非常规重大事件的总和；而狭义的“非常态事件”，是除了突发公共事件以外，城市预先计划会发生的非常规的、具有重大影响的公共事件。例如2008年北京举办奥运会、2010年上海举办世博会、2015年北京举行纪念抗战胜利70周年大阅兵等。也有一些短期内的非常态事件，由于其周期性、重复性的发生，也开始呈现出一定的常态化特征，如我国每年春节前后的“春运”现象、“小长假”出游现象等。关于突发公共事件已在上一节进行讨论，因此下文所讨论的非常态事件，均采用狭义的界定。

（二）非常态事件的特征

非常态事件具有以下特征：

1. 非突发性

非常态事件不同于突发公共事件，往往是预先已有明确的时间与议程安排，而非在预期之外发生的情况，例如我国每年春运、“十一”黄金周期间产生的大量交通客流。

2. 非紧急性

非常态事件往往在确定要发生之后，有相对较长的时间进行较为充分的筹备工作，虽然具有十分的重要性，但往往按部就班进行，而非紧急情况下做出临时响应，例如每年例行的抗旱防洪工作（当然，特人突发洪峰来临时还需要同时启动突发事件管理）。

3. 非负面影响

非常态事件的发生不同于突发事件，往往给城市带来的并不是意外和严重灾难，非常态事件具有一定的影响力和重要性，对城市的综合管理能力提出了很大挑战，但同时也暗藏着宝贵的机遇，充分把握这一机遇能够有效提升城市的整体管理水平、城市形象和知名度。

二、非常态事件处理的原则

结合非常态事件的几点特征，对非常态事件的处置需要把握以下几点原则：

---

① 参见夏志强、罗旭：《非常态下的政府公共服务机制建构》，《理论导刊》，2013（10），第18-20页。

② 参见严新平、熊伟：《非常态事件下城市交通的解决方案研究》，《交通运输系统工程与信息》，2008（12），第78-84页。

1. 重要优先原则

非常态事件在特定时间内具有最高的重要性，因此应当享受最高优先权，在保障城市正常运行、居民正常生活的情况下，城市的其他一切事务安排都要让位于该重大事件。有时候视其重要性，甚至可以在一定程度上采取特殊临时措施，在短时间内对城市的运行和居民的日常生活做出一定限制，如临时的放假安排、交通限行、航空管制等，以保障该非常态事件顺利进行。当然，这一限制手段的实施也应注意适度，综合权衡成本收益，将对社会经济运行的影响降到较低水平。

2. 统筹协作原则

对非常态事件的筹备是一个城市的头等大事，单靠某个部门或者某些部门的力量难以完成。通常对于非常态事件，会由市政府成立专门的工作委员会，成员包括负责城市各方面事务的政府各主管部门，在工作委员会的统一号召下，加强部门之间的联系与协作，全方位围绕该重大事件的举办进行前期准备，实现共同的目标。

3. 充分准备原则

非常态事件对一个城市的最大挑战，不仅在于事件发生的一段时间内，更在于前期为这一事件所做的各项准备工作。这些准备工作包括但不限于：事件举行场所的建设与布置、相关配套物资的准备和预留、服务支持人员的配置和提前培训、对城市居民的思想动员、城市形象的塑造和对外宣传等等。此外，还需要对届时可能采取的管制措施（放假、限行、航空管制等）做好提前安排和通知，以及对非常态事件发生期间可能出现的各类突发情况（天气灾害、人为破坏、恐怖袭击等）做好充分的防范和预案。

4. 监督保障原则

在非常态事件发生期间，需要城市做好充分的监督和保障工作，确保活动的顺利圆满结束。尤其是活动期间的安全警卫工作，需要城市公共安全人员、特警人员、志愿者等做好全程密切监督，做好检查和排查工作；做到随时待命，一旦出现异常情况能够迅速反应，将隐患和危险及时消除；即便不可避免地发生了危险和意外，也要保证将伤害和破坏降到最低，尽可能减少公共和个人的生命财产损失。

第三节　城市突发及非常态事件的相关案例

一、城市自然灾害应对

（一）城市自然灾害应对原则

城市处于自然系统之中，对于自然灾害不能完全避免，应对自然灾害，城市应当在如下方面进行努力：

1. 建立科学的决策指挥体系和过硬的反应队伍。城市自然灾害往往波及范围广，影响程度高，对城市居民的生命财产安全都构成威胁。在灾害来临时，科学的决策能够有效减少灾害损失，及时的专业救援也能够对城市居民起到有力的保护作用。

2. 建立完善的技术支撑体系，包括预警和信息发布平台。虽然自然灾害的发生具有一定的突发性，但仍有一些自然灾害可以通过技术手段提前预测，帮助城市政府和居民做好充分预警工作，进而减少灾害损失，例如暴雨、台风、洪涝等。

3. 提供城市空间规划建设保障，提供必要的应急避难场所并减少灾害损失。例如，对于易发洪涝灾害的城市需要建设防洪堤坝，对于地震多发城市需要预留一定的开敞空间作为应急避难场所，等等。

4. 宣传教育，使市民在自然灾害面前临危不乱，减少损失。灾害来临时，科学有序的自救和互救手段不仅能提供及时有效的保护，减少灾害损失，更能减轻救援队伍的工作压力，将有限的救援服务给予更需要的人。

（二）相关案例——北京7·21暴雨事件

1. 事件背景

北京时间2012年7月21日午后至22日凌晨，受西南暖湿气流影响，北京市平均降水量达170毫米。北京市三面环山的地形致山前地带出现降水中心，最大降雨点房山区河北镇达460毫米。此次暴雨过程，受灾面积达1.6万平方千米，成灾面积1.4万平方千米，受灾人口约190万人，其中房山区80万人。共造成79人遇难，损失超百亿元。

2. 反思与总结

北京7·21暴雨事件暴露出我国在应对此类城市自然灾害问题中所存在的一些不足：

（1）防灾自救教育滞后，民众防灾知识匮乏。虽为自然灾害较为频繁的国家，但我国民众自然灾害的防灾自救教育仍较为落后，国民防灾知识匮乏，对各种灾害的应急处理缺乏演练。此次事件发生在城市中心，但由于民众防灾减灾、避灾自救能力的相对不足，许多人因为判断错误进入灾区或因反应不当而错过了自救和救援的最佳时机，加重了伤亡和经济损失。

（2）预防灾害损失的设施不健全，管理不精细。在城市建设中，对下沉道路与地下水系统的排水能力设计相对不足，遇到较大降雨，各区域易发生积水。在此次暴雨事件中，桥涵等成为受灾较重的区域。

（3）在气象预报灾害防控与应急指挥上存在一定滞后，气象部门发布高级别预警后，并没有相关的硬性措施进行灾害预防，以保障人民安全。跨部门间的资源调动与协调不足，造成灾害出现后没有及时地进行相应的减灾和避灾疏导。

当然，在看到问题的同时，在此次救灾过程与灾后重建方面，也积累一些值得推广的经验，为我国今后应对此类自然灾害提供了借鉴之处：

（1）灾害预警发布后，防灾减灾措施的执行与跨部门协调较以往有了较大进境，并促成了相关管理的规范化和精细化。在此次灾害后，相关部门对于预警后的人员疏导、活动控制等进行了严格的规范，以期更好地保障人民生命安全。

（2）城市应该主动对受灾压力较大的重点区域进行改造。增设数字传感设备，进行实时监测与控制，并设立相应的防灾设备，以防止意外发生。结合海绵城市和共同管沟建设提高我国城市应对自然灾害的能力，也是一个重要的改进举措。

（3）应进一步增设应急设备，并通过多种渠道加强对民众的各种灾害防范的相关教育，以提升灾害发生时的减灾抗灾效率。

二、城市事故灾难处理

（一）城市事故灾难处理原则

如前所述，城市事故灾难包括重大交通运输事故、各项设施事故、工矿企业事故等。这些事故发生在城市之中，由于涉及区域人口密集，造成的影响也很严重。在处理城市事故灾难中要遵循以下原则：

1. 积极疏散救治，减少人员伤亡。城市事故灾难通常不可避免伴随着人员的伤亡，灾后的及时疏散和抢救能够在一定程度上缓解事故造成的伤亡，保障城市居民的生命安全。

2. 加强日常安全管理，防患于未然。事故灾难的发生并非偶然，加强平时的安全检测与隐患排查，才能从根本上杜绝这类事故的发生。

3. 积极努力创造安全空间，减少事故隐患。严格执行国家安全标准和行业标准，重视安全生产，提高安全意识。特别注重人员集中场所的安全保障。

（二）相关案例——天津滨海新区爆炸事故

1. 事件背景

2015 年 8 月 12 日晚，位于天津滨海新区塘沽开发区的天津东疆保税港区瑞海国际物流有限公司所属危险品仓库因起火发生先后两次爆炸，并引发了大面积火灾，共造成 165 人遇难，8 人失踪，798 人受伤。截至 2015 年 12 月 10 日，核定直接经济损失 68.66 亿元，被认定是一起特别重大的生产安全责任事故。

2. 反思与总结

虽然通过及时响应和各界的共同努力，处在危险区域中的城市居民被及时疏散，没有在稠密人口区域造成大规模的人员伤亡，政府有关部门也积极同媒体合作，及时透明发布事故信息，并未引起大范围的恐慌，事故灾难也在几日内得到了控制，但是这次事件还是留给城市管理者沉重的思考。

事后国家成立了专门的调查组调查事故原因，认定爆炸发生的瑞海国际物流有限公司是造成事故发生的主体责任单位，该公司无视安全生产主体责任，严重违反天津市城市总体规划和滨海新区控制性详细规划，违法建设危险货物堆场，违法经营、违规储存危险货物，安全管理极其混乱，安全隐患长期存在。此外，地方政府交通、港口、海关、安监、规划、国土、环保等诸多部门也未认真贯彻落实有关法律法规和城市规划要求，对瑞海公司违反安全生产和城市规划的行为严重失察，最终酿成重大事故。此次事故给城市管理者的警示意义在于：必须尊重城市规划的权威性与严肃性，规划制定过程要保证严谨、准确和科学，已经通过的规划方案必须严格执行，禁止违反规划的非法建设行为和对城市规划的随意修改；要把安全放在城市发展的第一位，把住安全关、质量关，并把安全工作落实到城市工作和城市发展的各个环节与各个领域。此外，还要尽快形成专业化的救援队伍体系，降低救援不当造成的二次伤害。

三、城市公共卫生突发事件处理

（一）城市公共卫生突发事件处理原则

公共卫生突发事件处理，首要原则是迅速地阻绝传染，将可能发生的危机尽可能缩小。在公共卫生突发事件爆发的过程中，一定时期的传染者数量将呈现几何级数增长，如果不尽早实现传染源的彻底阻绝，则可能产生极其恶劣的负面影响。其次，公共卫生突发事件处理还要注重对公众的实时信息传播，及时准确的公示信息是避免猜测、恐慌的最佳方案。

（二）相关案例——美国应对非典型性肺炎

1. 事件背景

2003 年 4 月 5 日，布什签发总统行政命令，将非典型肺炎列入诸如霍乱、鼠疫、天花、肺结核和埃博拉等严重传染病之列，授权卫生部门对感染者进行隔离或检疫。这是美国政府 20 年来首次在严重传染病名单上增添新的内容。

2. 具体做法

美国卫生部门各项危机紧急计划随即启动，迅速展开了针对“非典”的调查、响应、防范、控制、科研等方面的工作。

（1）成立调查小组

在“非典”调查方面，卫生部门组成各类紧急调查小组，对国内外病例展开积极调查，同时加强与国际调查组等各方面的信息交流。3 月 14 日，美国疾病预防控制中心（CDC）启动紧急行动计划，对美国可能的“非典”病例进行调查。同日，CDC 与危机应急部门召开了一个跨部门研讨会，与会机构有国务院、国防部、交通部和海关等，共同研究紧急对策，监视传染病的发展态势。3 月 27 日，CDC 本部还成立了特别调查组，关注国际小组的调查情况。

（2）加强监测工作

在“非典”危机响应方面，CDC 及时发布有关传染病警告，建立隔离与检疫标准，并在机场、港口等入境口岸加强对病发区来客的监测。3 月 14 日，CDC 发布旅行告示和疾病警告，同时提出有关传染病的隔离与检疫措施标准的建议，供卫生与公众服务部和总医官参考。总医官当即主张，机场对来自病区的亚洲旅客实行检查，防止将疾病带入境内。在国内“非典”调查和控制方面，美国注重加强与各州和地方政府卫生官员的网络联系，并利用“传染病监测网络”，对患者和感染者实施检测与主动监测计划，通过“旅游警告机制”，要求近期到过病发区的人员接受测试检验。到4月7日，CDC共发出50万份疾病防范警告，建议人们一旦出现发烧、干咳现象，应立即与医生联系。

(3) 颁布防控标准体系

监察“非典”可能的传染途径，制定防范传播措施。3月21日，针对可能的传染途径和场所，CDC专门新成立了调查有关患者居住场所的“宾馆调查小组”，同时对容易被传染的、人群集中的地区展开调查，制定防范措施；

颁布“非典”患者分类准则，并采用隔离与检疫机制，进行分类管理。4月17日根据各方面调查研究信息进展，CDC进一步明确了“非典”症状定义，制定了“非典”患者与感染者的分类标准，由此使美国发现的可能病例从208例减到35例；

制定和更新非典型肺炎从诊断、调查到实验室科研各环节的一整套工作和防范指南，并在网站上及时公布。工作指南包括“非典”医疗诊断和病情评估指南；实验室病毒采集、处理和运输等工作指南。防范管理卫生指南包括病人和可能感染者的安置及防治的卫生指南；接触病人的调查人员和医务人员的防护指南；受传染病影响的学校、学生和家庭成员的防护指南；受影响的医疗设施、商业飞机的清洁卫生指南；研究分析传染病病毒的实验室防护指南等。

在发布公众信息与开展教育方面，CDC通过设立网站、热线咨询电话、散发防范宣传手册等形式，介绍传染病基本知识及防范措施，包括症状、传播途径、可能的致病原因以及预防措施等，同时要求公民经常查看CDC网站以及世界卫生组织的网站，以了解最新的情况。

3. 反思与总结

值得注意的是，美国在“非典”期间很好地控制了病情传播，并且及时启动了相关科研工作，通过实验室响应网络，加紧对“非典”检测、病因和治疗手段的攻关。“9·11”事件后，美国已意识到应对可能发生的大规模突发疫情和生物恐怖攻击，首要工作是开发疫苗，疫苗开发出后可使国民人心稳定，减少恐惧心理。由于“非典”可能属复发性传染病，即可潜伏下来，以后周期性地爆发，开发疫苗更是一项根本性措施。因此，美国大力推动针对“非典”的科研工作，2003年4月14日已完成了新冠状病毒的基因测序，确定新的冠状病毒是“非典”的病因，并加紧研制疫苗。

四、城市公共安全突发事件处理

（一）城市公共安全突发事件处理原则

城市公共安全突发事件发生的不可测度性最强，可能产生的一次性危害巨大，事件发生后的影响也会相当长久。因此，对于公共安全突发事件而言，只有建立指挥得力、反应敏捷的应变中心，对事件做出迅速及时的响应，才能够尽可能地降低事件带来的损失和伤害。

（二）相关案例——上海外滩踩踏事故

1. 事件背景

2014 年 12 月 31 日 23 时 35 分，很多游客市民聚集在上海外滩举行跨年夜活动，黄浦区外滩陈毅广场东南角通向黄浦江观景平台的人行通道阶梯处底部有人失衡跌倒，继而引发多人摔倒、叠压，导致了严重的拥挤踩踏事件，最终造成 36 人死亡，49 人受伤。

2. 反思与总结

上海市对此次事件的调查结果认定，这是一起对群众性活动预防准备不足、应对处置不当而引发的拥挤踩踏并造成重大伤亡和严重后果的公共安全责任事件，黄浦区政府和相关部门对此负有不可推卸的责任。

这次事故带给城市管理者的警示在于：对于人群聚集的重大活动，必须提高思想警惕和安全危机意识，加强公共安全的风险评估和风险防范，对人流进行随时的监控和形势研判，提前做好预防和准备措施，预留充足警力人力维持秩序，一旦发生秩序混乱需要做出及时的响应和合理的处置。

五、城市重大非常态事件管理——以 2008 年北京奥运会为例

（一）事件背景

举世瞩目的 2008 年北京奥运会是世界上最大型的、级别最高的综合性运动会，涉及参赛国家及地区 204 个，比赛项目 302 项（28 种运动），参赛运动员、教练等超过 2 万人，赛会志愿者参与人员约 7 万人。这次奥运会全方位展示了中国的国际形象、国际地位以及改革开放近 30 年来的综合国力，其成功举办被国际奥组委主席罗格形容为“无与伦比”。

作为一个典型的重大非常态事件，奥运会要求政府具有强大的资源调配能力，尤其依赖政府对于各种不确定的危机或事件的一流处理与服务水平。从城市管理的角度来看，北京奥运会的成功、顺利举办，与中国和北京对于非常态事件的管理能力，尤其是过程中对可能发生突发事件的防范和应对能力密切相关。

任何一个组织的活动都会受到各方面因素的影响，并非总是处于理想的稳步发展状态，有时会因为某种非常性因素的作用而形成一定的危机状态。对于奥运会这个世界性综合类活动更是如此，随着奥运会规模越来越大，影响因素也越来越多，突发事件发生的频率也越来越大，对于奥运会组织管理过程中的可控性和可测性提出了严格要求。

这里，奥运会突发事件并不是指奥运会期间发生的突发事件，而是指对于奥运会具有危害性的突发事件。与一般性突发事件不同，奥运会突发事件复杂性更高，涉及领域

更为广泛，对政府应对和管理水平的要求也更为严格。2008年北京奥运会突发事件管理全面关注了如下事件类型：（1）自然灾害，如奥运会举办时北京可能出现高温湿热天气、暴雨冰雹等；（2）事故危害，如人为或非人为出现的城市火灾，城市水电供给中断，重大交通事故，通信网络中断等；（3）公共卫生事件，如食物安全问题，流行疾病、传染病以及其他严重影响运动员和观众健康和生命安全的事件；（4）公共安全事件，如国内外恐怖组织可能会趁机制造混乱，国际上一些不友好国家可能会进行各种形式的政治干涉，以及与奥运相关的暴力犯罪、体育骚乱和网络安全事件等。

（二）各类事件的预防、应对和处理

1. 应对和处理的总体方针①

为保证奥运会的成功、顺利进行，北京市在奥运会开始之前，出台了突发事件应对办法，采取预防为主、预防与应急相结合的原则，构建了统一领导、综合协调、分类管理、分级负责、属地管理为主的应急管理体制，制定了全方位的突发事件管理系统，保证了奥运会突发事件处理的总体指导。

（1）预防与应急准备：从市级政府、到区县级政府和乡级政府，再到街道办事处，都制定了各自区域的突发事件应急预案，各机关、团体和企业、事业单位也根据法律、法规和政府要求，结合实际情况，制定了单位内部的突发事件应急预案。这样，北京市结合了纵向和横向两个维度的组织、单位，建立起科学、规范的突发事件应急预案体系。

（2）监督与预警：北京市建立了由各级人民政府、有关主管部门以及专业机构、监测网点、居民委员会和村民委员会等构成的信息收集与报送网络，统一了突发事件信息系统，通过多种途径汇集、储存、分析、传输有关突发事件的信息，并逐步实现与国务院及其部门突发事件信息系统的互联互通，另外，还建立了专业监测和社会监测相结合的突发事件监测体系和突发事件预警制度，对可能发生的突发事件进行跨部门、跨区域、跨灾种的综合监测和风险结果评估。

（3）应急处置与救援：根据监督与预警阶段上报的信息，按照突发事件的预警级别、特点和性质等，由各级政府成立的突发事件应急委员会或专项应急指挥部统一指挥调配，安排专门机构或组织，并根据具体情况动员公民、法人和其他组织开展自救和互救，以多种方式进行应急处置和救援。同时通过新闻媒体和政府门户网站，采取授权发布、接受记者采访、举行新闻发布会等形式，统一、准确、及时发布有关突发事件事态发展和应急处置工作的信息。

（4）事后恢复与重建：当突发事件消除后，各级人民政府及时宣布应急处置结束，停止执行应急处置措施。一方面对突发事件的原因、处置方式、结果等进行总结和评估，以为未来发生同类事件提供经验或教训，另一方面安排恢复与重建工作，对突发事

① 参见《北京市实施〈中华人民共和国突发事件应对法〉办法》，2008年5月。

件发生地区进行资金等多方面的支持，并对受害人员进行医治、安抚等。

2. 关键举措

（1）人员配备上，除了安保工作计划投入的执勤警力和备勤警力外，北京市奥运会还配备了大量志愿人员，志愿者总数约 7 万人，成为奥运会历史上的最高水平。这样，对于突发事件，北京市奥运会在人员配备上实现了专业人员同普通人员的相配合，其中专业人员负责相应突发事件的准备、检查、处理工作，普通人员起到宣传、警示、组织、协调等作用。

（2）组织机构上，建立了统一的奥运安保指挥系统，具有高度的整体调度能力和全面指挥权利，直接向奥运安保指挥系统最高领导报告和负责。据统计，奥运会期间直接参与安保工作的与会人员超过 9 万人，另外，北京还成立了反恐特警部队等专业部队，负责协同处理重大公共安全突发事件。

（3）安全防范措施上，部署了全面广泛的安全防范工作，全国各地尤其是涉及奥运会的七个城市，对重点部位、部门和地区进行了反复的安全检查，采取了严格的防范措施。此外，北京市还组建了一支强有力的防暴处突队伍，制定了一系列突发事件处置预案，部队、武警、公安联合，进行了反复的实战演练，能够有效防范和处置恐怖暴力活动。

（4）特别重视奥运会前的各种突发事件预演练，提高应对能力。演练的范围包括食品安全事件、物流仓储调配、交通重大事故处理、比赛突发事件，以及奥运会医疗、食堂等后勤服务，几乎包括了奥运会涉及的所有工作和范围。另外，各城市在奥运会开始前进行了多次赛事测试演练。对于这些测试演练，北京奥组委主席刘淇说到，“在测试准备工作中，提高应急意识、做好应急预案是筹备工作的重点，我们要不断地完善应急预案，尤其是提高应急预案的可操作性和可靠性，使得对各种突发性事件都能够实现恰当处理”。综合测试不仅包括场馆测试，还包括指挥系统测试，奥运指挥中心与各奥运场馆和分指挥中心的协调沟通在模拟演练中也进行了充分测试，对于完善指挥体系，初步形成指挥中心、场馆团队和城市相关部门之间的协调配合的指挥系统，提高突发事件应对能力和反应能力提供了机会。

（三）反思与总结

由于政府的大力推动和人民群众的广泛支持，北京奥运会取得了巨大的成功，在国际范围内得到了一致地认可与好评，被誉为“历史上举办最成功的一届奥运会”，给全世界人民都留下了美好的印象。总结北京奥运会的筹备经验，最主要的一点在于引入了科学高效的管理系统，调动多元主体参与共同管理，尤其是成功发动了志愿者的全程广泛参与。

1. 高效联动的管理系统

北京奥运会建立了高效、快捷、及时的管理系统，包括决策系统、信息系统和执行系统。其中决策系统由奥运会总指挥中心和分部指挥中心，以及各级突发事件指导小组，各指挥部门直接向奥运会最高指挥负责，一旦发生突发事件，按照事件的性质、危害程度报由各级指挥部门处理；执行系统既包括专业的执勤警力和备勤警力、反恐特警部队，还包括广大的志愿者资源，对于简单、微小性突发事件可以直接处理，对于复杂、无法处理的事件，上报指挥系统后，服从指挥系统的统一指挥和调配；信息系统由广大新闻媒体、政府门户网站等多种方式组成，负责实时报告突发事件发生、发展、处理进展等，起到连接决策系统、执行系统与外界之间的媒介。这样，北京奥运会形成了一支由指挥中心、场馆团队和城市相关部门之间协调配合的管理系统，对突发事件的处理达到了高效、快捷、及时。

2. 管理主体专业化

针对奥运会的筹备管理，城市政府作为主要管理主体，成立了奥运会总指挥中心和多个分指挥中心，以及各级突发事件应急指挥小组等多个专门性组织，负责奥运会突发事件的统一指挥和人员调配。除此之外，各级政府部门、机关、企事业单位都成为突发事件管理的主体，对潜在的突发事件实行实时监控和预警。

3. 志愿者全程参与

北京奥运会的最大特色之一在于充分发挥、调动了广大的志愿者资源，参与到奥运会突发事件的管理中。据统计，北京奥运会参与志愿者约 7 万人，包括专业志愿者和非专业志愿者，前者主要从事专业性强、技术技能要求高的志愿服务工作，后者包括大学生志愿者、中学生志愿者、社会志愿者、各省市自治区志愿者、京外赛区城市志愿者、我国台港澳志愿者、海外华侨华人志愿者、在京外国人志愿者、国际志愿者。志愿者成为突发事件处理的重要一线人员，他们分布在赛会的各场馆（含竞赛场馆、训练场馆和非竞赛场馆），以及有关赛会的各社区，志愿服务领域包括礼宾接待、语言翻译、交通服务、安全保卫、医疗卫生、观众服务、沟通联络、竞赛组织支持、场馆运行支持、新闻运行支持和文化活动组织支持等。通过宣传、警示、组织和协调等方式，志愿者对北京奥运会突发事件的预警、应对和处理起到了十分重要的作用。

⊙本章小结

本章关注城市突发事件和非常态事件的管理。第一节从城市突发事件的界定和分类入手，重点介绍了城市突发事件的处理原则和一般程序。第二节介绍了城市非常态事件的含义、特征及处理原则。第三节结合丰富的突发事件和非常态事件管理实例，阐述了几类具体的城市突发事件管理的主要原则和关键环节，并以 2008 年北京奥运会为案例，介绍了城市非常态事件的筹备管理及其过程中可能出现的突发事件的预防与应对。

⊙本章习题

一、基本概念

突发事件　非常态事件

二、复习题

1. 城市突发事件具有哪些特征？

2. 城市突发事件可以分为哪几类？具体包括什么？

3. 城市突发事件处理的原则包括哪些？

4. 城市突发事件处理的一般程序是什么？

5. 城市非常态事件具有哪些特征？

6. 城市非常态事件处理的原则包括哪些？

三、思考题

1. 对城市突发事件的管理是否单一专门职能部门就能解决？

2. 哪些城市突发事件能通过预防的措施来规避，哪些不能？

3. 城市非常态事件管理需要注意哪些问题？请结合实例列举说明。

后 记

《城市管理学》在中国高级公务员培训中心、中国继续工程教育协会、国家开放大学和中国人力资源和社会保障出版集团的大力支持下，行将付梓。

从编写大纲的研究、讨论开始，《城市管理学》编写委员会的各位专家、领导全程参与了教材的编写、审定。课程教学大纲的拟定过程中，北京大学陆军教授、中国人民大学杨宏山教授、中央财经大学黄志刚副教授等学者，国家开放大学文法教学部叶志宏部长、古小华副部长、赵丹博士等对教材的体例、章节架构、内容深度等提出了非常宝贵的意见。样章的讨论、修订过程中，北京师范大学张文新教授、北京航空航天大学涂晓芳副教授、国家开放大学杨亭亭研究员，中央广播电视大学出版社李朔编审、国家开放大学陈鲲副教授等专家和相关领导进一步提出了细致而准确的意见。最终的书稿审定，北京师范大学孙津教授、张文新教授，首都师范大学吕拉昌教授对教材进行了严谨的审定工作。没有他们的工作和帮助，书稿是无法在短时间内完成的，在此谨代表编写教材的老师和同学向各位专家学者表示衷心的感谢!

中国高级公务员培训中心马润青处长、冯蕾副处长，中国人力资源和社会保障出版集团杨建英编辑等同仁从本书编写伊始就十分关注本书的框架、内容以及进度，协助我们完善大纲和稿件，提出了若干极为宝贵的意见和建议，为本书出版付出了大量时间和精力，同时还协助我们进行了诸多有关的事务性工作。中国人力资源和社会保障出版集团达亚彬编辑对本书进行了认真的编校，为我们提供了很多有益的修订意见。这里一并表示衷心的感谢。

最后，由于作者水平有限，本书错误和不足仍在所难免，恳请读者和同仁批评指正。

张 波

2016 年 7 月